AME PESSOAS, USE COISAS

AME PESSOAS, USE COISAS

Porque o oposto não funciona

THE MINIMALISTS
Joshua Fields Millburn & Ryan Nicodemus

Tradução
Carolina Simmer

1ª edição

Rio de Janeiro | 2022

EDITORA-EXECUTIVA
Raïssa Castro

SUBGERENTE EDITORIAL
Rayana Faria

EQUIPE EDITORIAL
Beatriz Ramalho
Mariana Gonçalves
Ana Gabriela Mano

DESIGN DE CAPA
Juliana Misumi

REVISÃO
Eduardo Carneiro

DIAGRAMAÇÃO
Mayara Kelly

TÍTULO ORIGINAL
Love People, Use Things — Because the Opposite Never Works

CIP-BRASIL. CATALOGAÇÃO NA PUBLICAÇÃO
SINDICATO NACIONAL DOS EDITORES DE LIVROS, RJ

M59a   Millburn, Joshua Fields
         Ame pessoas, use coisas : porque o oposto não funciona / Joshua Fields Millburn, Ryan Nicodemus ; tradução Carolina Simmer. – 1ª ed. – Rio de Janeiro: BestSeller, 2022.

         Tradução de: Love people, use things : because the opposite never works
         ISBN 978-65-5712-166-5

         1. Simplicidade. 2. Conduta. I. Nicodemus, Ryan. II. Simmer, Carolina. III. Título.

21-74778   CDD: 179.9
                                           CDU: 111.821

Meri Gleice Rodrigues de Souza – Bibliotecária – CRB-7/6439

Texto revisado segundo o novo Acordo Ortográfico da Língua Portuguesa.

Copyright © 2021 by Joshua Fields Millburn and Ryan Nicodemus. All rights reserved.

Copyright da tradução © 2022 by Editora Best Seller Ltda.

Todos os direitos reservados. Proibida a reprodução,
no todo ou em parte, sem autorização prévia por escrito da editora,
sejam quais forem os meios empregados.

Direitos exclusivos de publicação em língua portuguesa para o Brasil
adquiridos pela
Editora Best Seller Ltda.
Rua Argentina, 171, parte, São Cristóvão
Rio de Janeiro, RJ – 20921-380
que se reserva a propriedade literária desta tradução

Impresso no Brasil

ISBN 978-65-5712-166-5

Seja um leitor preferencial Record.
Cadastre-se no site www.record.com.br e receba informações
sobre nossos lançamentos e nossas promoções.

Atendimento e venda direta ao leitor:
sac@record.com.br

Para Rebecca e Mariah

Lembre-se de amar pessoas e usar coisas,
não de amar coisas e usar pessoas.
— Arcebispo Fulton J. Sheen, *c.* 1925

Eu queria que você aprendesse a amar pessoas e usar coisas,
e que parasse de fazer o contrário.
— Drake, 2013

SUMÁRIO

Prefácio: Preparação para a pandemia	11
Uma introdução sobre como viver com menos	17
Relacionamento 1 | Coisas	51
Relacionamento 2 | Verdade	89
Relacionamento 3 | Eu	129
Relacionamento 4 | Valores	173
Relacionamento 5 | Dinheiro	207
Relacionamento 6 | Criatividade	247
Relacionamento 7 | Pessoas	287
Epílogo	343
Agradecimentos	347
Notas	355
Lista de valores	363
Guia do clube do livro	365

PREFÁCIO

Preparação para a pandemia

As ruas estão lotadas de homens fardados com rifles de assalto titânicos. Eles nos ordenam, usando megafones, trancar as portas e ficar em casa. No céu, helicópteros militares tocam "Stayin' Alive", do Bee Gees, em alto-falantes no último volume, a trilha sonora do novo futuro distópico. Dois tiros seguidos. *Pá! Pá!* Acordo em um pulo, encontro minha esposa a meu lado na cama e minha filha está em seu quarto, as duas dormindo. Entro na sala de estar, afasto a cortina da janela, olho para a vizinhança. Los Angeles. Meia-noite. Avenidas vazias. Chuva leve sob a luz dos postes. Nenhum sinal de lei marcial. Apenas uma caminhonete parada na base da colina. Eu suspiro. Foi só um pesadelo — ainda bem. Contudo, o mundo em que acordei, o chamado mundo real, é muito diferente daquele em que passei as primeiras quatro décadas da minha vida — não necessariamente pós-apocalíptico, mas, ainda assim, fora do normal.

Correntes de plástico separando os corredores dos caixas no supermercado. Vitrines fechadas com madeira, esconden-

12 AME PESSOAS, USE COISAS

do lojas esvaziadas na Rodeo Drive. Um silêncio devastador ocupando cinemas vazios cobertos de poeira e escuridão. Multidões, separadas em intervalos de dois metros, sendo pastoreadas para dentro de instituições de doação de comida quase vazias. Famílias ansiosas lidando com a companhia uns dos outros enquanto "se isolam juntas". Hospitais entrando em colapso com enfermeiros e médicos cansados, cujas expressões apopléticas ficam escondidas apenas por suas máscaras. Quando terminei de escrever o último capítulo deste livro, na primavera de 2020, a pandemia de covid-19 assolava o mundo.

Nosso "novo normal" parece absurdamente anormal. Com as ameaças gêmeas da incerteza financeira e física, uma onda de nervosismo pulsa ao longo de nossos dias. Mas talvez exista uma forma de encontrar a calma — e até de prosperar — em meio ao caos.

Eu não pensava assim quando comecei este projeto, mas, durante a minha quarentena, me dei conta de que eu e Ryan Nicodemus — a outra metade do duo The Minimalists (Os Minimalistas) — passamos os últimos dois anos escrevendo não apenas livros sobre relacionamentos, mas, de muitas maneiras, manuais de preparação para a pandemia. Se a gente pudesse ter levado esses livros até pessoas com dificuldades *antes* de o vírus se espalhar, teríamos evitado muito sofrimento, porque viver de forma intencional é a melhor maneira de se preparar. Pode ser fácil enxergar que quem passa anos se preparando para tragédias — os acumuladores constrangedores que vemos em nossas televisões — é o menos preparado

> **O INIMIGO AGORA NÃO É APENAS O CONSUMISMO — É A OPULÊNCIA E A DISTRAÇÃO, SEJAM ELAS MATERIAIS OU NÃO.**

PREFÁCIO 13

para um momento de crise. Não dá para trocar latas de milho e munição pelo apoio e pela confiança de uma comunidade amorosa. No entanto, se você precisar de menos, vai conseguir sobreviver — e prosperar, mesmo durante adversidades, quando os relacionamentos são prósperos.

Pandemias têm um jeito sorrateiro de colocar as coisas em perspectiva. Foi necessária uma catástrofe para muita gente entender que uma economia dependente de crescimento exponencial não é saudável — mas vulnerável. Se uma economia entra em colapso quando as pessoas passam a comprar apenas coisas essenciais, ela nunca foi tão forte quanto a gente fingia que era.

O movimento minimalista descrito neste livro começou a ganhar popularidade na internet depois da crise de 2008. As pessoas ansiavam por uma solução para seu recém-descoberto problema de dívidas e consumo excessivo. E, nos últimos 12 anos, voltamos a nos acomodar. O inimigo agora não é apenas o consumismo — é a opulência e a distração, sejam elas materiais ou não.

Em meio ao pânico da pandemia, notei muita gente debatendo sobre a questão para a qual Ryan e eu tentamos encontrar uma solução há mais de dez anos: *O que é essencial?* A resposta, sem dúvida, é extremamente individual. Com frequência, confundimos elementos essenciais com os desnecessários e o lixo.*

Em uma emergência, não apenas devemos nos livrar do lixo, como muitos de nós somos forçados a se privar por um tempo de coisas desnecessárias — aquelas que agregam valor

---

* Nós criamos estas três categorias — essencial, desnecessário e lixo — na nossa "Regra sem lixo", no capítulo "Relacionamento | Coisas".

à nossa vida durante momentos normais, mas não necessariamente durante uma emergência. Se isso for feito, seremos capazes de descobrir o que é de fato essencial, e então poderemos trazer as coisas desnecessárias de volta aos poucos, de forma que elas melhorem e aprimorem nossa vida, sem enchê-la de lixo.

Para complicar a situação, o "essencial" muda conforme nós mudamos. Aquilo que era essencial há cinco anos — ou até há cinco dias — pode não ser mais agora, então devemos nos questionar o tempo todo, fazer ajustes, desapegar. Isso vale ainda mais durante uma crise — quando uma semana parece demorar um mês; e um mês, uma vida inteira.

Presas dentro de casa, as pessoas lutam contra o fato de que suas posses materiais são menos importantes do que elas achavam. A verdade pode ser encontrada ao redor. Tudo que junta poeira — os troféus de beisebol da época da escola, livros-texto antigos da faculdade, processadores de comida quebrados — nunca foi tão importante quanto pessoas. A pandemia ampliou essa realidade e ensinou uma lição fundamental: nossas coisas tendem a atrapalhar aquilo que é essencial de verdade — os relacionamentos. A conexão humana faz falta em nossa vida e não pode ser comprada — é apenas cultivada. Para isso, devemos simplificar, começando por objetos e passando por cada aspecto de nossa vida. Este livro foi escrito para ajudar pessoas normais, como eu e você, a resolver a bagunça exterior antes de olhar para dentro e lidar com a bagunça mental, emocional, psicológica, espiritual, financeira, criativa, tecnológica e interpessoal que nos deixa pesados e atrapalha nossa conexão com os outros.

Se você já viu alguma coisa do nosso trabalho como The Minimalists, vai reconhecer algumas partes da nossa história na introdução deste livro — morte, divórcio, *packing party* ou festa do encaixotamento. Mas esses elementos não são apenas para novos leitores. Aqui, nós vamos nos aprofundar nas lutas, nas inseguranças, no abuso de substâncias, nos vícios, nas infidelidades, no fanatismo, nos corações partidos e na dor que catalisam as mudanças em nossa vida. Então, depois que esses detalhes são apresentados e reconhecidos, exploramos novos territórios enquanto entramos em sete relacionamentos essenciais que nos fazem quem nós somos.

> **O MELHOR MOMENTO PARA SIMPLIFICAR FOI HÁ UMA DÉCADA; O SEGUNDO MELHOR É AGORA.**

Esta não é uma obra escrita para a pandemia — é um guia para a vida diária. A pandemia apenas ampliou nossos problemas rotineiros e os tornou ainda mais urgentes. Com a última crise financeira e a renovação da busca por um propósito, a sociedade terá de lidar com algumas realidades problemáticas em breve. Muitas novas normas foram estabelecidas; outras continuarão a surgir conforme seguimos adiante. Alguns tentarão se agarrar ao passado — e "voltar ao normal" —, mas seria como tentar segurar um cubo de gelo na mão: depois que ele derrete, não tem mais jeito. Já me perguntaram: "Quando vamos retomar a rotina?" Mas "retomar" parte do princípio de que devemos voltar ao passado, para uma "normalidade" que não funcionava para a maioria das pessoas — pelo menos não de um jeito significativo. Apesar de eu não saber o que o futuro nos reserva, espero que a gente consiga sair desta

16 AME PESSOAS, USE COISAS

incerteza com um *novo* normal, baseado em intencionalidade e comunidade, e não em "confiança no consumidor".

Para chegar lá, precisamos simplificar de novo.

Devemos limpar a bagunça para encontrar o caminho que nos leve adiante.

Devemos encontrar um entendimento mais profundo além do horizonte.

No auge da crise do coronavírus, conversei com um dos meus mentores pessoais, um empresário chamado Karl Weidner, que me mostrou os caracteres para a palavra chinesa equivalente a "crise": *weiji*, que significa "perigo" (*wei*) e "oportunidade" (*ji*). Enquanto linguistas debatem se o caractere para *ji* significa mesmo "oportunidade", a analogia ainda é válida: uma crise existe na esquina entre o perigo e a oportunidade.

Com o tempo, é lógico que surgirão mais adversidades. Mesmo agora, enquanto escrevo, um clima amplificado de perigo paira no ar. Mas a oportunidade paira junto. Cercados por ameaças, temos a chance, como diz meu amigo Joshua Becker, de "usar os dias para reavaliar tudo".

Talvez este seja seu sinal. Não vamos desperdiçar a oportunidade de reavaliar tudo, de abrir mão das coisas, de recomeçar do zero. O melhor momento para simplificar foi há uma década; o segundo melhor é agora.

— *Joshua Fields Millburn*

UMA INTRODUÇÃO SOBRE COMO VIVER COM MENOS

Posses materiais são uma manifestação física da nossa vida interior. Olhe ao redor: medo, sofrimento, nervosismo — tudo isso é visível dentro do nosso lar. A casa de um norte-americano médio contém mais de trezentos mil itens. Com tanta coisa, seria de imaginar que estaríamos felizes da vida. Mas uma série de estudos mostra o oposto: estamos ansiosos, sobrecarregados e infelizes. Quanto mais tristes ficamos, mais tentamos nos consolar com ainda mais acumulação, ignorando o custo real do consumo.

A etiqueta pendurada em cada apetrecho novo conta apenas uma parte da história. O preço real de algo vai muito além do seu valor monetário. Existe o custo de: guardar a coisa. Manter a coisa. Limpar a coisa. Regar a coisa. Carregar a coisa. Colocar acessórios na coisa. Reabastecer a coisa. Trocar o óleo da coisa. Trocar as pilhas da coisa. Consertar a coisa. Repintar a coisa. Cuidar da coisa. Proteger a coisa. E, é óbvio, no fim das contas, substituir a coisa. (Isso sem mencionar o custo emocional e psicológico de tudo, que é ainda mais difícil de

18 AME PESSOAS, USE COISAS

quantificar.) Botando na ponta do lápis, o valor real de um pertence é imensurável. Então, é melhor escolhermos com cuidado o que queremos trazer para a nossa vida, porque não podemos bancar *tudo*.

É sério, não podemos — tanto no sentido literal quanto no figurado. No entanto, em vez de aceitar não ter prazer imediato naquele momento e de esperar um tempo sem o que queremos, fazemos dívidas. O norte-americano médio carrega cerca de três cartões de crédito na carteira. Um em cada dez de nós tem mais de dez cartões ativos. E a dívida média passa de US$ 16 mil.

> O MINIMALISMO É AQUILO QUE NOS AJUDA A PASSAR POR CIMA DE NOSSAS POSSES A FIM DE CRIARMOS ESPAÇO PARA AS COISAS IMPORTANTES NA VIDA — QUE, NA VERDADE, NÃO SÃO COISAS.

Fica pior. Mesmo antes da pandemia de 2020, mais de 80% de nós estavam endividados, com o total da dívida do consumidor nos Estados Unidos ultrapassando US$ 14 trilhões. Bem, existem pelo menos algumas explicações plausíveis, porém deprimentes, para isso: os norte-americanos gastam mais com sapatos, joias e relógios do que com educação superior. Nossas casas cada vez maiores, que dobraram de tamanho nos últimos cinquenta anos, contêm mais televisores do que pessoas. Cada norte-americano, em média, joga fora 36 quilogramas de roupas por ano, apesar de 95% delas poderem ser reutilizadas ou recicladas. E em muitas áreas há mais shoppings do que escolas.

Falando em escolas, você sabia que 93% dos adolescentes afirmam que fazer compras é seu passatempo preferido? *Fazer compras* é um passatempo? Parece que sim, já que gastamos US$ 1,2 trilhão por ano em produtos desnecessários. Trocando em miúdos, isso significa que gastamos mais de um trilhão de dólares por ano em coisas de que não precisamos.

Sabe quanto tempo se leva para gastar um *trilhão*? Se você saísse agora e gastasse US$ 1 a cada segundo — US$ 1, US$ 2, US$ 3 —, levaria mais de 95 mil anos para gastar um trilhão. Na verdade, se gastasse um milhão *por dia* desde o nascimento do Buda, ainda não teria gastado um trilhão até hoje.

Com tantos gastos, é de surpreender que cerca de metade dos lares norte-americanos não tenham economias guardadas? Acontece que mais de 50% de nós não têm dinheiro suficiente na mão para cobrir nem um mês sem renda; 62% não têm nem mil dólares guardados no banco; e quase metade não conseguiria reunir quatrocentos dólares para uma emergência. Não se trata apenas de um problema de renda — é um problema de consumo, que afeta tanto a população de classe baixa quanto aqueles com salários de seis dígitos: quase 25% dos lares com renda entre US$ 100 e 150 mil por ano afirmam que teriam dificuldade se precisassem gastar US$ 2 mil extras em um mês. O tamanho dessas dívidas se torna ainda mais assustador porque 60% das famílias passarão por um "choque financeiro" nos próximos 12 meses. Isso valia antes mesmo da crise econômica de 2020; ela simplesmente mostrou como estamos vivendo na corda bamba.

E, ainda assim, continuamos gastando, consumindo, aumentando. A média de tamanho de casas novas está rapidamente alcançando 280 metros quadrados. Mesmo com tanto espaço extra, ainda temos mais de 52 mil instalações para armazenamento por todo o país — isso é mais do que quatro vezes o número de filiais da Starbucks nos Estados Unidos!

Apesar das casas maiores e dos depósitos entulhados de coisas, nós continuamos sem espaço para estacionar o carro

20   AME PESSOAS, USE COISAS

dentro da garagem, porque a garagem também está lotada: equipamentos de esporte aposentados. Equipamentos de ginástica. Equipamentos para acampar. Revistas. DVDs. CDs. Roupas, aparelhos eletrônicos e móveis velhos. Caixas e cestos empilhados do chão ao teto, cheias de coisas descartáveis.

E não vamos nos esquecer dos brinquedos. Apesar de serem apenas 3% da população infantil mundial, crianças norte-americanas consomem 40% dos brinquedos do mundo. Você sabia que uma criança média possui mais de duzentos brinquedos, mas só brinca com 12 deles por dia? E, mesmo assim, um estudo recente mostrou aquilo que os pais já sabem: crianças que têm brinquedos demais se distraem com maior facilidade e se divertem menos.

Como adultos, temos nossos brinquedos para nos distrair, não é? Isso é inquestionável. Se o mundo inteiro consumisse como os norte-americanos, precisaríamos de quase cinco planetas Terra para sustentar nosso consumo descontrolado. A máxima popular "as coisas que você possui acabam possuindo você" parece mais verdadeira do que nunca agora.

Mas não precisa ser assim.

Bagunça existencial

Há muitas coisas que nos traziam felicidade no passado e que não têm mais propósito nos dias atuais: telefones de disco, disquetes, câmeras descartáveis, fitas cassete, máquinas de fax, tocadores de Laserdisc, pagers, palmtops, vasos com formato de bichos para as plantas, o Furby. A maioria de nós permanece apegada a posses bem depois de elas se tornarem obsoletas, frequentemente por um senso devoto de nostalgia. Os símbolos do passado têm um jeito estranho de mostrar as garras no presente.

UMA INTRODUÇÃO SOBRE COMO VIVER COM MENOS   21

Então nos apegamos a coleções de fitas de vídeo, telefones de flip, antigas calças jeans largas — sendo que não os consertamos ou reciclamos, e sim continuamos acumulando com o restante de nossos objetos intocados. Conforme coleções aumentam, porões, armários e sótãos se transformam em purgatórios de coisas — lotados de bobagens sem utilidade.

Muitos de nossos pertences não servem para nada, e talvez essa falta de uso seja o sinal derradeiro de que precisamos nos desapegar deles. Conforme necessidades, desejos e tecnologias se transformam, o mesmo acontece com o mundo ao nosso redor. Os objetos que agregam valor hoje podem não agregar nada amanhã, o que significa que devemos estar dispostos a abrir mão de tudo, até mesmo das ferramentas que têm propósito agora. Porque, ao nos desapegarmos de posses negligenciadas, podemos encontrar novos lares temporários para elas e permitir que tenham propósito na vida de outra pessoa, em vez de ficarem juntando poeira em nossos mausoléus.

Em uma linha do tempo longa o suficiente, tudo se torna obsoleto. Daqui a cem anos, o mundo estará cheio de novos seres humanos, e eles já terão abandonado cabos USB, iPhones e televisores de tela plana há muito tempo, se libertando do passado e abrindo espaço para o futuro. Isso significa que precisamos ser responsáveis quando se trata das novas posses materiais que trazemos para nossa vida hoje — devemos escolher com cuidado. E devemos ser igualmente cuidadosos quando essas coisas se tornam obsoletas, porque estar disposto a abrir mão de posses materiais é uma das maiores virtudes da vida.

Vamos ver como chegamos aqui — e como podemos nos libertar.

Excessivo

Como nossa vida pode ser melhor com menos? A simplicidade começa com essa pergunta. Infelizmente, eu, Joshua Fields Millburn, demorei três décadas para fazer essa pergunta. Nasci em Dayton, Ohio, o estado da aviação, da música funk e das calotas de ouro de cem raios. Mais recentemente, você pode ter visto nos jornais que Dayton é a capital de overdoses nos Estados Unidos. É estranho pensar nisso agora, mas eu não percebia que era pobre quando era garoto. A pobreza era tipo oxigênio: sempre ao meu redor, mas impossível de enxergar. Ela simplesmente... estava lá.

Em 1981, quando cheguei ao mundo na Base Aérea Militar Wright-Patterson, meu pai, um homem alto, corpulento, de 42 anos, com cabelo grisalho e carinha de bebê, era médico da Força Aérea. Minha mãe, secretária na época, era sete anos mais nova do que ele, uma mulher loura pequena, com voz rouca de fumante, nascida na lanterninha da Geração Silenciosa, poucos meses antes de Nagasaki e Hiroshima.

Com essa descrição, parece que eu teria uma infância sossegada, financeiramente estável, típica do Meio-Oeste norte--americano, não é? Estávamos no começo da década de 1980, e o apogeu de Dayton ainda não havia terminado — antes de o Centro-Oeste dos Estados Unidos passar a ser conhecido como "cinturão da ferrugem", antes de o êxodo branco debilitar a cidade, antes da epidemia de opioides no condado de Montgomery se espalhar para ambos os lados do rio Great Miami. Na época, as pessoas chamavam Dayton de "pequena Detroit" e diziam isso como um elogio. As fábricas prosperavam, a maioria das famílias tinha tudo de que precisava e a maioria das pessoas estava satisfeita com suas rotinas.

UMA INTRODUÇÃO SOBRE COMO VIVER COM MENOS   **23**

Pouco depois do meu nascimento, porém, meu pai ficou doente e tudo começou a sair dos eixos. Ele tinha distúrbios mentais sérios — esquizofrenia e bipolaridade — que foram amplificados pelo excesso de bebida. Antes mesmo de eu aprender a andar, ele começou a ter conversas elaboradas — e até relacionamentos — com pessoas que não existiam no mundo real. Conforme sua mente se perdia, ele se tornou violento e imprevisível. A primeira lembrança que tenho do meu pai é ele apagando um cigarro no peito da minha mãe na nossa casa no bairro Oregon. Eu tinha 3 anos.

Eu e minha mãe fomos embora um ano depois de as agressões começarem — mais ou menos na mesma época, ela começou a beber. Nós nos mudamos para um bairro residencial a uns trinta quilômetros ao sul e isso parece algo bom, não? Um bairro residencial. Mas era o oposto do ideal. Alugamos uma casa conjugada que custava US$ 200 por mês e estava literalmente caindo aos pedaços. (Hoje, essa casa está fechada, pronta para ser demolida.) Gatos e cachorros vira-latas, lojas de bebidas alcoólicas e igrejas, drogas e álcool e casas dilapidadas — não era uma vizinhança violenta nem perigosa; apenas pobre.

Conforme as coisas foram se deteriorando, o alcoolismo da minha mãe se intensificou. Por boa parte da infância, achei que dinheiro tivesse duas cores: verde e branca. Minha mãe às vezes vendia as notas brancas — eu não sabia que eram cupons do governo para comprar comida — na porcentagem de cinquenta centavos por um dólar, porque álcool era comprado apenas com as notas verdes. Ela só conseguia arranjar trabalhos em período integral que pagassem um salário mínimo, mas nunca permanecia neles por muito tempo — nas épocas de bebedeira, passava dias trancada no nosso apartamento de um quarto, sem comer, apenas enchendo a cara e fumando sem parar, aboletada em nosso sofá bege manchado. A casa sempre cheirava levemente a urina, latas vazias de cerveja e fumaça acumulada de cigarro — consigo sentir o cheiro até hoje. Baratas corriam sempre que uma luz era acesa. Elas pareciam vir do apartamento do vizinho. Ele era um homem gentil e solitário, um veterano da Segunda Guerra Mundial com um pouco mais de 70 anos, com pertences suficientes para encher três ou quatro apartamentos e sem medo de insetos, porque ou já havia visto coisa muito pior ou talvez porque eles lhe fizessem companhia. "Ame o próximo" era o versículo de Mateus 22 que minha mãe resmungava sempre que matava uma barata com o chinelo. Quando estava bêbada, a frase se transformava em "Foda-se o próximo". Por boa parte da infância, achei que essas eram duas passagens bíblicas diferentes, uma contradição do tipo Velho Testamento contra Novo Testamento.

Minha mãe era católica devota. Na verdade, ela foi freira quando tinha pouco mais de 20 anos, antes de virar comissária de bordo, depois secretária e, então, mãe perto dos 40 anos. Ela rezava todos os dias, várias vezes por dia, segurando seu rosário, rezando até seu dedão direito e seu indicador manchado de nicotina formarem calos, avançando pela linha cheia de contas, murmurando os velhos pais-nossos e ave-marias, e até a oração da serenidade dos Alcoólicos Anônimos, pedindo por favor a Deus para tirar aquilo dela, por favor para curá-la da sua doença, por favor, Deus, por favor. Mas, mesmo com todas as orações, a serenidade não vinha.

Eu teria de tirar meus sapatos se fosse contar nos dedos quantas vezes cortaram nossa luz, algo mais comum de acontecer conosco do que com nosso vizinho. Mas não era problema — a gente ligava uma extensão na tomada do apartamento ao lado para ligar a TV. Quando a energia acabava no meio do inverno e fazia frio demais para permanecermos em casa, minha mãe e eu saíamos para "passeios" especiais, a fim de dormir na casa de vários homens diferentes. Em casa, ela passava as tardes dormindo enquanto eu brincava com minha pequena coleção de Comandos em Ação. Eu me lembro de guardar com cuidado cada boneco em potes de plástico de forma organizada e metódica sempre que terminava, controlando a única coisa possível de ser controlada em meu mundo desordenado. Eu separava os soldados bonzinhos em um pote e os malvados em outro, com suas armas em um terceiro recipiente. De vez em quando, alguns trocavam de lado, passando a ser bons ou maus.

Sacolas de mercado às vezes surgiam na porta, ao lado do buraco que antes era coberto por três tábuas de madeira, na nossa varanda dilapidada. Minha mãe dizia que rezava para santo Antônio e que ele encontrava comida para nós. Passei longos períodos vivendo à base de manteiga de amendoim, pão de forma e comida industrializada cheia de açúcar, tipo

> **NOSSAS LEMBRANÇAS NÃO ESTÃO NAS COISAS, MAS DENTRO DE NÓS.**

biscoitos recheados e balas, tudo patrocinado por santo Antônio. Aos 7 anos, eu caí dessa mesma varanda. Uma tábua de madeira podre cedeu sob o peso do meu rechonchudo corpo pré-adolescente, criando um buraco com 1,20 metro de profundidade, e aterrissei de cara na calçada embaixo. Houve sangue, choro e um pânico dobrado estranho: pelo sangue que escorria do meu queixo e pela minha mãe, que permaneceu imóvel no sofá quando entrei na casa aos berros, balançando os braços, sem saber o que fazer. A caminhada solitária até o pronto-socorro levou pouco mais de três quilômetros. Ainda tenho as cicatrizes dessa queda.

Minha professora da primeira série mais de uma vez usou o termo "criança largada" para se referir a mim. Mas eu não entendia o que isso significava. Na maioria dos dias, depois da escola, eu encontrava minha mãe desmaiada no sofá, com um cigarro ainda aceso no cinzeiro e três centímetros de cinzas intocadas, quase alcançando o filtro. Era como se ela não entendesse como uma mãe deveria se comportar.

Não me entenda mal. Minha mãe era uma mulher boa — uma mulher gentil, de bom coração, que se importava com as pessoas e me amava demais. E eu a amava. Ainda amo. Sinto falta dela mais do que tudo, tanto que ela sempre aparece nos meus sonhos. Ela não era uma pessoa ruim — simplesmente perdeu seu propósito na vida, e com essa perda surgiu uma insatisfação enorme.

> **POSSES MATERIAIS SÃO UMA MANIFESTAÇÃO FÍSICA DA NOSSA VIDA INTERIOR.**

Eu achava que nossa infelicidade era causada por falta de dinheiro. Se eu conseguisse ter uma renda — muita renda —, seria feliz. Não acabaria como minha mãe. Eu poderia ter todas as coisas que traziam alegria. Então, quando completei 18 anos, pulei a faculdade, optei por um emprego de nível básico em uma empresa e passei a década seguinte crescendo no mercado corporativo. Reuniões no começo do dia, ligações de vendas tarde da noite, oitenta horas de trabalho por semana, tudo que fosse necessário para ser "bem-sucedido".

Aos 28 anos, eu tinha conquistado tudo que minha versão infantil sonhava: um salário alto, carros de luxo, armários lotados de roupas de marca, uma grande casa em um bairro residencial com mais banheiros do que pessoas. Fui o diretor mais jovem na história de 140 anos da empresa, responsável por 150 lojas em Ohio, Kentucky e Indiana. E tinha todas as

UMA INTRODUÇÃO SOBRE COMO VIVER COM MENOS   **27**

coisas necessárias para preencher cada canto da minha vida impulsionada pelo consumo. Olhando de longe, qualquer um pensaria que eu estava vivendo o "sonho americano".

Mas então, do nada, aconteceram duas coisas que me obrigaram a questionar meu foco na vida: em outubro de 2009, minha mãe faleceu e meu casamento acabou — tudo no mesmo mês.

Conforme eu questionava minha existência inteira, percebi que estava concentrado demais em supostos sucessos e conquistas, e especialmente no acúmulo de coisas. Eu podia estar vivendo o "sonho americano", mas não era o meu sonho. Também não era um pesadelo. Era algo desinteressante. De um jeito estranho, precisei conquistar tudo que sempre quis para perceber que talvez, no fim das contas, aquilo não fosse o que eu realmente queria.

Sufocado por coisas

Quando eu tinha 27 anos, minha mãe se mudou de Ohio para a Flórida e viveria da aposentadoria. Em poucos meses, ela descobriu que tinha câncer em estágio avançado. Naquele ano, passei um bom tempo na Flórida ao lado dela, durante a quimioterapia e a radioterapia, observando-a emagrecer enquanto o câncer se espalhava e sua memória desaparecia, até ela falecer.

Depois disso, precisei fazer uma última visita — dessa vez, para lidar com seus pertences. Então peguei um voo de Dayton para St. Petersburg e, ao chegar no seu apartamento minúsculo de um quarto, dei de cara com uma quantidade de coisas capaz de preencher três casas.

Minha mãe não era uma acumuladora. Quer dizer, com seu olhar estético apurado, ela poderia ser uma designer de interiores maximalista. Mas havia muita coisa lá dentro — 65 anos de acúmulo. Menos de 5% dos norte-americanos são diagnosticados como acumuladores compulsivos, mas isso não significa que os 95% restantes não consumam em excesso. Porque consumimos. E nos apegamos a memórias colecionadas durante uma vida inteira. Sei que minha mãe fez isso e eu não tinha a menor ideia de como lidar com a situação.

Então fiz o que qualquer bom filho faria: aluguei um caminhão.

Pelo telefone, pedi o maior veículo que tinham. Eu precisava de um tão grande que teria de esperar um dia para o de oito metros se tornar disponível. Enquanto esperava o caminhão chegar, convidei alguns amigos da minha mãe para me ajudar a organizar tudo. Era coisa demais para arrumar sozinho.

A sala estava *entupida* de móveis antigos grandes, pinturas velhas e tantas toalhinhas de mesa que perdi a conta. A cozinha estava *entupida* com centenas de pratos, copos, tigelas e utensílios variados. O banheiro estava *entupido* com produtos de higiene suficientes para começar uma pequena empresa de cosméticos. E seu armário com roupas de cama e banho poderia abastecer um hotel, *entupido* com pilhas de toalhas de banho, panos de prato, toalhas de praia, lençóis, mantas e cobertores, tudo descombinado. Ah, e não me pergunte sobre o quarto. Por que minha mãe tinha 14 casacos de inverno *entupindo* seu armário? Catorze! Ela morava à beira da praia! Basta dizer que havia muita coisa lá dentro. E eu ainda não sabia onde guardar aquilo tudo.

Então fiz o que qualquer bom filho faria: aluguei um depósito.

Eu não queria misturar as coisas dela com as minhas. Eu já tinha uma casa enorme e um porão espaçoso lotado. Mas um depósito me ajudaria a guardar tudo, só para o caso de eu precisar daquilo em algum futuro não existente e hipotético.

Assim, lá estava eu, encaixotando o que pareciam ser todos os pertences que minha mãe teve na vida. Quando afastei a saia para cama e olhei embaixo, encontrei quatro caixas de papelão, meio pesadas, com décadas de idade, fechadas com muita fita adesiva. Puxei uma atrás da outra e notei que estavam marcadas com um número escrito na lateral com caneta hidrocor grossa: 1, 2, 3, 4. Fiquei parado ali, olhando para baixo, me perguntando o que poderia haver dentro delas. Eu me inclinei, fechei os olhos, inspirei fundo. Abri os olhos. Soltei o ar.

Enquanto abria as caixas, fiquei louco de curiosidade ao descobrir desenhos, deveres de casa e boletins da minha época no ensino fundamental — da primeira à quarta série. No começo, pensei: "Por que minha mãe guardou essa tralha toda?" Mas então as memórias vieram e tudo ficou óbvio. Ela estava guardando um pedaço de *mim*. Estava apegada a todas as memórias dentro das caixas.

— Peraí! — exclamei no quarto vazio, me dando conta do fato de que ela não havia aberto as caixas em mais de duas décadas.

Aquelas "memórias" não eram acessadas e isso me ajudou a entender algo pela primeira vez: nossas lembranças não estão nas coisas, mas dentro de nós.

Talvez tenha sido isso que David Hume, o filósofo escocês do século XVIII, quis dizer ao escrever que "a mente tem uma grande propensão a se espalhar para objetos externos e associar a eles quaisquer impressões internas". Minha mãe não precisava guardar aquelas caixas para ter um pedaço de mim — eu nunca estive dentro delas. Contudo, olhando pelo apartamento — olhando todos os seus pertences —, me dei conta de que estava me preparando para fazer a mesma coisa. Só que, em vez de guardar as memórias dela em uma caixa embaixo da cama, eu guardaria tudo em um depósito enorme com um cadeado. Só para garantir.

Então fiz o que qualquer bom filho faria: peguei o telefone e cancelei o caminhão. Depois cancelei o depósito e passei os próximos 12 dias vendendo ou doando quase tudo. Dizer que aprendi algumas lições importantes nesse meio-tempo seria pouco.

Não apenas descobri que nossas memórias não estão nos nossos pertences, mas também descobri sobre valor. Sobre valor de verdade. Para ser sincero, eu queria ser egoísta e guardar as coisas da minha mãe. Mas nenhum daqueles objetos me agregaria valor se ficassem trancafiados em um depósito para sempre. No entanto, ao abrir mão deles, eu poderia agregar valor à vida de outras pessoas. Então, doei a maioria das coisas para seus amigos e organizações de caridade locais, encontrando novos lares para tudo, porque o lixo de uma pessoa pode ser o que outra precisa. Doei o dinheiro das poucas coisas que vendi para as duas organizações de caridade que ajudaram minha mãe a passar pela quimioterapia e a radioterapia. E aprendi que poderia contribuir mais se estivesse disposto a me desapegar.

Quando finalmente voltei para Ohio, levei comigo um punhado de itens sentimentais: um quadro antigo, algumas fotos, talvez até uma ou outra toalhinha de mesa. Isso me ajudou a entender que, quando temos menos itens sentimentais, conseguimos aproveitá-los melhor. As poucas coisas que ficaram comigo me trazem muito mais alegria do que se eu as misturasse com dezenas, ou até centenas, de bobagens.

UMA INTRODUÇÃO SOBRE COMO VIVER COM MENOS   31

A lição final que aprendi foi prática. Apesar de ser verdade que nossas memórias não estão nas coisas, também é verdade que, às vezes, objetos podem acionar memórias dentro de nós. Então, antes de ir embora da Flórida, tirei fotos de muitos dos pertences da minha mãe e voltei para Ohio com apenas algumas caixas de fotografias dela, que escaneei e guardei digitalmente.

Essas imagens me ajudaram a desapegar, porque eu sabia que as lembranças continuariam comigo.

No fim das contas, precisei me livrar daquilo que me segurava antes de conseguir seguir em frente.

Um acumulador organizado

Em casa, havia chegado a hora de analisar minha vida. Aparentemente, minhas coisas eram "arrumadas". Mas, na verdade, eu não passava de um acumulador organizado. A acumulação, no sentido clínico, está no extremo final do espectro obsessivo-compulsivo. E como uma pessoa diagnosticada com TOC, eu acumulava coisas. Entretanto, ao contrário das pessoas que vemos na televisão, com suas incontáveis coisas espalhadas pelo chão, pelas bancadas e por todas as superfícies disponíveis, minhas tralhas eram escondidas com ordenação.

Meu porão parecia o anúncio de uma loja de produtos de armazenamento: fileiras de caixas de plástico opacas, empilhadas e etiquetadas, lotadas de edições antigas das revistas *GQ* e *Esquire*, calças cáqui e camisas polo, raquetes de tênis e luvas de beisebol, barracas e vários "equipamentos fundamentais" de camping nunca usados, e sabe-se lá mais o quê. A sala de televisão era uma loja de eletrônicos em miniatura: filmes e álbuns de música organizados em ordem alfabética na estante embutida

32 AME PESSOAS, USE COISAS

ao lado do televisor gigantesco e do sistema de som surround que violaria as leis de silêncio da cidade se ficasse na metade do volume máximo. O escritório precisava da classificação decimal de Dewey: prateleiras do chão ao teto com quase dois mil livros, a maioria dos quais nunca li. E o closet parecia saído de *Psicopata americano*: setenta camisas sociais da Brooks Brothers, 12 ternos feitos sob medida, pelo menos cinquenta gravatas de marca, dez pares de sapatos sociais com solado de couro, cem blusas diferentes, vinte calças jeans iguais e mais meias, cuecas e acessórios do que eu seria capaz de usar em um mês — tudo cuidadosamente dobrado dentro de gavetas ou exibido em cabides de madeira separados em intervalos exatos. Eu acumulava cada vez mais, só que nunca parecia ser o suficiente. E não importava quanto arrumasse, esticasse e limpasse, o caos sempre estava presente.

De fato, tudo *parecia* lindo, mas era uma fachada. Minha vida era uma bagunça arrumada. Sufocado pelo peso dos meus excessos, sabia que precisava mudar. Eu queria simplificar. E foi então que um negócio chamado *minimalismo* surgiu em cena.

Para mim, a simplificação começou com uma pergunta: *como a vida pode ser melhor com menos coisas?*

Fiz essa pergunta porque precisava entender o propósito de simplificar. Não apenas *como*, mas o *motivo*, bem mais importante. Se eu tornasse minha vida mais simples, teria mais tempo para minha saúde, meus relacionamentos, minhas finanças, minha criatividade e conseguiria contribuir com algo além de mim mesmo de forma significativa. Consegui entender os benefícios de simplificar as coisas muito antes de limpar meus armários.

Daí, quando chegou o momento de realmente me desfazer dos meus pertences, comecei aos poucos. Eu me fiz outra pergunta: *se uma posse material for removida por dia, durante um mês — apenas um —, o que aconteceria?*

Bom, vou contar: me livrei de muito mais do que trinta itens durante os primeiros trinta dias. Muito, muito mais. Descobrir as coisas das quais eu poderia me desfazer se tornou um desafio pessoal. Então revirei cômodos e closet, armários e corredores, carro e escritório, buscando objetos para jogar fora, mantendo apenas aquilo que agregava valor à minha vida. Refletindo sobre cada artefato na casa — um bastão de beisebol da minha infância, quebra-cabeças velhos com peças faltando, uma máquina de fazer waffles que foi presente de casamento —, eu me perguntava: "Isso me serve de alguma coisa?" Quanto mais fazia essa pergunta, mais me empolgava, e simplificar foi se tornando mais fácil a cada dia. Eu me sentia mais feliz e mais leve — e queria me livrar de tudo. Algumas camisas viraram metade de um closet. Alguns DVDs viraram uma cinemateca inteira no lixo. Alguns itens de decoração levaram a gavetas de tralhas que faziam jus ao nome. Foi um ciclo lindo. Quanto mais eu agia, mais queria agir.

> **CADA COISA QUE EU, COMO MINIMALISTA, MANTENHO TEM UM PROPÓSITO OU ME TRAZ ALEGRIA. O RESTANTE É DESCARTÁVEL.**

Nos oito meses seguintes à morte da minha mãe e durante inúmeras viagens ao centro de doações local, abri mão de mais de 90% dos meus pertences. O caos havia se transformado em calma. Foi um processo relativamente lento, mas, se você visitar minha casa hoje, mais de uma década depois de começar a minimizar, não daria um pulo e exclamaria: "Esse cara é minimalista!" Não, é mais provável que você dissesse "Esse cara é organizado!", e perguntasse como eu e minha família mantemos a casa tão arrumada. Bem, eu, mi-

34 AME PESSOAS, USE COISAS

nha esposa e minha filha não temos muito hoje em dia, mas todos os nossos pertences nos agregam valor real. Cada uma de nossas coisas — os apetrechos de cozinha, as roupas, o carro, os móveis — tem um objetivo. Cada coisa que eu, como minimalista, mantenho tem um propósito ou me traz alegria. O restante é descartável.

Depois de acabar com o acúmulo de coisas, me senti obrigado a fazer perguntas mais profundas: *Por que dou tanta importância a posses materiais? O que é realmente essencial na minha vida? Por que estou tão infeliz? Quem é a pessoa que desejo me tornar? Como defino meu sucesso?*

Esses são questionamentos difíceis, com respostas difíceis, mas se mostraram muito mais benéficos do que simplesmente jogar fora o excesso de coisas. Se não os respondermos com cuidado, de forma rigorosa, então os armários que esvaziamos estarão cheios de compras novas em um futuro pouco distante.

Conforme abri mão das coisas e comecei a encarar as questões difíceis, minha vida se tornou mais fácil. Não demorou muito para meus colegas de trabalho notarem que havia algo diferente.

"Você parece menos estressado."

"Você está tão calmo."

"O que houve? Você está bem mais legal!"

Então meu melhor amigo, um cara chamado Ryan Nicodemus, que conheço desde que éramos alunos rechonchudos da quinta série, me fez uma pergunta:

— Por que você anda tão feliz?

Ri e contei a ele sobre um negócio chamado minimalismo.

— E o que é isso?

UMA INTRODUÇÃO SOBRE COMO VIVER COM MENOS   **35**

— Minimalismo é o negócio que faz a gente parar de pensar em coisas — expliquei. — E, sabe, Ryan, acho que também daria certo para você, porque, bem... você tem coisa pra cacete.

O nascimento de um sonho

Ryan Nicodemus nasceu em um lar problemático (antes de "problemático" virar moda). Sua história começou como muitas histórias começam — com uma infância desagradável. Quando ele tinha 7 anos, o casamento dos pais acabou de maneira amarga. Depois da separação, Ryan foi morar com a mãe, e depois também com o padrasto, em uma pequena casa pré-fabricada, e testemunhou diversas vezes uso de drogas e álcool e abusos físicos. Além de, é lógico, problemas com dinheiro.

Apesar de a mãe de Ryan receber auxílio do governo, as dificuldades financeiras pareciam ser a maior fonte da sua infelicidade. Dinheiro também era problema para o pai de Ryan, que era testemunha de Jeová devoto e dono de uma pequena empresa que prestava serviços de pintura. Apesar de ter um negócio, ele lutava para pagar as contas, vivendo na ponta do lápis, sem economias nem planos para o futuro.

Na adolescência, Ryan passava boa parte das férias de verão trabalhando para o pai, pintando e instalando papel de parede em casas comicamente luxuosas: garagens com novecentos metros quadrados, piscinas internas, salões de boliche particulares. Ele nunca imaginou morar em um lugar parecido com aquelas residências imponentes, mas elas causavam impacto.

Em um dia de verão abafado, Ryan e o pai começaram uma aplicação de papel de parede em uma bela casa em um bairro residencial próximo a Cincinnati. Não era uma mansão multimilionária, mas continuava sendo melhor do que qualquer

36 AME PESSOAS, USE COISAS

lugar em que seus pais moraram. Quando Ryan conheceu os proprietários, notou que eles pareciam felizes. As paredes do lar eram decoradas com os rostos sorridentes de parentes e amigos que pareciam afirmar aquela felicidade. A casa tinha coisas — televisores, lareira, móveis, enfeites — em cada milímetro. Enquanto trabalhava, Ryan se imaginou morando ali; imaginou como a vida seria se tivesse uma casa cheia de coisas. Antes de terminar o serviço, perguntou ao pai:

— Quanto dinheiro eu precisaria ganhar para ter uma casa como esta?

— Filho, se você ganhasse US$ 50 mil por ano, talvez conseguisse bancar um lugar assim.

(Tenha em mente que isso aconteceu na década de 1990. Mesmo assim, na época, US$ 50 mil era mais dinheiro do que os pais de Ryan ganhavam por ano.)

Então este se tornou seu objetivo: US$ 50 mil.

A trave que muda eternamente de lugar

Certo dia, durante o último ano do ensino médio, Ryan e eu estávamos sentados à nossa mesa solitária na hora do almoço, discutindo o que pretendíamos fazer depois da formatura.

— Sei lá o que vai acontecer, Millie — disse Ryan, dirigindo-se a mim pelo apelido. — Mas se eu encontrar um jeito de ganhar US$ 50 mil por ano, sei que serei feliz.

Eu não tinha motivo para discordar, então nós dois fomos atrás disso. Um mês depois de nos formarmos, em 1999, comecei a trabalhar como representante de vendas para uma empresa de telecomunicações local. Após alguns anos, quando fui promovido para gerente de loja, convidei Ryan, que ainda trabalhava na empresa do pai e em uma creche local, para

UMA INTRODUÇÃO SOBRE COMO VIVER COM MENOS   37

entrar na minha equipe. Bastou eu mostrar os cheques de comissão para ele aceitar.

Em poucos meses, Ryan se tornou o melhor vendedor da equipe e começou a ganhar os mágicos US$ 50 mil. Havia algo errado, porém — ele não se sentia feliz. Depois de pensar um pouco, a solução foi encontrada: ele não tinha contado com o ajuste da inflação. Talvez US$ 65 mil por ano significasse felicidade. Talvez US$ 90 mil. Talvez mais. Ou talvez ter um monte de coisas — talvez isso fosse felicidade. Não importava qual seria a resposta, Ryan sabia que, quando a encontrasse, se sentiria livre. Então, quanto mais dinheiro ele ganhava, mais gastava — tudo em busca da felicidade. No entanto, conforme suas novas compras o aproximavam do "sonho americano", a liberdade foi se distanciando.

Em 2008, menos de uma década depois da formatura, Ryan tinha tudo que "deveria" ter. Um emprego com um título impressionante em uma empresa respeitada, uma carreira de sucesso com salário polpudo na qual gerenciava centenas de funcionários. Ele trocava de carro a cada dois anos. Sua casa tinha três quartos, três banheiros e duas salas de estar (uma para ele e outra para o gato). Todo mundo dizia que Ryan Nicodemus era bem-sucedido.

Era verdade que sua vida aparentava sucesso, mas também havia um monte de coisas que ninguém enxergava. Apesar de ganhar muito dinheiro, ele estava endividado. Mas a busca pela felicidade não custou só dinheiro. Ryan vivia estressado, com medo, infeliz. Sim, ele podia parecer bem-sucedido, mas se sentia péssimo e perdeu a perspectiva do que era importante.

Mas uma coisa era óbvia: havia um vazio na vida dele. Então, ele tentava preenchê-lo da mesma forma que muitas pessoas tentam — com coisas. Muitas coisas. Ryan comprava carros,

38 AME PESSOAS, USE COISAS

produtos eletrônicos, roupas, móveis, decorações para a casa. E quando não tinha dinheiro suficiente no banco, pagava por refeições caras e rodadas de bebidas e férias com cartões de crédito, financiando um estilo de vida que não podia bancar, usando dinheiro que não tinha para comprar coisas de que não precisava.

Ele achava que encontraria a felicidade com o tempo. Ela devia estar chegando, certo? Só que as coisas não preencheram o vazio — apenas o aumentaram. E como Ryan não sabia o que era importante, continuou tentando acabar com aquela sensação, se endividando cada vez mais, trabalhando muito para comprar objetos que não traziam felicidade, alegria nem liberdade. Ele passou anos assim, nesse ciclo vicioso. Ensaboa, lava, repete.

A espiral decadente

Conforme Ryan saía da casa dos 20 anos, a vida dele era perfeita por fora. Mas, por dentro, após construir uma existência da qual não sentia orgulho algum, ele estava péssimo. Com o tempo, o álcool começou a ter um papel importante na vida dele. Antes de o expediente acabar, ele já planejava com quem iria para o *happy hour*. Não demorou muito para passar a beber todas as noites — meio engradado de cerveja, meia dúzia de *shots*. Às vezes mais.

Ryan frequentemente dirigia bêbado ao voltar para casa de bares e eventos corporativos. (Se conseguisse encontrar a carteira e o telefone na manhã seguinte, a noite não tinha sido das piores.) Na verdade, isso acontecia tanto que ele bateu com a picape nova pelo menos três vezes ao dirigir embriagado. Talvez tenha acontecido uma quarta vez, mas ele não se lembra direito.

UMA INTRODUÇÃO SOBRE COMO VIVER COM MENOS   **39**

A verdade era que cada carro que comprava era destruído em poucos meses. No entanto, ele nunca foi pego pela polícia, e ainda bem que não machucou ninguém além de si mesmo. Em uma das suas piores noites, ele se lembra de ter vomitado por todo canto, mais de uma vez, estragando o tapete da sala de um colega de trabalho, o bolo de aniversário de um amigo, sua jaqueta de camurça que havia custado mil dólares e sua reputação. Tudo em apenas uma noite. Foi como uma cena de um seriado de comédia ruim. Tirando que era a vida real, a vida *dele*, saindo de controle a cada drinque.

Mas o problema não era apenas o álcool. As drogas aceleraram a queda. Após outra noite de bebedeira, algumas semanas após bater com o carro de novo, Ryan acordou com o dedão quebrado. Sem problema, pensou ele, podia ter sido pior. O médico do pronto-socorro prescreveu oxicodona para a dor. Em dois meses, Ryan estava viciado. Quando não conseguiu outra prescrição com o médico, começou a comprar os comprimidos ilegalmente. Oxicodona, Vicodin, Oxycontin — qualquer opioide que conseguisse encontrar. O dedão quebrado, junto com um desespero intenso, logo se transformou em um vício de vinte — às vezes até quarenta — analgésicos por dia. Com tanta bebida e medicação, ele chegava a gastar US$ 5 mil por mês para anestesiar a dor — apenas para tolerar a vida que criara para si mesmo.

Daí veio a overdose. Dominado pela desesperança — *meus relacionamentos são uma bosta, meu trabalho é uma bosta, minha casa é uma bosta, minhas dívidas são uma bosta, minhas coisas são uma bosta, minha vida inteira é uma bosta* —, Ryan tomou um frasco inteiro de remédios. Ele não queria se matar — só precisava que tudo parasse. Apesar de ter sobrevivido, passou uma semana internado em um hospital psiquiátrico,

40 AME PESSOAS, USE COISAS

voltando para a sobriedade sob o brilho opressivo das luzes fluorescentes da instituição. O tratamento causou uma nova montanha de dívidas que ele não tinha dinheiro para bancar, então sua solução foi voltar para o álcool e os comprimidos, em uma tentativa de se esconder da própria vida.

COMO NOSSA VIDA PODE SER MELHOR COM MENOS?

E, é óbvio, esse comportamento afetou seus relacionamentos. Ryan não percebia na época, mas era o clássico vitimizador. Depois do divórcio, traiu quase todas as namoradas. Suas mentiras eram constantes — para todo mundo, sobretudo. Para esconder seus segredos, ele se afastou das pessoas mais próximas porque tinha vergonha da pessoa que havia se tornado. Em vez de passar tempo com a família e os amigos, convivia com gente que gostava dos mesmos tipos de droga.

A mãe morava perto, mas Ryan quase nunca a visitava, dizendo que estava ocupado com trabalho, o que era verdade, em parte. Ela parecia compreender, mas o fato era que o álcool, as drogas e a vida de mentiras que ele levava tomavam-lhe todo o tempo.

A fachada era interessante, mas a estrutura por trás estava caindo aos pedaços. Mesmo com a casa espaçosa, os carros novos, as posses materiais "certas", Ryan não conseguia encontrar sentido em nada; sua vida não tinha propósito nem paixão, não tinha valores nem rumo, não tinha contentamento nem amor. Desmoronando — primeiro, aos poucos; depois, rápido —, ele não se reconhecia mais. O adolescente que sonhava com uma vida feliz de US$ 50 mil não era o homem que o encarava no espelho do banheiro todas as manhãs.

Ryan continuou trabalhando sessenta ou setenta — às vezes oitenta — horas por semana, deixando de lado os aspectos mais importantes da vida. Ele mal pensava na própria saúde, em relacionamentos ou criatividade. Pior de tudo, se sentia estagnado: não evoluía e não contribuía com coisa alguma além de si mesmo.

Em mais uma segunda-feira no escritório, Ryan e eu estávamos em um corredor sem janelas depois de outra reunião de marketing chata, e perguntei qual era a paixão da vida dele. De ressaca, ele me encarou como um animal assustado.

— Não faço ideia.

Meu amigo não estava apenas vivendo de salário em salário, mas vivendo *pelo* salário. Vivendo pelas coisas. Vivendo pela carreira que detestava. Vivendo pelas drogas e pelo álcool e pelos hábitos nocivos. Mas não estava *vivendo* de verdade. Ryan não sabia na época, mas estava deprimido. Ele era apenas uma migalha de tudo que poderia ser.

Uma festa diferente

De muitas formas, a vida de Ryan não era diferente de um shopping abandonado. Anos de consumo excessivo, anos perseguindo prazeres passageiros e deixando as pessoas de lado, anos ansiando por mais e mais o deixaram se sentindo vazio. Todo mundo foi embora. Tudo que era importante desapareceu. Uma carcaça oca.

Então, perto dos seus 30 anos, ele notou algo diferente sobre seu melhor amigo há mais de vinte anos: eu. Ryan me disse que eu parecia feliz pela primeira vez em muito tempo. Mas não entendia por quê. Nós havíamos passado a última década trabalhando na mesma empresa, os dois crescendo, e *eu* era tão infeliz quanto ele. Ainda por cima, tinha passado pelos dois acontecimentos mais difíceis da minha vida — minha mãe morreu e meu casamento acabou —, então a felicidade não parecia ser possível. E, parando para pensar, eu não devia ser mais feliz do que *ele*!

Então, Ryan comprou um almoço para mim em um bom restaurante (Subway) e, enquanto comíamos nossos sanduíches, me fez aquela pergunta:

— Por que você anda tão feliz?

Passei os vinte minutos seguintes explicando minha jornada minimalista. Contei que havia passado os últimos meses simplificando minha vida, me livrando dos excessos a fim de abrir espaço para o que era importante de verdade.

Sendo o solucionador de problemas exagerado que é, Ryan resolveu na hora que se tornaria minimalista também. Ele olhou para mim por cima de nossas refeições comidas pela metade e anunciou:

— Tudo bem, eu topo! — Então fez uma pausa rápida quando viu uma careta confusa no meu rosto, com um olhar que dizia "Hein?". — Vou ser minimalista!

— Huum. Tudo bem — respondi.

— E agora? — perguntou ele.

Eu não sabia. Não estava tentando convertê-lo — nem ninguém — ao minimalismo, então nem imaginava qual seria o próximo passo. Contei sobre os oito meses que passei me desfazendo de coisas, mas isso era devagar demais para Ryan. Ele queria resultados mais imediatos.

Um instante depois, tive uma ideia louca.

— Quando é o único momento que você é obrigado a encarar todas as suas coisas?

— Quando? — perguntou ele.

— Durante uma mudança de casa — respondi, tendo me mudado menos de um ano antes. — Então, e se a gente *fingir* que você vai se mudar?

UMA INTRODUÇÃO SOBRE COMO VIVER COM MENOS **43**

E foi isso que fizemos. Bem ali, no Subway, decidimos encaixotar todos os pertences de Ryan como se fosse para uma mudança e então ele desempacotaria apenas os itens de que precisasse pelas próximas três semanas. Chamamos o acontecimento de *packing party* — a festa do encaixotamento (porque se você acrescentar a palavra "festa" a qualquer coisa, Ryan aparece).

Naquele domingo, fui até a casa dele e o ajudei a guardar tudo: roupas, utensílios de cozinha, toalhas, equipamentos eletrônicos, televisores, fotos emolduradas, obras de arte, produtos de higiene pessoal. Nós até cobrimos os móveis com lençóis para tirá-los de uso. Após nove horas — e duas entregas de pizza —, tudo estava guardado e a casa inteira cheirava a papelão. Lá estávamos nós, sentados na segunda sala de estar, exaustos, encarando as caixas em pilhas que chegavam à metade do pé-direito de três metros e meio.

Tudo que Ryan possuía — cada coisinha pela qual ele havia trabalhado na última década — estava ali, naquele cômodo. Caixas sobre caixas sobre caixas. Cada uma estava identificada, para ele saber onde procurar quando precisasse de alguma coisa específica: "gaveta de porcarias", "sala de estar 1", "utensílios de cozinha", "armário do quarto", "gaveta de porcarias 7", e assim por diante.

Ele passou os 21 dias seguintes desempacotando apenas os itens de que precisava: escova de dentes, lençóis, roupas para o trabalho, os móveis que usava de verdade, panelas e frigideiras, uma caixa de ferramentas. Apenas aquilo que agregava valor. Após três semanas, 80% das coisas continuavam encaixotadas. Simplesmente paradas ali. Intactas. Quando olhou para elas, ele não conseguiu se lembrar nem do que estava dentro da maioria delas. Tudo que deveria deixá-lo feliz não estava

O CONSUMISMO NÃO É O PROBLEMA — O VILÃO É O CONSUMISMO IMPENSADO. servindo de nada. Foi então que ele decidiu se desapegar — vender ou doar tudo guardado naquela floresta de papelão.

No fim da sua "festa" de muitas semanas, Ryan comentou que se sentia livre pela primeira vez na vida adulta — depois de ter tirado as bobagens do caminho, sentiu que poderia abrir espaço para todo o resto. Abrir mão dos excessos não mudou sua vida, mas deu abertura para as mudanças que aconteceriam nas semanas e nos meses seguintes.

Ryan recalibrava sua vida — se livrando dos restos e priorizando hábitos novos, empoderadores, que destacaremos ao longo do livro — como se estivesse reformando o shopping abandonado metafórico para se tornar um espaço comunitário, recuperando seu objetivo inicial. Nos meses após simplificar sua vida, as coisas ficaram mais difíceis, só que mais recompensadoras. Pela primeira vez em muito tempo — talvez desde sempre —, ele olhava para algo além de si mesmo. Ryan começou a se concentrar na comunidade, não no consumismo; em dar, não em receber; nas pessoas, não nas coisas. Isso acontece quando a ânsia some; o solipsismo também desaparece, abrindo espaço para os outros. Apesar de aquele não ser o objetivo inicial, Ryan começou a entender que não era o centro do universo.

The Minimalists

Um mês depois de Ryan desapegar, em meio às mudanças de hábito que incorporava em sua rotina, toda sua perspectiva de vida havia mudado e ele se deu conta de que algumas pessoas poderiam se interessar por sua recém-descoberta alegria, se houvesse uma forma eficaz de divulgar sua história. Ele sabia

UMA INTRODUÇÃO SOBRE COMO VIVER COM MENOS   45

que eu era apaixonado por escrever, então fizemos aquilo que todos os caras com 30 anos de idade em 2010 faziam: começamos um blog. O endereço era *TheMinimalists.com*.

Após entrar no ar no dia 14 de dezembro, algo extraordinário aconteceu: 52 pessoas visitaram o site no primeiro mês! Sei que isso pode parecer insignificante, mas Ryan e eu ficamos empolgados, porque era um sinal de que pelo menos algumas dezenas de pessoas se interessavam pelas nossas histórias sobre viver com menos.

Logo, outros acontecimentos impressionantes vieram: 52 leitores se transformaram em quinhentos, quinhentos viraram cinco mil, e agora temos o privilégio de compartilhar o minimalismo com milhões de pessoas por ano. No fim das contas, quando você agrega valor à vida dos leitores, eles compartilham essa história com amigos e parentes — para agregar valor à vida deles também. Agregar valor é um instinto humano básico.

Agora, uma década depois de simplificarmos as coisas, Ryan e eu, conhecidos coletivamente como The Minimalists, ajudamos mais de vinte milhões de pessoas a viver de forma recompensadora com menos coisas — tudo porque acreditamos em uma mensagem simples: devemos desapegar a fim de abrir espaço para aquilo que importa.

O que é o minimalismo?

O minimalismo começa com coisas, mas esse é só o início. Sem dúvida, à primeira vista, é fácil pensar que o propósito da filosofia é apenas se livrar de posses materiais. Desentulhar. Simplificar. Eliminar. Jogar fora. Desapegar. Diminuir. Deixar partir.

Se esse fosse o caso, então todo mundo poderia alugar uma caçamba de lixo, jogar todas as suas porcarias nela e se sentir em uma paz eterna imediata. Mas, é óbvio, você pode se livrar de tudo e continuar triste. É possível voltar para uma casa vazia e se sentir pior, porque tudo aquilo que lhe acalmava desapareceu.

Eliminar os excessos é uma parte fundamental da receita — mas não passa de um ingrediente. E se preocupar apenas com os objetos é ignorar a questão mais importante. O objetivo final não é se livrar da bagunça — esse é apenas o primeiro passo. Sim, você vai sentir que um peso saiu de suas costas, mas jogar tudo fora não vai trazer contentamento eterno.

Isso acontece porque o consumismo não é o problema — o vilão é o consumismo impensado. E podemos mudar esse hábito se refletirmos mais sobre as decisões que tomamos todos os dias. É verdade, todo mundo precisa de coisas; a chave é ter a quantidade certa de coisas — e se livrar do restante. É aí que entra o minimalismo.

Minimalistas não se concentram em ter menos, menos, menos. O foco é abrir espaço para mais: mais tempo, mais entusiasmo, mais criatividade, mais experiências, mais contribuição, mais alegria, mais liberdade. Limpar a bagunça cria espaço para os elementos intangíveis que tornam a vida recompensadora.

Às vezes, as pessoas evitam o minimalismo porque a palavra em si parece extrema, radical, subversiva. Com medo de bater de frente com seus limites culturais, elas fogem da simplificação da vida porque não querem o rótulo de "minimalista".

Então, se minimalismo parece um termo rígido demais, crie seu nome preferido para a simplificação — apenas escolha uma palavra que termine com -*ismo*: intencionalismo, suficientismo, seletismo, essencialismo, curacionismo, praticalismo, viver--dentro-dos-seus-limitismos. Não importa como o chamamos, o minimalismo é aquilo que nos ajuda a passar por cima de nossas posses a fim de criarmos espaço para as coisas importantes na vida — que, na verdade, não são coisas.

O que, então, são elas? É isso que vamos elucidar em breve. Este não é apenas um guia para esvaziar sua casa. Há muitos deles por aí. Apesar de apresentarmos algumas dicas práticas para se livrar do excesso de coisas, o que queremos mesmo é levar você além da parte fácil, além do primeiro passo de se desapegar. Este livro é o seu guia para transitar pelo mundo de possibilidades que o desapego revela — até o passo seguinte e difícil de aprender a viver com propósito. Isso começa pelas coisas, e então, quando você passar a ter *menos*, queremos mostrar como abrir espaço para *mais* — e fazendo isso da forma certa.

Ame pessoas, use coisas

O título deste livro teve duas inspirações curiosas. Foi o respeitável Fulton J. Sheen quem, por volta de 1925, disse pela primeira vez: "Lembre-se de amar pessoas e usar coisas, não de amar coisas e usar pessoas." Na infância, quase diariamente, eu via e lia essa citação sempre que passava pelo quarto da minha mãe, que a tinha emoldurada e pendurada na parede, acima da cama. Quase um século depois, o superastro do rap, Drake, ecoou a fala de Sheen ao cantar: "Eu queria que você aprendesse a amar pessoas e usar coisas, e que parasse de fazer o contrário." Com o nosso trabalho como The Minimalists, repensamos esse sentimento para criar a frase que passou a definir nossa mensagem, "Ame pessoas e use coisas, porque

> **MINIMALISTAS NÃO SE CONCENTRAM EM TER MENOS, MENOS, MENOS. O FOCO É ABRIR ESPAÇO PARA MAIS.**

48 AME PESSOAS, USE COISAS

o oposto não funciona", que encerra todos os episódios do nosso podcast. Quando Ryan e eu concluímos nossos eventos ao vivo com essa frase, a plateia costuma repetir as palavras junto com a gente. Alguns corajosos até a tatuaram como um lembrete diário permanente.

O minimalismo em si não é uma ideia nova: o conceito remonta aos estoicos, a todas as grandes religiões, a Emerson e Thoreau e até Tyler Durden, o personagem de *Clube da Luta* interpretado por Brad Pitt. A novidade é o problema: as pessoas nunca foram tão seduzidas pelo materialismo quanto agora e nunca estiveram tão dispostas a abandonar entes queridos para adquirir pilhas de coisas inúteis.

Com este livro, vamos lançar uma nova luz sobre a sabedoria do minimalismo, testada pelo tempo, passando por uma lição de cada vez. O objetivo não é remover você do mundo moderno, mas mostrar a melhor maneira de viver nele.

Como podemos aprender a viver com confiança, sem os pertences materiais de que nos convencemos ser necessários? Como ter uma vida mais cheia de propósito e recompensadora? Como aprender a reconfigurar nossas prioridades? Como transformar a maneira como vemos a nós mesmos? Como conseguir o que queremos da vida?

Ryan e eu exploramos essas perguntas ao examinar sete relacionamentos essenciais que nos tornam quem somos: coisas, verdade, o eu, valores, dinheiro, criatividade e pessoas. Essas relações atravessam nossa vida de formas inesperadas, criando padrões destrutivos, porque as enterramos por baixo de bagunças materialistas. Aqui, oferecemos ferramentas para ajudar na luta contra o consumismo, limpando o passado com o objetivo de abrir espaço para uma vida cheia de propósito.

UMA INTRODUÇÃO SOBRE COMO VIVER COM MENOS **49**

Nós dois acreditamos que, ao destacar nossas falhas e lidar com nossos problemas em público, podemos ajudar pessoas a lidar com as próprias questões e vergonhas que cercam as decisões do passado. Por acaso, este livro é a melhor maneira de a gente expor tudo. Nestas páginas, também usaremos conhecimentos especializados e estudos de caso para acabar com a fachada que oculta as verdades de pessoas normais que escondem sua vergonha, como fazíamos no passado, sob uma pilha de objetos inúteis.

Como usar este livro

No fundo, todo bom livro quer fazer duas coisas: comunicar e expressar. Ele quer *comunicar* algo importante para o leitor e *expressar* algo profundo para o mundo. Com frequência, livros de não ficção fazem apenas este último. Ryan e eu desejamos transmitir o que aprendemos ao longo dos anos e queremos cimentar a informação com histórias expressivas que tornam as lições práticas e memoráveis.

O autor Derek Sivers diz: "Um livro bom muda sua mente; um livro ótimo muda suas ações." Acredito que escrevemos um livro bom, que tem o potencial de mudar sua mente, mas cabe a você torná-lo ótimo. Então, conforme for lendo os capítulos, destaque e sublinhe as partes úteis. Escreva nas margens. Compre um caderno (ou, talvez, finalmente use um dos muitos acumulados pela casa) e faça os exercícios no fim de cada capítulo. E, mais importante, uma vez que você entenda os benefícios de se viver com menos, tome uma atitude.

De acordo com a pirâmide de aprendizado do educador norte-americano Edgar Dale:

50 AME PESSOAS, USE COISAS

Nós nos lembramos de
10% do que lemos,
20% do que escutamos,
30% do que vemos,
50% do que vemos e escutamos,
70% do que discutimos com os outros,
80% do que vivenciamos em pessoa,
95% do que ensinamos aos outros.

Se você ler este livro, mas não usar o que aprendeu, então não entendeu o propósito. Não tem problema absorver as informações para começar depois, mas são as *ações* que mudarão sua vida. E, se realmente quiser que este conteúdo entre na sua cabeça, fale sobre ele com outras pessoas — e cogite ensinar o que aprendeu.

Para lhe ajudar a reter o máximo possível de lições, Ryan, a metade orientadora do duo The Minimalists, vai encerrar cada capítulo com cinco reflexões para você fazer depois da leitura. Elas serão acompanhadas por uma lista de cinco coisas a serem feitas e cinco coisas a não serem feitas relacionadas ao tema do capítulo — ações específicas que você pode incorporar imediatamente à sua rotina. Pense com calma e então siga as listas antes de continuar a leitura — isso lhe ajudará a consolidar o aprendizado.

Conforme você avançar pelo livro, logo ficará evidente que *Ame pessoas, use coisas* não é apenas um guia de *instruções*. Queremos que cada capítulo ofereça um conselho prático sobre *como* mudar sua vida, e as histórias intrigantes lhe darão apoio para você lembrar *por que* é necessário mudar. Juntando o *como* com o *porquê*, teremos a receita para uma transformação duradoura.

RELACIONAMENTO 1 | COISAS

Eu conheci Jason e Jennifer Kirkendoll na fila com os convidados depois de Ryan e eu palestrarmos ao vivo. Eles me disseram que, ao se casarem, com 24 anos, estavam cheios de esperança para o futuro. Quando deram por si, estavam vivendo o "sonho americano": tinham quatro filhos, dois cachorros e um gato e moravam perto de Minneapolis. Jason trabalhava para uma grande seguradora; Jennifer era dona de casa.

Aos poucos, porém, o sonho foi se transformando em pesadelo.

A casa que tinha sido o lar dos sonhos não era mais suficiente para o estilo de vida perpetuamente expansivo do casal. Então, encontraram um lugar maior, em um bairro mais afastado, assumindo o peso de uma hipoteca parcelada em trinta anos e um translado mais demorado até o trabalho.

A expansão não terminou na casa. Para manter as aparências, eles trocavam de carro em intervalos de poucos anos e enchiam os armários com roupas de marca. Para aliviar a ansiedade, passavam os fins de semana no shopping. Eles comiam besteira demais, assistiam a besteira demais e se distraíam com besteira demais na internet, trocando uma vida recompensadora por coisas efêmeras.

Mesmo assim, *demais* não bastava.

Antes de completarem 35 anos, eles estavam se afogando em problemas. Os mais sérios eram os financeiros. Mesmo com as horas extras, as semanas de trabalho de cinquenta horas de Jason não conseguiam mais bancar todas as contas, então Jennifer conseguiu um emprego de meio expediente para ajudar com as dívidas: cartões de crédito, parcelas dos carros, empréstimos que pegaram para pagar a faculdade, mensalidades de escolas particulares, a hipoteca.

Contudo, os problemas financeiros eram apenas a primeira camada que encobria um labirinto de questões mais profundas.

A vida sexual era inexistente.

As carreiras eram decepcionantes.

Eles escondiam compras um do outro.

Eles mentiam um para o outro sobre os respectivos gastos.

Eles ignoravam os respectivos desejos criativos.

Eles não valorizavam um ao outro.

Eles se tornaram mesquinhos e amargurados.

Eles tinham vergonha das pessoas que se tornaram. Uma década depois do casamento, o casal estava ansioso, sobrecarregado e estressado, porque havia perdido a perspectiva do sonho conjunto. Eles gastavam seus recursos mais preciosos — tempo, energia e atenção — em bobagens inúteis. Os jovens de 24 anos exuberantes e esperançosos que haviam trocado votos de casamento estavam tão distantes daquela realidade que tinham desaparecido.

Pois é.

A única forma de mascarar a infelicidade era voltar para a esteira hedônica — gastando dinheiro que não tinham para comprar coisas de que não precisavam e impressionar pessoas de quem não gostavam. Os dois rezavam para a igreja do consumismo e seus pertences eram seu novo deus.

Então, na manhã de Natal de 2016, ganharam uma nova perspectiva. Com a árvore de Natal vazia depois de os presentes terem sido abertos naquela manhã, Jennifer ligou a Netflix, como já fizera centenas de vezes antes, e se deparou com um filme chamado *Minimalism: A Documentary About the Important Things* [Minimalismo: Um documentário sobre as coisas importantes, em tradução livre]. Durante o documentário dirigido por Matt D'Avella sobre a minha jornada e a de Ryan,* ela se viu comparando as vidas simples na tela com as pilhas de embrulhos, caixas vazias e presentes largados pelo chão da sala. Nem quatro horas haviam se passado, e as crianças já estavam cansadas dos brinquedos novos. E o presente obrigatório que Jason comprara para ela — com o cartão de crédito dos *dois* — estava de volta na caixa, já guardado no armário, desinteressante e intacto, como a maioria dos pertences da família.

Jennifer pensou na sua época de faculdade.

A vida era simples.

Como as coisas se tornaram tão complexas?

A origem latina da palavra "complexo" é *complecti*, que significa "entrelaçar duas ou mais coisas". Jason e Jennifer

---

* Se você ainda não conhece o trabalho de Matt D'Avella, faça um favor a si mesmo e se inscreva no canal dele: YouTube.com/mattdavella. Ele logo vai se tornar seu cineasta minimalista favorito.

54 AME PESSOAS, USE COISAS

tinham entrelaçado tantas posses, distrações e obrigações desnecessárias na rotina de ambos que não conseguiam mais diferençar o lixo do essencial.

O oposto de complexidade é simplicidade. A palavra "simples" vem do termo *simplex*, "ter apenas uma parte". Então, quando falamos sobre simplificar, estamos nos referindo a desentrelaçar nossa vida — a remover o que não tiver mais propósito para as estruturas complexas que criamos — porque qualquer coisa complexa demais se embaraça.

Jennifer sabia que, para reencontrarem a felicidade — para a família se reconectar com as coisas que realmente eram importantes —, uma mudança precisaria acontecer. Eles tinham que simplificar. Mas, como não sabia por onde começar, ela se voltou para o mundo virtual.

A internet lhe expôs uma imensidão de pessoas que simplificaram as respectivas vidas com o minimalismo. Colin Wright, um empreendedor do Missouri de um pouco mais de 20 anos, abandonou suas cem horas de trabalho semanais para viajar pelo mundo com apenas 52 itens na mochila. Courtney Carver, uma mulher casada de Salt Lake City com uma filha adolescente, jogou fora 80% de suas posses materiais e conseguiu se concentrar completamente no tratamento de sua esclerose múltipla. Joshua e Kim Becker, que moram com os filhos em um bairro residencial de Phoenix, se desfizeram de todos os excessos e fundaram uma organização sem fins lucrativos que constrói orfanatos na fronteira entre os Estados Unidos e o México. Leo Babauta, um homem casado e com seis filhos, de Guam, parou de fumar, perdeu 36 quilogramas, se mudou com a família para a Califórnia e finalmente foi atrás do seu sonho de ser escritor em tempo integral.

> **O SUFICIENTE É SUFICIENTE QUANDO VOCÊ DECIDIR QUE É.**

Jennifer encontrou dezenas de histórias inspiradoras como essas espalhadas pela web. Apesar de cada pessoa ter uma vida muito diferente — pais casados, solteiros sem filhos, homens e mulheres, jovens e velhos, ricos e pobres —, ela notou que todas tinham pelo menos duas coisas em comum. Primeiro, a vida de cada uma delas era cheia de propósito e significado — elas eram entusiasmadas e tinham objetivos, parecendo muito mais ricas do que as pessoas supostamente abastadas que ela conhecia. Em segundo lugar, todas atribuíam essa vida recompensadora a um negócio chamado *minimalismo*.

E, é óbvio, havia a nossa história como The Minimalists, que Jennifer conheceu no documentário. Na época, Ryan e eu éramos dois caras aparentemente normais de 35 anos (como Jason e Jennifer), do centro-oeste dos Estados Unidos (idem), que tinham conquistado o "sonho americano" (idem de novo) e largado nossos estilos de vida exagerados em busca de uma vida com mais propósito.

Depois de cair no buraco do coelho, Jennifer estava empolgada para remover o excesso. Jason, por sua vez, ficou desconfiado, mas as provas de que aquilo daria certo eram muitas, e, lá no fundo, ele sabia que precisavam fazer alguma coisa para dar um jeito na vida de ambos.

Impulsionados pela animação — e pelo medo — de se desapegarem, os dois alugaram uma caçamba de lixo e a colocaram ao lado da casa abarrotada. Durante o fim de semana do Ano-Novo, começaram a se livrar de tudo que não usaram no último ano: roupas, cosméticos, brinquedos, livros, DVDs, CDs, aparelhos eletrônicos, utensílios, pratos, copos, canecas, acessórios dos animais de estimação, ferramentas, móveis, equipamentos de ginástica — até uma mesa de pingue-pongue. Tudo que não estivesse pregado no chão podia ser jogado fora.

Eles se desapegaram de um jeito intenso.
Em uma semana, a casa tinha um clima diferente.
A bagunça física estava indo embora.
Os acúmulos visuais tinham se reduzido.
O eco no interior era uma novidade.
Seria aquele o som da simplicidade?

Conforme janeiro de 2017 terminava, Jason e Jennifer tinham quase acabado de extirpar os excessos do lar de ambos. Em uma semana, a caçamba iria embora, e anos de acúmulos não intencionais seriam removidos da vida deles para sempre.

Eles progrediram muito. Os armários, o porão e a garagem estavam organizados. Os móveis restantes tinham funções. As coisas estavam arrumadas. Os dois respiravam melhor. Riam mais. Estavam mais sociáveis. Trabalhavam juntos, como uma família. Tudo que tinham servia para alguma coisa, e o restante saía de cena. Sua casa era um lar de novo. Uma onda de calmaria os dominava enquanto reorganizavam as prioridades que finalmente voltavam a ser seu foco.

Então — o inesperado.

Na véspera do dia marcado para a remoção, a caçamba pegou fogo. Ninguém sabe exatamente como, porém, enquanto Jason e Jennifer estavam no trabalho naquela terça, algo fez o conteúdo da caçamba lotada se incendiar e, quando a família retornou, não restava mais nada da casa, nem as coisas que queriam manter.

Felizmente, as crianças estavam na escola durante o incêndio e os três animais de estimação fugiram pela portinhola nos fundos. Tudo o mais, porém, foi perdido. Tudo. Tu-do.

Com lágrimas nos olhos, Jason e Jennifer abraçaram os filhos e encararam as cinzas, paralisados. Como aquilo pôde ter acontecido? Após anos de muito trabalho, conquistas e acúmulos, não restava nada. Nada. Na-da.

Era assustador.
Era deprimente.
Era...
Libertador?

O último mês havia sido uma aula de desapego e, naquele momento, o casal percebeu que seria capaz de abrir mão de qualquer coisa. Qual-quer.

Os filhos estavam seguros. A família permanecia intacta. E o relacionamento dos dois estava muito melhor do que era um mês antes. O futuro tomaria a forma que quisessem. Pela primeira vez na vida adulta, não estavam presos ao estilo de vida, às posses e às expectativas que criaram para si mesmos. Haviam *desentrelaçado* a teia em que ambos estavam presos. Conforme suas complexidades pegavam fogo — literalmente —, a família foi forçada a ter uma vida simples por causa de uma caçamba de lixo em chamas.

Um mês antes, o casal ficaria arrasado. Com a nova perspectiva, porém, eles não encaravam aquilo como um problema — era um empurrãozinho inconveniente para a frente. Agora, com tudo fora do caminho, a única pergunta que restava era: "O que faremos com nossa nova liberdade?"

Liberdade dos impulsos

É chocante ver como muitas pessoas têm uma história idêntica à de Jason e Jennifer — sem a caçamba em chamas, é lógico. No Ocidente, costumamos procurar a felicidade em compras

58 AME PESSOAS, USE COISAS

impulsivas, prazeres efêmeros e troféus chamativos de sucesso. Sério, todas as nossas decisões mais prejudiciais — e, ironicamente, nossa infelicidade — talvez sejam causadas pelo desejo de ser feliz. Porque temos o hábito de associar felicidade com gratificação instantânea.

"Felicidade" é um termo tão complicado. Pessoas diferentes querem dizer coisas diferentes quando usam a palavra. Para algumas, significa prazer. Para outras, realização. Para umas, contentamento. Para outras, satisfação. Alguns sábios a entendem como bem-estar.

No entanto, eu argumentaria que as pessoas não estão em busca da felicidade — mas de *liberdade*. E a felicidade verdadeira — isto é, um bem-estar duradouro — é consequência dessa liberdade.

Liberdade. A palavra em si conjura uma série de imagens: uma bandeira tremulando ao vento, um herói de guerra voltando para casa, uma águia sobrevoando um cânion. A liberdade real, porém, ultrapassa imagens e envolve algo mais abstrato.

Quando você pensa em liberdade, é comum pensar em fazer o que quiser, quando quiser.

O que quiser.
Quando quiser.

Contudo, indo mais a fundo, é fácil entender que isso não é liberdade — é uma autotirania.

Se deixada por conta própria, minha filha de 6 anos, Ella, vai adorar fazer "tudo que quiser": jogar os brinquedos pelo quarto, assistir a um monte de vídeos no YouTube, se encher de bolo de chocolate, se recusar a escovar os dentes, brincar na rua cheia de carros.

Essas ideias parecem boas no momento, mas, conforme as decisões ruins se acumulam, colhemos os frutos podres de nossas indiscrições. Com o tempo, decisões impensadas levam a hábitos imprudentes, que prejudicam nossos relacionamentos, até que, com o tempo, acabamos nos distanciando demais daquilo que buscávamos no começo — a liberdade. Às vezes, usamos eufemismos para descrever sua ausência.

Amarrado.
Acorrentado.
Pesado.
Encurralado.
Preso.

Mas só queremos dizer que perdemos o controle e não temos mais a disciplina necessária para nos afastar daquilo que nos segura: somos amarrados ao passado, acorrentados a carreiras, pesados por um relacionamento, encurralados por dívidas, presos em uma cidade horrível.

Pior, algumas posses e conquistas tentam se passar por liberdade — os carros esportivos reluzentes, as casas gigantescas em bairros residenciais, as promoções para ganhar uma sala no escritório — apesar de serem o oposto: uma liberdade falsa.

> O NORTE-AMERICANO MÉDIO ADMIRA SEU GRAMADO IMPECÁVEL, APRISIONADO PELAS CERCAS BRANCAS DO SEU "SONHO AMERICANO".

O norte-americano médio admira seu gramado impecável, aprisionado pelas cercas brancas do seu "sonho americano".

Isso, de fato, é um pouco dramático, mas ilustra um argumento importante. A liberdade real está além dos enfeites e da decoração da liberdade falsa. E, para chegar lá, precisamos escapar das cercas ilusoriamente bonitas que construímos.

Sabe, a liberdade real vai muito além de posses, riqueza e sucesso tradicional. Ela não pode ser contabilizada em uma tabela — é abstrata. Entretanto, ao contrário da distância e do tempo, não temos unidades para medi-la. É por isso que é tão difícil de ser avaliada. Então nos contentamos com aquilo que pode ser contabilizado: dinheiro, bugigangas e confusões em redes sociais; nada disso tem o significado, o rigor e as recompensas da liberdade real.

E quanto mais buscamos a liberdade falsa, mais nos afastamos da verdadeira. Quando isso acontece, nos sentimos ameaçados pela liberdade dos outros. Então protegemos nossos acúmulos, questionamos qualquer um que encare a vida de um jeito diferente e nos agarramos com força a posições sociais, porque temos medo de que o estilo de vida não tradicional de alguém ofenda o nosso. Se aquela pessoa é livre, então nós não somos.

Mas esquecemos que essa não é uma conta exata. O aumento da onda da liberdade — da liberdade real — levanta todos os barcos, grandes ou pequenos, enquanto a falsa apenas bate de leve em seus cascos.

Sem dúvida, a ilusão é reconfortante, quase como o bicho de pelúcia de uma criança, mas o brinquedo não protege ninguém. A forma de nos protegermos é tendo a capacidade de seguir em frente, de se afastar daquilo que nos segura, e caminhar rumo a tudo que vale a pena.

Regras minimalistas para viver com menos

Regras podem ser arbitrárias, restritivas, indigestas — e frequentemente nos atrapalham quando queremos fazer uma mudança significativa. Às vezes, no entanto, alguns poucos direcionamentos podem nos manter no caminho certo, mas apenas se possuirmos um entendimento profundo dos problemas que desejamos abordar.

Sempre que tentamos simplificar, muitas vezes encontramos obstáculos antes mesmo de começar. Quando confrontamos uma coleção de posses — algumas úteis, outras nem tanto —, é difícil decidir o que agrega valor ou não, o que torna o desapego extremamente difícil.

Eu queria poder oferecer uma lista das cem coisas que você precisa ter. Mas o minimalismo não funciona assim. Aquilo que agrega valor à minha vida pode ser uma porcaria na sua. Além disso, os objetos que no passado agregavam valor podem ter perdido essa serventia, então devemos estar sempre questionando não apenas as coisas que compramos, mas as que mantemos.

Como o minimalismo não é um antídoto para o desejo, e porque, como a maioria das pessoas, Ryan e eu ainda somos impulsivos, criamos um conjunto de "Regras minimalistas para viver com menos", que usamos para resistir à tentação do consumismo e nos organizarmos. Você vai encontrá-las — a "Regra do só para garantir", a "Regra da sazonalidade" e várias outras — espalhadas pelas páginas deste livro (procure pelos quadros como o da página seguinte).

É importante notar que essas "regras" não são regras no sentido tradicional. Ou seja, elas não são prescritivas ou dogmáticas. Nem são de tamanho único — pois o que funciona para Ryan ou para mim pode ou não dar certo para você. Elas são a nossa receita para uma vida simples e, como qualquer receita, você pode ter que ajustá-la ao seu gosto. Se a "Regra

30/30" for muito rígida, ou a 20/20 for inflexível demais, ou a 90/90 for mais restritiva do que o necessário, considere definir os próprios parâmetros com base no resultado desejado e naquilo com que você se sente confortável.

Um pouco de desconforto, porém, é crucial, porque precisamos dele para desenvolver seus músculos do desapego. Conforme o tempo passa e os músculos se fortalecem, você pode continuar a ajustar as regras para desafiar a si mesmo. Quando der por si, pode ter virado mais minimalista do que Ryan e eu. Já vimos isso acontecer muitas vezes.

REGRA MINIMALISTA PARA VIVER COM MENOS

Regra sem lixo

Tudo que você tem pode ser classificado em três categorias: *essencial, desnecessário* e *lixo*. Já que a maioria das nossas *necessidades* é universal, apenas algumas coisas se enquadram na categoria *essencial*: comida, abrigo, roupas, transporte, vocação, educação. Em um mundo ideal, a maioria das suas coisas se encaixaria na categoria *desnecessária* — você não precisa de um sofá ou uma mesa de jantar, mas são coisas que podem valer a pena ter se agregam valor a sua vida. Mas, infelizmente, quase tudo se encaixa na categoria *lixo*: os artefatos de que você gosta — ou, mais precisamente, você *acha* que gosta. Apesar de esse lixo se passar como indispensável, ele só atrapalha. O segredo é se livrar dele para ter espaço para todas as outras coisas.

O consumismo chama

Como posses materiais são um reflexo do bem-estar interior, é importante tomar o controle de nossa bagunça externa antes de conseguirmos consertar outros relacionamentos essenciais.

Não é fácil mudar nosso relacionamento com as coisas. Até eu, um minimalista oficial, luto contra o canto do consumismo. Seria bom poder dizer que Ryan e eu nos livramos dos excessos, simplificamos as respectivas vidas e nunca mais sentimos o desejo de comprar nada.

É, bem que eu queria.

Mas aquela jaqueta na propaganda é tão bonita.

Os sapatos naquele e-mail também.

Se você prestar atenção, está em todo lugar.

A calça jeans *skinny* no outdoor da estrada.

O xampu no comercial da televisão.

A maquiagem na vitrine da farmácia.

O remédio de dieta milagroso no anúncio do rádio.

O colchão que anunciam no seu podcast favorito.

O televisor grande na notinha no jornal.

O azulejo de cozinha na propaganda que chegou pelo correio.

A casa de férias naquele reality show de reformas.

O Mercedes-Benz no feed do seu Instagram.

O Rolex na contracapa da revista.

Mas o Rolex não compra mais tempo de vida. O Mercedes não vai fazer você andar mais rápido. E uma casa de férias não vai lhe render mais dias de folga. Na verdade, na maioria dos casos, acontece o oposto. Nós tentamos comprar algo que não

64 AME PESSOAS, USE COISAS

tem preço: o tempo. Você pode ter que trabalhar centenas de horas para comprar um relógio caro, anos para quitar um carro de luxo e uma vida inteira para bancar uma casa de férias. O que significa que estamos dispostos a abrir mão do nosso tempo para comprar a ilusão do tempo.

Veja bem, tenho certeza de que Rolex e Mercedes fabricam produtos de qualidade, bem-feitos, e não há nada de errado com essas coisas em si. O problema real é achar que essas posses materiais tornarão sua vida melhor, mais significativa ou completa. Suas coisas não podem fazer você se tornar uma pessoa mais inteira. Na melhor das hipóteses, os objetos que trazemos para nossa vida são ferramentas que nos trazem mais conforto ou produtividade — elas podem aprimorar uma vida recompensadora, mas são incapazes de dar significado à vida.

> **A FORMA MAIS FÁCIL DE SE DESAPEGAR DAS COISAS É, ANTES DE TUDO, EVITAR LEVÁ-LAS PARA CASA.**

Uma breve história sobre o marketing moderno

O mercado do marketing industrial nos diz que, se comprarmos todas as coisas certas — os carros perfeitos e as roupas e os cosméticos —, seremos felizes. E dizem isso o tempo todo. De acordo com a revista *Forbes*, os norte-americanos são expostos a cerca de quatro mil a dez mil propagandas por dia. Por acaso, acabei de me deparar com algumas dezenas de anúncios enquanto procurava por essa estatística.

Isso não quer dizer que toda propaganda seja maliciosa por natureza, porque cada caso é um caso — elas variam entre informativas até completamente destrutivas.

Em latim, *advertere* significa "se virar na direção de", e esse é o objetivo exato das agências de publicidade atuais: elas pagam montanhas de dinheiro para virar nossos olhos na direção de seus produtos e serviços. E se a demanda por um produto não for tão alta quanto a oferta, sem problema! A propaganda pode criar uma demanda falsa se o orçamento for grande o suficiente.

Recentemente, os gastos mundiais com publicidade ultrapassaram meio trilhão de dólares por ano. Até escrever o número inteiro — 500.000.000.000,00 com os pontos e tudo — não ajuda a compreender de verdade esse absurdo.

Mas não é tão ruim assim, é? Afinal de contas, é só dinheiro sendo gasto para informar as pessoas sobre coisas úteis, certo?

Mais ou menos.

Antes do século XX, a publicidade era o que conectava produtores com consumidores que realmente precisavam do que eles produziam. Mas então, como Stuart Ewen descreve em seu livro, *Captains of Consciousness* [Capitães da consciência, em tradução livre], "a publicidade aumentou muito nos

> **NÃO PODEMOS PEDIR NOSSO DINHEIRO DE VOLTA PELA ATENÇÃO DESPERDIÇADA.**

Estados Unidos com o crescimento das ofertas de produtos manufaturados pela industrialização. Para lucrar com a produção maior, a indústria precisava recrutar trabalhadores como consumidores de produtos de fábrica. Ela também fez isso por meio da invenção da [propaganda], projetada para influenciar o comportamento econômico em uma escala maior".

Na década de 1920, graças a Edward Bernays, que às vezes é citado como criador das relações públicas e do marketing moderno, anunciantes nos Estados Unidos adotaram a doutrina de "mirar e usar" os instintos humanos. Bernays, que era sobrinho

66 AME PESSOAS, USE COISAS

de Sigmund Freud, percebeu que apelar para a mente racional dos consumidores, o principal método usado pelos anunciantes para vender produtos, era bem menos eficiente do que vender coisas com base nos desejos inconscientes que ele acreditava serem "os motivadores verdadeiros da ação humana". Desde então, testemunhamos dez décadas de agências de marketing entrando — e invadindo — as profundezas da mente humana.

Os profissionais de marketing se tornaram tão habilidosos que são capazes até de vender lixo e nos convencer de que ele faz bem. Literalmente. É só olhar para a onipresença da *junk food*.

Como curar problemas que não existem

Voltemos para os dias atuais. Um dos exemplos mais óbvios do alcance (excessivo) dos marqueteiros nos últimos anos é o medicamento chamado sildenafila, que foi criado como tratamento para hipertensão. Quando testes clínicos determinaram que a droga não era eficiente, esse deveria ter sido o fim do seu ciclo de vida.

Mas o pessoal do marketing apareceu.

Depois de constatar que vários voluntários do sexo masculino tiveram ereções prolongadas durante os testes, os criadores da sildenafila encontraram uma solução que precisava desesperadamente de um problema. Então contrataram uma agência, bolaram a expressão "disfunção erétil" e o Viagra nasceu. A campanha criou um problema relativo e desenvolveu um comprimido azul que lucra absurdos US$ 3 bilhões por ano.

É lógico que o Viagra é um exemplo bem banal. Há muitos medicamentos com efeitos colaterais tão variados que seus comerciais são forçados a usar campos verdes despropositados, sorrisos brilhantes e atores de mãos dadas para esconder o horror de "sangramento anal", "amnésia" e "ideação suicida".

Em um mundo saudável, o marketing de medicamentos que precisam de prescrição médica e são potencialmente nocivos seria considerado um ato criminoso. Na verdade, fazer propaganda de medicamentos para consumidores é ilegal em todos os países do mundo — menos nos Estados Unidos e na Nova Zelândia.

Mas nós deixamos o poderoso dólar interferir.

Em 1976, Henry Gadsden, na época diretor-geral da Merck & Co., declarou para a revista *Fortune* que preferia vender medicamentos para pessoas saudáveis, porque elas tinham mais dinheiro. Desde então, "curas" novas nos são oferecidas todos os dias.

Por favor, não confunda isso com uma crítica contra medicamentos para ereções. De acordo com pesquisas, o Viagra parece ser uma droga relativamente benigna. Portanto, não há muito de errado com o comprimido em si. As propagandas patrocinadas é que são o problema.

Muitas agências de marketing contratam escritores, demógrafos, estatísticos, analistas e até psicólogos em uma tentativa de pegar um pouco do dinheiro em nossas contas bancárias. Com a ajuda de uma agência habilidosa, até o "aviso" faz parte da abordagem de vendas: "Consulte seu médico se a ereção durar mais de quatro horas." Não sei você, mas eu iria preferir consultar minha parceira.

O Viagra não é o único produto a ser oferecido com um propósito diferente da sua concepção original. Você sabia que Listerine antes era usado como limpador de piso, que a Coca--Cola foi inventada como uma alternativa para a morfina e que o biscoito de maisena foi criado para prevenir meninos de se masturbarem?

REGRA MINIMALISTA PARA VIVER COM MENOS

Regra do só para garantir

Você deixa de jogar coisas fora "só para garantir", caso precise delas algum dia? Não precisa. Aqui está a "Regra do só para garantir", também conhecida como regra 20/20. Ela funciona assim: qualquer coisa que você jogar fora pode ser substituída por menos de US$ 20 em menos de 20 minutos do seu local atual, se realmente precisar dela. A princípio, parece uma regra de privilégio. Quem pode se dar ao luxo de gastar US$ 20 sempre que precisar substituir algo? Isso não acabaria custando centenas de dólares por ano? Na verdade, não. No fim das contas, você raramente precisa substituir os itens que doou, porque a maioria deles é inútil.

Como vender escassez

Por que os anúncios que encontramos parecem viver em um estado de emergência eterna?

Faça isso agora!
Apenas por tempo limitado!
Enquanto durarem os estoques!

Esses limites artificiais criados pelos marqueteiros quase sempre são imaginários. A verdade é que, se você "perder" uma suposta promoção, vai continuar tudo bem, porque as empresas estão sempre buscando por uma nova oportunidade de lhe vender algo hoje. Quer dizer, qual é a alternativa? "Desculpe, Sr. Cliente, você esperou um dia a mais para se decidir, então não queremos mais o seu dinheiro!" É, tá bom.

Por que, então, quase toda companhia insere uma urgência nos anúncios? Porque, como Bernays reconheceu um século atrás, essa tática se aproveita da nossa natureza primitiva: humanos tomam decisões rápidas — e com frequência imprudentes — em épocas que sentem uma escassez.

Isso fazia sentido quando nossa principal preocupação era morrer de fome; faz bem menos agora, quando achamos que nunca teremos a oportunidade de ter aquele sofá, aquele videogame ou aquela bolsa a menos que a gente aproveite as ofertas esmagadoras deste fim de semana. Um item pode ter "descontos" incríveis hoje, mas vai custar 100% menos se você não comprá-lo. Não comprar uma coisa é adiantar seu desapego futuro dela.

Um mundo com menos propaganda

Alguns anos atrás, enquanto eu dirigia de Burlington para Boston, algo parecia diferente. A paisagem cheia de gramados esmeralda era imaculada, semelhante a um descanso de tela tranquilo, e senti uma calma inexplicável conforme minha quilometragem aumentava.

Então cruzei a divisa para o estado de Massachusetts, e entendi tudo: a serenidade da viagem tinha sido causada, em grande parte, pela ausência de outdoors, que são ilegais em Vermont. Atualmente, eles são proibidos em quatro estados norte-americanos — Alasca, Havaí, Maine e Vermont. E mais de 1.500 cidades pelo mundo os baniram, incluindo uma das maiores do planeta — São Paulo, no Brasil.

70 AME PESSOAS, USE COISAS

Quando São Paulo introduziu sua "Lei Cidade Limpa", em 2007, mais de quinze mil outdoors foram removidos. Além disso, trezentas mil placas intrusivas — totens, pôsteres, anúncios em ônibus e táxis — foram retiradas.

O resultado mais estranho de limpar a terceira maior cidade do mundo de tanta propaganda? Em uma pesquisa feita depois da remoção, a maioria dos paulistanos preferiu a mudança. Que ideia diferente: perguntar às pessoas do que elas gostam em vez de deixar os lucros ditarem o visual da cidade.

Infelizmente, aceitamos as propagandas como parte de nossa rotina; fomos condicionados a pensar que são uma "forma de entregar conteúdo" normal. Afinal de contas, é por causa dos anúncios que temos acesso a todos aqueles programas de televisão e de rádio, matérias na internet e podcasts de graça, não é?

Nada é de graça. Toda hora da programação da televisão aberta é salpicada com quase vinte minutos de interrupções, e o mesmo vale para todas as outras mídias. Poderia ser argumentado que isso custa mais do que uma etiqueta anunciando "grátis", uma vez que estamos abrindo mão de nossos dois recursos mais preciosos — tempo e atenção — para receber o produto.

Se não quisermos que anúncios tomem nosso foco (ou o foco de nossos filhos), então devemos estar dispostos a pagar pelas coisas que sempre pensamos ser "de graça".

A Netflix, a Apple Music e outros serviços semelhantes são capazes de fugir do modelo tradicional de propagandas ao oferecer um serviço que as pessoas valorizam. Outros negócios e indivíduos — a Wikipédia e Bret Easton Ellis me vêm à mente — seguem uma variação desse modelo sem propagandas, frequentemente chamado de "freemium" [gratuito e pago], em que criadores oferecem conteúdo gratuito e uma parte do público apoia monetariamente seu trabalho. (Aliás, é esse modelo que faz com que *The Minimalists Podcast* seja gratuito.)

Não importa sua opinião sobre essas empresas e indivíduos, porque tal abordagem torna suas criações melhores pela falta de interrupção e aumenta a confiança nelas, já que a audiência sabe que esses criadores não dependem dos

> **O ROLEX NÃO COMPRA MAIS TEMPO DE VIDA. O MERCEDES NÃO VAI FAZER VOCÊ ANDAR MAIS RÁPIDO. E UMA CASA DE FÉRIAS NÃO VAI LHE RENDER MAIS DIAS DE FOLGA.**

desejos dos anunciantes, permitindo que se comuniquem diretamente com o público de um jeito que fortalece a relação, pois os clientes estão no controle, não os patrocinadores.

Mais do que isso, enquanto consumidores, nossa disposição em pagar por criações nos obriga a sermos mais atentos ao que consumimos. Se estamos investindo nosso dinheiro, queremos garantir que valha a pena. É um mistério por que não fazemos o mesmo pela programação supostamente gratuita, pela qual não pagamos nada, mas é raro encontrarmos algo digno da nossa atenção.

Não importa se o seu tempo vale US$ 10, US$ 100 ou US$ 1 mil por hora, você provavelmente gastou dezenas de milhares de dólares por ano com o consumo de mensagens de anunciantes. Pense nisto: pagamos para receber propagandas. E não podemos pedir nosso dinheiro de volta pela atenção desperdiçada.

Você não precisa disso

Ryan e eu nos mudamos para Los Angeles em 2017 a fim de montar um estúdio de filmes e podcasts, e ampliar nosso tra-

72 AME PESSOAS, USE COISAS

balho como The Minimalists. Assim que chegamos à cidade, notei que me sentia atraído por aquilo que todo mundo já tinha: bancadas de granito, carros elétricos, tênis Air Jordan de edição limitada. Talvez a artista neoconceitual norte-americana Jenny Holzer tivesse razão ao pintar *the unattainable is invariably attractive* [o inatingível é invariavelmente atraente, em tradução livre] na lateral de um "carro-arte" da BMW no museu da Porsche, na Alemanha. Mesmo sendo minimalista, senti que a influência extrema do consumismo fazia com que fosse difícil não pensar que eu *precisava* de tudo que via. Por sorte, sem me dar conta, eu havia passado quase uma década me preparando para a terra dos Lamborghinis, Melrose Place e shoppings gigantes de três andares.

Se existe uma mensagem central do minimalismo, é esta: você provavelmente não precisa disso. Mesmo assim, nos convencemos a acreditar que necessitamos daquele sofá, daquela panela, daquele delineador, daquela saia, daquela estátua. Talvez seja porque evoluímos para enganar a nós mesmos. "A principal diretriz da mente é se iludir", argumenta o filósofo analítico Bernardo Kastrup, autor de *More Than Allegory* [Além da alegoria, em tradução livre]. "Nossa realidade é criada por um processo extraordinariamente sutil de autoengano."

Quando você transfere esse comentário de Kastrup para o mundo material, tudo parece instantaneamente óbvio. Se um lar médio abriga centenas de milhares de itens, a maioria dos quais só nos atrapalha e não aumenta nossa tranquilidade, então por que nos apegamos a tanto lixo? A resposta é simples: por causa das histórias que contamos a nós mesmos. Que histórias enfraquecedoras você conta para si mesmo sobre suas coisas? Que novas histórias empoderadoras você pode criar para mudar a narrativa?

Com frequência, escuto pessoas na mídia dizendo que o "sonho americano" está mais fora de alcance do que nunca. Isso não é verdade. Em termos de acesso, nunca foi tão fácil conquistá-lo. O problema é que desejamos coisas que aumentam nosso descontentamento.

No passado, o "sonho americano" era modesto: se você trabalhasse duro no seu emprego modesto, poderia bancar uma casa modesta em um terreno modesto e viver uma vida modesta. Você teria o *suficiente*. Hoje, no entanto, nós queremos tudo, e queremos agora: uma casa maior e um carro maior e uma vida maior; compras ensandecidas e jantares extravagantes e momentos dignos do Instagram. Como somos viciados na onda de dopamina que cada nova compra causa, nunca basta ter apenas o suficiente.

Quanto é o suficiente?
Sem nos perguntarmos isso, seguimos cegos rumo ao excesso.
Nós abraçamos o consumo.
Compre, gaste, aproveite. Mais, mais, mais.

Quanto é o suficiente?
Sem uma resposta, não sabemos como agir.
Porque não sabemos quando parar.
O desejo impensado nos guia pela mão.

É óbvio, "suficiente" difere para cada um de nós.
O suficiente muda conforme nossas necessidades e circunstâncias mudam.

O seu suficiente pode incluir um sofá, uma mesa de centro e uma TV.

Uma mesa de jantar com seis lugares.

Uma casa de três quartos.

Uma garagem para dois carros.

Um pula-pula no quintal.

Ou, talvez, isso seja demais.

O suficiente muda com o tempo.

O suficiente de ontem pode ser demais hoje.

Quanto é o suficiente?

Menos do que o suficiente é escassez.

Mais do que o suficiente é excesso.

O suficiente é aquele ponto no meio do caminho, o lugar que cruza propósito com contentamento, onde o desejo não atrapalha a criação de algo importante.

Com certeza, você pode ir atrás de mais.

Mas "poder" não é motivo para fazer qualquer coisa.

O suficiente é suficiente quando você decidir que é.

Seis perguntas para fazer a si mesmo antes de comprar

Sempre que gastamos dinheiro, perdemos um pedacinho minúsculo de liberdade. Se você ganhar US$ 20 por hora, então aquele café que custou US$ 4 levou 12 minutos da sua vida; o iPad de US$ 800, uma semana; e o carro novo de US$ 40 mil, um ano inteiro de liberdade.

RELACIONAMENTO 1 | COISAS **75**

No fim da vida, você acha que vai preferir ter um automóvel ou mais um ano? Não digo para fugirmos do café, dos produtos eletrônicos ou dos carros. Eu mesmo consumo o primeiro e tenho os dois últimos. A questão é que não questionamos as coisas que trazemos para a nossa vida. E se não estivermos dispostos a questionar tudo, cairemos em todas as ciladas.

Antes de se comprometer com uma nova compra — antes de trazer mais uma posse para sua vida —, vale fazer a si mesmo as próximas seis perguntas antes de deixar seu suado dinheirinho no caixa.

1. PARA QUEM ESTOU COMPRANDO ISTO?

As coisas que temos não mostram para o mundo quem somos, mas, infelizmente, costumam comunicar quem queremos ser. Quando isso acontece, cometemos o erro de deixar objetos moldarem nossa identidade. Exibimos nossas marcas favoritas em uma tentativa fútil de dar significado para nossa individualidade: *Viu essa coisa nova brilhante? É isso que eu sou!* As logomarcas fazem a gente se sentir especial, igual a todo mundo.

Entretanto, as marcas em si não são o problema. Todos precisam de coisas. Então contamos com empresas para criar aquilo de que precisamos. O problema surge quando sentimos uma pressão externa para comprar, como se novas bugigangas fossem um atalho para uma vida mais completa.

Essa pressão externa não precisa ser um sinal para consumir. Se muito, é um sinal para parar e perguntar: *Para quem estou comprando isto?* Essa coisa nova é para você? Ou é para transmitir uma imagem para os outros? Se for para você mesmo — e se for uma compra que faz sentido —, então, por favor, compre.

76 AME PESSOAS, USE COISAS

Não vamos nos privar daquilo que melhora nossa vida. Mas, se for comprar algo só para sinalizar certa tranquilidade consumista, então estará dificultando a liberdade que tenta adquirir.

2. ISTO VAI AGREGAR VALOR À MINHA VIDA?

Não tenho muitas coisas, mas tudo que tenho me agrega valor. O que significa que cada um dos meus pertences — desde meu carro e minhas roupas até meus móveis e produtos eletrônicos — funcionam como uma ferramenta ou trazem um valor estético para minha vida. Em outras palavras: essa coisa tem uma função ou aumenta o meu bem-estar de forma significativa? Caso a resposta seja não, é melhor não comprar.

3. POSSO BANCAR ISTO?

Se você tiver de pagar sua nova compra com o cartão de crédito, não pode bancá-la. Se precisar de um empréstimo, não pode bancá-la. E se estiver endividado, não pode bancá-la. Só porque você *pode* comprar algo hoje, não significa que tem dinheiro para pagar por essa coisa de verdade. E, se não tiver, é melhor não comprá-la.

Mas e quando se trata de comprar uma casa ou ir para a faculdade — isso tudo é exceção, não é? Apesar de serem dívidas *diferentes* — e melhores do que, por exemplo, dívidas com o cartão de crédito —, continuam sendo dívidas. Faz milhares de anos que dizemos que "aquele que toma emprestado é servo daquele que empresta" e, assim, faz sentido pagar todas as dívidas o mais rápido possível. Sei que esse ponto de vista não é normal, mas o "normal" foi o que nos levou até essa complicação atual de US$ 14 trilhões. Vamos lidar com muitos equívocos sobre dívidas no capítulo "Relacionamento com dinheiro".

4. ESTA É A MELHOR FORMA DE GASTAR SEU DINHEIRO?

Em outras palavras, você pode gastar seu dinheiro de maneira diferente? Quais são as alternativas? O compositor Andy Davis, em sua canção "Good Life", canta uma frase que ilustra de forma sucinta a forma como nossa cultura emprega finanças do jeito errado: "Nós lutamos para pagar o aluguel/ Porque calças jeans são caras." Sim, você pode pagar por aquela calça cara, mas existe um investimento melhor para o dinheiro? Por exemplo, uma previdência privada ou férias com a família (ou o aluguel)? Se for o caso, por que não evitar a compra e usar esse valor com algo mais útil?

5. QUAL É O CUSTO REAL?

Como discutimos na Introdução, o custo verdadeiro de algo vai além do que está escrito na etiqueta. No mundo dos negócios, chamam isso de contabilidade do custo total. Mas vamos ser diretos: pagamos para ter tudo que acreditamos precisar.

Quando se trata de posses, devemos levar em consideração o valor de armazenamento, de manutenção e psicológico. Somando tudo, somos capazes de entender o custo real, e é comum descobrirmos que não podemos bancá-lo, mesmo que o valor inicial seja aceitável.

6. A MELHOR VERSÃO DE MIM MESMO COMPRARIA ISTO?

Alguns anos atrás, minha amiga Leslie estava parada na fila do mercado, lutando contra o zíper da carteira, se preparando para fazer uma compra impulsiva. Mas então, esperando ali, ela teve tempo de questionar o produto que segurava. Leslie refletiu com cuidado e se fez uma pergunta: *O que Joshua faria?* Isto é, no seu lugar, eu compraria aquilo? *Não*, pensou ela, e imediatamente devolveu o item para a prateleira.

78 AME PESSOAS, USE COISAS

Quando me contou sobre a experiência, Leslie brincou que queria comprar uma daquelas pulseiras com os dizeres "O que Jesus faria?" para ajudá-la com as compras compulsivas dali em diante. Eu ri, mas percebi que também seria útil para mim fazer essa pergunta com mais frequência — e para os outros também.

Só para deixar explícito, não quero que você ande por aí se perguntando: *O que Joshua faria?* Por favor, não faça isso. A pergunta retórica é: *O que a sua melhor versão faria nesta situação?* Se ela não iria comprar aquilo, você sabe o que fazer.

Fazer uma pausa para refletir sobre cada compra nova usando essas seis perguntas pode parecer trabalhoso no começo. Mas, com o tempo, é um hábito que vai recompensar você — e a sua família — com menos acúmulos pela casa e mais dinheiro para ser gasto naquilo que é importante. Afinal, a forma mais fácil de se desapegar das coisas é, antes de tudo, evitar levá-las para casa.*

REGRA MINIMALISTA PARA VIVER COM MENOS

Regra dos itens de emergência

Existem alguns itens do "só para garantir" que devem ser guardados: é a categoria dos "itens de emergência". Eles podem ser um kit de primeiros-socorros, cabos de

---

* Se você quiser um papel de parede para seu smartphone ou computador com uma versão resumida dessas perguntas, em inglês, acesse minimalists.com/wallpapers para fazer o download grátis. Esse é um bom lembrete para parar e refletir sobre cada compra, não importa se você estiver numa fila do shopping ou prestes a clicar o botão de "comprar" on-line.

bateria para o carro e alguns galões de água potável. Se você morar em um lugar frio, artigos como correntes para pneu, sinalizadores e um cobertor de emergência podem entrar na lista. Apesar de ninguém querer precisar dessas coisas, um preparo básico para emergências deixará você mais tranquilo. Contudo, tome cuidado, porque é fácil justificar tudo como item de emergência. Lembre-se: a maioria das emergências não é uma emergência. Além do mais, não importa o quanto nos planejamos, nunca estamos prontos para tudo.

Começando uma vida nova

Quase uma década depois do experimento da *packing party* ou festa do encaixotamento proposta por Ryan, decidimos formalizar um estudo de caso para descobrir o que uma análise semelhante revelaria na vida de outras pessoas.

Após passarmos anos em turnê — dando palestras sobre minimalismo e conversando com milhares de pessoas em muitas cidades —, colecionamos várias histórias sobre desapego. Aprendemos em primeira mão que aquilo que aconteceu comigo e com Ryan não foram casos isolados, e que o consumismo de fato afeta a vida de muitas pessoas pelo mundo. No entanto, nunca tínhamos conseguido quantificar os segredos, as emoções e a dor que escondíamos debaixo de tantas coisas.

Cara a cara, as pessoas nos contavam como haviam simplificado a vida usando os métodos que discutimos no blog, e alguns leitores corajosos até embarcaram em versões modificadas da festa do encaixotamento. Mesmo assim, nunca coletamos essas histórias de maneira formal. Apesar de cada conto

80 AME PESSOAS, USE COISAS

afirmar nossa crença de que as pessoas eram capazes de viver vidas cheias de propósito com menos, precisávamos de mais dados para escrever sobre o assunto de forma instruída.

Entrada: Estudo de caso da "festa do encaixotamento".

Em março de 2019, convocamos 47 participantes — um grupo seleto de indivíduos e famílias do nosso público virtual — para dedicar boa parte de abril erradicando seus acúmulos por meio de uma festa do encaixotamento. Como encaixotar a casa inteira não era o ideal para todo mundo, demos três opções aos "festeiros":

Opção 1: Empacotar a Casa Toda. "Assim como Nicodemus, você vai encaixotar tudo como se fosse se mudar. Então, vai passar as próximas três semanas tirando das caixas apenas as coisas que agregam valor à sua vida."

Opção 2: Empacotar Um Cômodo. "Você não precisa ser tão drástico. Empacote por 21 dias apenas um cômodo, iniciando o processo do desapego."

Opção 3: Empacotar Vários Cômodos. "Talvez você não queira guardar tudo em casa, mas pode empacotar no escritório, na garagem e no banheiro? Ou talvez na cozinha, no quarto e na sala de estar? Você decide!"

Não dá para fazer uma festa com apenas uma pessoa, então pedimos para os 47 participantes começarem ao mesmo tempo: abril de 2019. Como o dia 1º caía em uma segunda-feira, orientamos que eles empacotassem suas coisas no fim de semana anterior. Nos dias 30 e 31 de março, todos reuniram caixas de papelão usadas para guardar seus pertences e passaram o fim de semana fingindo que iam se mudar. Aí, diariamente, começando em 1º de abril e terminando no dia 21, cada um desencaixotava qualquer coisa que servisse a um propósito ou trouxesse alegria. Eles também podiam interagir uns com os outros em um fórum fechado, para trocar experiências, dificuldades e fotos com os outros participantes.

Enquanto isso, Ryan e eu observávamos o progresso deles. Depois do primeiro dia, pedimos que eles descrevessem o processo. Ficamos chocados ao descobrir a variedade de estratégias, muitas das quais eram completamente diferentes das de Ryan.

SE EXISTE UMA MENSAGEM CENTRAL DO MINIMALISMO, É ESTA: VOCÊ PROVAVELMENTE NÃO PRECISA DISSO.

Natalie Pedersen, que escolheu a opção 1, morava em Deerfield, em Wisconsin, e escreveu: "Começamos com a cozinha e depois fomos para o restante da casa. Demorou mais do que imaginávamos, mas foi tão gratificante quando terminamos de guardar tudo!"

Abigail Dawson, que escolheu a opção 3, empacotando vários cômodos de Fairfax, na Virgínia, disse: "Moro em um apartamento de um quarto com meu marido, que não é minimalista, e juntos guardamos tudo na nossa cozinha e no quarto — menos as roupas dele!"

Ellie Dobson, que escolheu a opção 1, moradora de Roswell, na Geórgia, afirmou: "Faz alguns anos que sou minimalista, então só demorei umas duas horas. Depois que terminei de guardar tudo, fiquei me perguntando: 'Certo, o que faço agora?'"

Foi uma pergunta justa.

O que fazer agora?

82 AME PESSOAS, USE COISAS

Depois que os pertences de todos estavam acomodados em suas novas casas de papelão, eles catalogaram os itens que tiraram da caixa naquele importante primeiro dia. Por serem as primeiras coisas desencaixotadas, esses objetos urgentes seriam os que mais agregavam valor à vida deles, certo?

Muitas famílias preferiam itens úteis.

Holly Auch, de Brunswick, em Maryland, escolheu a opção 3 e pegou "elementos essenciais: escovas e pasta de dentes, escova de cabelo, roupas para mim e as duas crianças, fraldas, lenços umedecidos. Utensílios para preparar e servir comida, pratos, tigelas, garfos, colheres, facas, sacos plásticos, abridor de lata, colher medidora, esponja mágica, ibuprofeno, brinquedos para o banho, xampu, panos de limpeza, toalhas, agendas, canetas, régua, taça de vinho (!), carregador de telefone, cobertores, aparelhos de ruído de fundo, cafeteira e apetrechos para o café, vitaminas, copinhos, papel higiênico e lenços umedecidos que podem ser jogados na privada".

Ian Carter, que escolheu a opção 3, em Fleet, Hampshire, na Inglaterra, desencaixotou "o computador, alguns comprovantes financeiros, uma caneta, um scanner e um baixo". Ele também recebeu convidados para o jantar naquela noite, então teve de pegar "vários pratos, uma chaleira, chá, café, copos e talheres". O experimento rendeu muito assunto para Ian e seus amigos naquela noite.

Outros desempacotaram pouquíssimas coisas no primeiro dia: Autumn Duffy, que escolheu a opção 2, moradora de Toano, na Virgínia, pegou "um vestido, um suéter, todos os meus produtos de higiene pessoal de uso diário". Enquanto Ellie Dobson desencaixotou "quase todo meu equipamento de camping, porque vou acampar hoje. Só que, quando tirei tudo da caixa, me dei conta de que não precisaria levar a maioria daquelas coisas".

Quando acabamos, os participantes tiveram a oportunidade de determinar qual seria a próxima fase dos seus excessos: vender, doar, reciclar ou manter. Muitos decidiram se desapegar; alguns guardaram coisas para o futuro. Continuaremos a contar suas histórias ao longo do livro.

REGRA MINIMALISTA PARA VIVER COM MENOS

Regra do só para quando

Até aqui, estabelecemos que você deseja se desapegar do lixo que guarda "só para garantir" e determinamos que é apropriado manter um estoque pequeno de itens de emergência. No entanto, e quanto a algumas coisas que você *sabe* que precisará no futuro? Chamamos isso de itens do "só para quando", e eles são artigos totalmente razoáveis. Geralmente, são bens de consumo e, apesar de as definições serem parecidas, eles são bem diferentes dos sorrateiros objetos do "só para garantir" — e porque você tem *certeza* de que irá usá-los. Ninguém compra um quadradinho de papel higiênico por vez, nem uma gota de sabonete por vez, nem um esguicho de pasta de dentes por vez. Compramos suprimentos pequenos desses produtos *só para quando* eles forem necessários. O segredo do desapego, nesse caso, é ser sincero em relação às bugigangas que você guarda só para garantir *caso* precise delas e aos objetos que adquire só para quando você *for* precisar.

84 AME PESSOAS, USE COISAS

———————— **Reflexões:** Coisas ————————

E aí? Aqui quem fala é Ryan Nicodemus. Vou aparecer nestas seções de fim de capítulo por todo o livro para ajudar você a refletir sobre o que leu e a pensar em como aplicar as lições aprendidas.

Para aproveitar ao máximo cada uma destas seções, considere duas coisas:

1. Compre um caderno, no qual anotará os exercícios, assim como observações e reflexões. Coloque a data nos registros para revisar seu progresso periodicamente.

2. Encontre um parceiro para se unir a você nessa jornada e acompanhar seu desenvolvimento. Vocês podem fazer muitos dos exercícios juntos, marcar um encontro fixo toda semana para tomar um café e debater as respostas e reflexões registradas nos cadernos.

O caderno e o parceiro lhe ajudarão a se dedicar a estas reflexões, e quanto mais você se entregar ao processo, maior crescimento haverá. Tome atitudes para assumir o controle!

Agora que Joshua teve a oportunidade de explorar como o relacionamento que temos com as coisas afeta nossa vida, quero refletir sobre como esse relacionamento afeta *você*, em específico. Para isso, tenho algumas perguntas e exercícios que gostaria de compartilhar.

PERGUNTAS SOBRE COISAS

Primeiro, responda às perguntas abaixo. Seja sincero. Seja atencioso. Seja firme. Reflita. Sua versão futura vai agradecer pelo esforço, pela contemplação e pela honestidade.

1. Quanto é o *suficiente* para você e sua casa? Seja específico: a quantidade de quartos, TVs, casacos no armário. Pense bem nas coisas que agregam valor de verdade à sua vida.

2. Do que você tem medo de se desapegar? Por quê?

3. O que vale a sua liberdade? Do que você está disposto a abrir mão para ser livre?

4. Qual é o custo real (além do financeiro) de se manter apegado às suas posses? Estresse? Ansiedade? Descontentamento? O que mais?

5. Como se livrar do excesso criaria espaço para uma vida mais cheia de propósito e alegria? Seja específico. Quanto mais definida for sua visão, mais fácil será desacumular.

O QUE FAZER COM AS COISAS

Agora, o que você aprendeu neste capítulo sobre seu relacionamento com posses materiais? O que vai permanecer na sua mente? Que lições serão um incentivo para você se livrar do excesso e viver de forma mais proposital? Aqui estão listadas cinco ações imediatas que podem ser tomadas hoje:

- **Compreenda os benefícios.** Faça uma lista de todos os benefícios que você terá ao diminuir a bagunça.

- **Determine regras.** Usando as regras minimalistas para viver com menos apresentadas neste capítulo, identifique as regras que você vai começar a usar hoje. Se uma regra específica não for adequada para a sua situação, fique à vontade para modificá-la ou criar a sua.

- **Crie um "orçamento para coisas".** Para ajudar a controlar seus pertences, crie um orçamento, seguindo estes passos:
  - Escolha um cômodo que você quer esvaziar.
  - Abra seu caderno em uma página nova, e, no topo do papel, escreva as três categorias: essencial, desnecessário e lixo ("Regra sem lixo").
  - Liste todos os itens nesse cômodo sob a categoria certa.
  - Pergunte a si mesmo se tudo na lista dos essenciais realmente merece estar lá. Se não, classifique o item como desnecessário ou até mesmo lixo. Repita em todas as categorias.

- **Abra mão das coisas.** Agora, você terá lixo que precisa ser doado ou reciclado. Será fácil se perder em apegos emocionais. Então, se estiver muito apegado a um objeto específico, mas sabe que ele precisa ir embora, pense em como se sentiria se ele sofresse uma combustão espontânea. Ou imagine como ele agregaria muito mais valor à vida de outra pessoa. Se estiver com medo de um dia se esquecer da memória associada ao item, tire uma foto para ajudar a acioná-la no futuro.

- **Encontre apoio.** Hoje, encontre pelo menos uma pessoa para ajudá-lo na sua jornada: um amigo, parente, vizinho, colega de trabalho. Ou busque por comunidades virtuais de pessoas com a mente aberta, dispostas a ajudar (O site, em inglês, Minimalist.org pode ajudar). E sempre há a opção de contratar um organizador profissional na sua área; eles entendem que a melhor forma de organizar a bagunça é desapegar.

O QUE NÃO FAZER COM AS COISAS

Por fim, vamos refletir sobre as dificuldades das posses materiais. Aqui estão listadas cinco coisas que você deve evitar, a partir de hoje, se não quiser rebagunçar sua vida:

- Não ache que vai se livrar de tudo de uma vez. Comprar todas as suas coisas levou tempo, e abrir mão delas também será demorado.

- Não deixe que as expectativas dos outros afetem suas decisões sobre *suas* coisas. Os únicos padrões que você deve alcançar são os seus.

- Não parta do princípio de que você vai ficar triste sem um objeto. A verdade é que, se não estiver feliz consigo mesmo, *nada* vai trazer felicidade.

- Não se mantenha apegado a pertences só para garantir, caso eles sejam necessários um dia, em um futuro inexistente.

- Não tente só *organizar* suas coisas — minimize-as! A organização se torna um acúmulo arrumadinho.

RELACIONAMENTO 2 | VERDADE

Eu recebi uma mensagem de voz apavorada da minha mãe dois dias antes do Natal. O ano era 2008 e ela havia se mudado para a Flórida alguns meses antes, para fugir dos invernos do Meio-Oeste que atormentaram seus primeiros 63 anos. Quando retornei a ligação naquela noite, depois de um dia atarefado no trabalho, ela me contou, chorando, sobre o câncer de pulmão em estágio avançado que destruía seu corpo. "Não pode ser verdade", pensei em voz alta. Incapaz de encontrar as palavras para consolá-la, fiquei encarando o telefone em negação, paralisado pelo desamparo.

Depois de descobrir a doença da minha mãe, passei boa parte de 2009 em St. Petersburg, acompanhando-a de médico em médico, tentando em vão encontrar uma forma de o câncer não sofrer metástase. Conforme ela foi ficando mais debilitada, me esforcei para melhorar nosso relacionamento frágil. Seu alcoolismo tinha sido uma complicação na minha infância. Ela havia parado de beber enquanto eu estava no ensino médio, mas os danos da década anterior — as bebedeiras, as incertezas, as mentiras — dificultavam nossa conexão. Eu saí de casa no dia que completei 18 anos e, dentro de pouco tempo, ela voltou a beber.

Eu me lembro de visitá-la na cadeia no meu aniversário de 21 anos. Um mês antes, ela havia sido presa pela segunda vez por dirigir alcoolizada e foi sentenciada a sessenta dias. De alguma maneira, ela convenceu os guardas a transformar a sala de visitação em um salão de festas improvisado. Eu queria ter fotos daquele dia surreal: minha mãe, toda orgulhosa, no auge dos seus 1,49 metro, usando seu suéter laranja da Instituição Correcional Warren, me dando um buquê de balões multicoloridos diante de paredes pintadas de branco-manicômio e policiais corpulentos; eu, com 1,87 metro, me agigantando sobre a mulher pequena, lhe dando um abraço e então dividindo um bolo de aniversário de baunilha comprado no mercado com ela e um punhado de detentas.

> **QUANDO COMEÇAMOS A ORGANIZAR NOSSO EXCESSO DE PERTENCES, É COMUM ENCONTRARMOS UMA ENXURRADA DE VERDADES PROFUNDAS E INESPERADAS.**

Nos anos seguintes, minha mãe pareceu desistir de beber de novo, apesar de eu permanecer cauteloso, evitando a fonte do sofrimento, quase como uma criança que tem medo do fogão depois de se queimar. Minha fuga, porém, prejudicou nosso relacionamento. Havia uma guerra sendo travada dentro de mim, entre minha mente e meu coração. Minha mente me incentivava a manter a distância, mas meu coração nunca parou de amar Chloe Millburn.

Era fácil amá-la. Minha mãe era bondosa, afetuosa e amorosa. Todo ano, no Dia de Ação de Graças, mesmo com os problemas financeiros e seus demônios pessoais, ela organizava um jantar para pessoas que eram (surpreendentemente) mais necessitadas do que nós. Uma igreja local disponibilizava a cozinha e o salão. Uma tropa de escoteiros ajudava com as mesas e cadeiras. Dois mercados locais doavam os perus e presuntos, o recheio pronto, o purê de batata desidratado, as latas de cranberry, molho e refrigerante. Uma costureira local oferecia toalhas de mesa e guardanapos e membros da igreja que ela frequentava traziam um mosaico de pratos e talheres. Todo ano, ela deixava de lado seus problemas e alimentava mais de duzentas pessoas naquela cafeteria improvisada. Mas sua benevolência não se limitava a datas festivas — ela emanava por todas as suas frestas, como uma lâmpada de mil watts presa em uma caixa preta. Tudo de que ela precisava era um motivo para brilhar.

Uma crise de pertencimento

Quando começamos a organizar nosso excesso de pertences, é comum encontrarmos uma enxurrada de verdades profundas e inesperadas. A verdade é simples, mas *simples* não significa *fácil*. É *fácil* nos escondermos atrás de nossas deficiências, desculpas, mentalidade, hábitos e posses, mas isso nos previne de viver uma vida em harmonia com a verdade. Mesmo assim, ficamos entocados, porque a alternativa — encarar a realidade de que nossa cultura nos incutiu expectativas que nos feriram — é esmagadora. Então criamos uma fachada, construída por cima de mentiras e exageros, que não condiz com a verdade. Quanto mais complicamos a vida com essas falsidades, mais ansiosos e deprimidos ficamos — e mais nos beneficiaríamos ao simplificar, porque a simplicidade expõe a realidade enterrada por trás das inverdades da complexidade.

92 AME PESSOAS, USE COISAS

Quando conversei com o jornalista Johann Hari sobre seu livro *Lost Connections: Uncovering the Real Causes of Depression — and the Unexpected Solutions* [Conexões perdidas: a descoberta das causas reais da depressão — e as soluções inesperadas, em tradução livre], ele me explicou que nosso problema não é a depressão e a ansiedade, mas uma crise de propósitos. O livro de Hari destaca as nove principais causas da depressão, duas das quais envolvem biologia humana, mas os principais fatores que fizeram aumentar a ocorrência dessa doença no mundo ocidental durante o último século envolvem a desconexão de uma vida com propósito.

> **NÃO EXISTEM ATALHOS. SÓ TEMOS CAMINHOS DIRETOS.**

Sem dúvida, esse era o caso da minha mãe. Seus problemas com depressão e abuso de substâncias só começaram depois que ela perdeu a conexão com um trabalho digno, outras pessoas e valores importantes (três das nove causas de Hari), fazendo com que abandonasse a esperança (outra causa). Mesmo assim, havia momentos em que ela se afastava do álcool por conta própria, e nunca era como se estivesse fugindo da cerveja ou do vinho — mas porque tinha um propósito que desejava alcançar. "O oposto do vício *não* é sobriedade", disse Hari. "O oposto do vício é conexão."

Conversei com o prefeito Pete Buttigieg, de South Bend, em Indiana, sobre esse assunto durante sua campanha presidencial em 2020. Assim como eu, ele veio de uma cidade industrial do centro-oeste dos Estados Unidos que passa por dificuldades desde o declínio do chamado "cinturão da ferrugem", que trouxe uma série de problemas para os moradores locais. Buttigieg percebeu, após interagir com milhares de cidadãos, que o respon-

RELACIONAMENTO 2 | VERDADE 93

sável pelo fortalecimento de questões como aumento de crimes e uso de drogas, e também o desemprego e doenças, é algo que ele chama de "crise de pertencimento". Quando tudo estava às mil maravilhas em South Bend, as pessoas sentiam que *faziam parte* de algo maior do que elas mesmas: pertenciam a uma força de trabalho e a uma comunidade que lhes dava esperança para o futuro. Foi só quando perderam essa esperança que o desespero surgiu. E quando o desespero toma conta, criamos uma falsa verdade sobre o mundo ao nosso redor — uma narrativa fadada a se tornar realidade, que diz: "Nada vale a pena e nada vai melhorar, então é melhor eu desistir."

Foi isso que aconteceu com a minha mãe. Em vez de encarar a verdade de que criar uma vida com propósito vem acompanhado de certo grau de dificuldade, ela desenvolveu um niilismo que saturou tudo: "Porque somos pobres, porque a vida está difícil, porque não temos o que queremos", pensou ela, "o álcool é um atalho para sair da tristeza". Todos nós somos vítimas desse raciocínio em algum momento. Procuramos pela saída mais fácil porque encarar a verdade é complicado.

Jason Segedy, um urbanista de Akron, em Ohio, outra cidade do "cinturão da ferrugem" que enfrenta o próprio conjunto de desafios específicos desde a década de 1970, é incisivo ao falar sobre por que o problema não é causado apenas pela questão econômica: "Há muitas pessoas e há muita atividade econômica na maioria dessas regiões. Há até muita riqueza, muitos residentes extremamente instruídos. Apesar do que pensam alguns acadêmicos que não moram aqui, Dayton [ou South Bend, ou Akron] não vai desaparecer. O problema desses lugares não é a falta de riqueza ou atividade econômica. Não é uma questão de não existirem empregos nem oportunidades.

94 AME PESSOAS, USE COISAS

A dificuldade está na extrema diferença entre as vizinhanças centrais e os bairros de classe média. Essas disparidades são piores no "cinturão da ferrugem" do que em qualquer outra região do país." Quer dizer, por uma infinidade de motivos, nós nos desconectamos — tanto no sentido literal (*geográfico*) quanto no figurado (*interpessoal*).

É óbvio que essa falta de conexão não se limita ao Meio-Oeste industrial. Vemos a mesma divisão por todo o restante da sociedade — não apenas nas vizinhanças pobres e abandonadas como a que eu cresci. O ambientalista Bill McKibben, autor de *Deep Economy: The Wealth of Communities and the Durable Future* [Economia profunda: A riqueza de comunidades e o futuro durável, em tradução livre], descobriu que, conforme o espaço físico da casa de uma pessoa aumenta, a quantidade de amigos próximos com quem ela conta diminui. Ou seja, conforme conquistamos casas maiores, maior status e mais riqueza, acabamos nos desconectando das coisas que fazem com que nos sintamos vivos: comunidade, cooperação, comunicação, participação, solução de problemas e experiências enriquecedoras.

A verdade dos ex

Estava nítido que, apesar dos problemas, minha mãe era uma mulher amorosa e sua característica mais marcante era um senso de humor brincalhão. Com a sagacidade de um comediante politicamente incorreto, suas piadas não batiam com sua aparência de carola de igreja idosa que usava chapéus com abas enormes.

Em seus últimos anos de vida, conforme ela refletia sobre o passado, sempre dizia que queria escrever um livro chamado

A ex: A vida explícita de uma ex-freira, ex-comissária de bordo, ex-secretária, ex-esposa e ex-alcoólatra. Ela nunca chegou a escrever nada, mas me lembro com carinho dos pontos altos, porque eles moldaram minha infância.

Naquela época, nada deixava minha mãe mais feliz do que contar piadas grosseiras para mim e meu irmão, Jerome, e o grupo de crianças da vizinhança que vivia aparecendo lá em casa.

Nós morávamos em um bairro majoritariamente negro. Digo "majoritariamente" porque havia duas exceções: minha mãe e eu, os únicos brancos. Até meu irmão, Jerome, era negro (continua sendo, aliás). Jamais teria me ocorrido mencionar esse detalhe se não fosse pelo senso de humor peculiar da minha mãe.

Algumas semanas antes de eu completar 13 anos, ela decidiu que eu e Jerome, mais um punhado de amigos adolescentes da vizinhança, precisávamos comemorar a chegada do verão com um churrasco, então nos levou para o parque Pleasant, na Pleasant Street, com uma sacola fina de plástico cheia de carvão, salsichas, pães e condimentos. Relembrando isso, o nome do parque e da rua em que ele ficava, que significa "agradável" em inglês, parecia sarcástico se levássemos em consideração o estado dilapidado da vizinhança. Existe uma linha tênue entre otimismo e ironia.

Enquanto eu e meus amigos corríamos pelo asfalto que se desintegrava, lançando uma bola de basquete em duas cestas enferrujadas, minha mãe grelhava as salsichas na churrasqueira minúscula do parque até elas ficarem torradas o suficiente. Logo, pratos de papel surgiram, os pães cheios de conservantes foram abertos e o almoço foi servido. Nós estávamos enchendo os cachorros-quentes de ketchup e mostarda quando meu amigo, um garoto pequeno e curioso chamado Judton, olhou para o prato, depois para minha mãe, e perguntou:

— De onde vêm as salsichas?

Um sorriso travesso surgiu no rosto da minha mãe.

Ela olhou para meu irmão, depois para mim e então para Judton, antes de responder:

— Depende do tipo.

— Do tipo? — perguntou Judton.

— Salsichas do tamanho normal vêm de porcos brancos. — Ela fez uma pausa para ser mais enfática. — Mas salsichas de trinta centímetros vêm de porcos pretos.

O parque explodiu em gargalhadas. "Como aquela senhora pequenininha podia ser tão legal?", comentaram todos eles.

Sim, sei que minha mãe fez piada com um estereótipo específico, mas nunca foi sua intenção zombar de ninguém. Era sempre o oposto: ela demonstrava amor pelas pessoas com seus comentários espirituosos e brincadeiras. E, no fim das contas, as crianças da vizinhança a amavam de paixão, não apesar de suas piadas de mau gosto, mas por causa delas.

Acho que foi Kafka quem disse: "As questões mais difíceis da vida só podem ser discutidas por meio de piadas." Ou talvez eu tenha inventado isso. Não sei direito. Juro que me lembro de ter lido essa frase quando eu tinha um pouco mais de 20 anos, porém nunca consegui encontrar a citação exata. De toda forma, faz sentido. Na sociedade, as pessoas que falam a verdade não são os políticos sisudos nem grandes executivos; mas comediantes como Jerrod Carmichael e, sem dúvida, minha mãe.

É óbvio que, quando garoto, eu nem pensava sobre as respostas inapropriadas dela. Mesmo assim, por minha mãe se sentir tão confortável com assuntos proibidos, tão à vontade com o próprio corpo e disposta a falar sobre qualquer assunto sem julgar ninguém ou demonstrar vergonha, tive o privilégio de nunca me sentir reprimido ou envergonhado por conta de sexualidade ou intimidade ou assuntos delicados. As histórias lascivas dela deixaram evidentes as delícias e os desafios da vida pós-adolescente anos antes de eu precisar fazer a barba.

Após um período de cinco anos "absurdamente chato" sendo "casada com Jesus", que era como ela descrevia o tempo que passou no convento, minha mãe se mudou para Chicago com a melhor amiga, minha madrinha, Robyn, para virar comissária de bordo, podendo explorar o mundo, ou pelo menos as partes do mundo ao alcance da Delta Air Lines. Foi assim que ela conheceu seu primeiro marido, Brian, um playboy rico que tinha uma cadeia de supermercados nas Bermudas e a traía descaradamente e com frequência. E também foi sua introdução no movimento do "amor livre" que moldou muito da sua vida pós-convento.

Como minha mãe era loura, bonita, pequena, confiante e bondosa, recebia muita atenção dos homens, especialmente dos famosos que embarcavam no voo em que ela estava trabalhando. E como ela era independente e livre de tabus, se divertia com eles nas horas de folga, quando pousavam no O'Hare International. De acordo com ela, um desses caras era Jim Brown, o famoso jogador de futebol americano do Cleveland Browns, que ela, brincalhona, dizia ser "doce, engraçado e grande de várias formas". Ela até conheceu um jovem Laurence Tureaud, mais de uma década antes de se tornar o famoso Mr. T. Na época, ele era apenas um segurança que usava corrente de ouro e trabalhava na boate embaixo do arranha-céu onde

98 AME PESSOAS, USE COISAS

minha mãe morava. Ela nunca me deu muitos detalhes, mas dava para entender o que aconteceu entre os dois.

Contudo, mesmo nas melhores épocas, nem tudo era um mar de rosas. Para cada dez Jim Browns havia um cara terrível, como o padre David, o sacerdote charmoso que engravidou minha mãe e a obrigou a fazer um aborto. Apesar de ela ter sofrido esse tipo de abuso mais de uma vez, achava importante não se definir como uma vítima. Ela não reprimia o passado — conversava sobre o que tinha acontecido e expressava o peso das experiências —, mas não ficava presa a ele. "A verdade o libertará, mas só depois de acabar com você" é minha frase favorita de *Graça infinita*, o romance de David Foster Wallace sobre vício e solidão, porque associa um clichê à realidade. Sim, falar a verdade, não importa quanto ela fosse pesada, era difícil para minha mãe, mas, depois de lidar com as dificuldades, ela se libertou. E essa liberdade criou um senso de humor que iluminava até os momentos mais sombrios.

No meu aniversário de 19 anos, minha mãe me deu um presente embrulhado com um papel extravagante, cheio de laços, fitas e serpentinas adornadas. Abri aquilo tudo para encontrar um par de óculos de fantasia. Sabe, aqueles bobos, com nariz, sobrancelha e bigode, que vendem em qualquer loja de bugigangas por aí. Só que, naqueles óculos, em vez de ter um nariz grudado entre as lentes, havia um pênis enorme, semiereto.

Minha mãe e eu passamos boa parte da década seguinte dando os óculos de presente um para o outro. Eu o enviava por FedEx para seu trabalho como secretária. Alguns meses depois, ela pagava um portador para interromper uma reunião de negócios e me entregá-lo. O ciclo continuou até quando ela estava morrendo de câncer: eu os enviei para a Flórida com um cartão desejando melhoras. Então, na minha visita seguinte, entrei no quarto dela do hospital e a encontrei sete quilos mais magra, com o cabelo ralo da quimioterapia, deitada em sua cama reclinável, usando um par de óculos grossos e um pênis enorme no rosto. De fato, as situações mais difíceis da vida exigem leveza. Se não for assim, nos afogamos em nossa tristeza.

Tenha em mente que estamos falando de uma mulher que foi alcoólatra por boa parte da segunda metade da vida. Mas ela também alimentava pessoas em situação de rua, dedicava inúmeras horas a instituições de caridade e ia à missa católica toda semana, sóbria ou não. Quase parece que estou escrevendo sobre duas pessoas diferentes. Mas não existe uma dualidade em cada um de nós? Somos pecadores santos, babacas amorosos, fraudes autênticas. Somos assim — seres tridimensionais, vivendo em um mundo de expectativas bidimensionais.

Por causa de nossa vida complicada, é possível ser extremamente afetuoso e ainda assim causar sofrimento. É verdade que tendemos a machucar mais as pessoas que mais amamos. Não tomamos cuidado com aquilo que nos é querido e, se passarmos tempo demais sendo negligentes, pode chegar o momento em que será impossível voltar atrás.

O conforto é mentiroso

Meu casamento terminou anos antes de acabar. No começo, eu não sabia que estava terminando. Com o tempo, porém, conforme os anos passavam e a insatisfação aumentava, eu simplesmente não tinha coragem de ir embora. Nem de falar a verdade. Então menti. Fingi que estava tudo bem e que as coisas melhorariam em um passe de mágica — foi isso que inventei para mim mesmo.

Nem preciso dizer que ignorar o problema não é uma solução. Ninguém gosta de exagerar, mas não fazer nada também é uma péssima ideia. Se um cinema lotado pegar fogo, você não quer entrar em pânico e pisotear as pessoas no caminho para a saída. Mas também não vai ficar sentado assistindo ao filme, não importa quanto sua poltrona for confortável.

Eu estava confortável no meu casamento. Se fosse dar uma nota sobre meu nível de conforto aos 27 anos, diria que seria seis, sendo dez o valor máximo — o suficiente para não querer mudar. Mas eu não estava feliz, satisfeito ou alegre; meu conforto bastava apenas para me manter parado. Porque se eu mudasse seria desconfortável. E quem quer passar por uma coisa dessas? Mas, se olharmos para todo grande sucesso ao longo da história, veremos que pessoas extraordinárias crescem com o desconforto — e até com o sofrimento. O desconforto guarda a verdade — expõe as falhas, as imperfeições, os contrassensos — e o conforto é mentiroso.

CONFORME CONQUISTAMOS CASAS MAIORES, MAIOR STATUS E MAIS RIQUEZA, ACABAMOS NOS DESCONECTANDO DAS COISAS QUE FAZEM COM QUE NOS SINTAMOS VIVOS.

Keri e eu nos conhecemos no ensino médio, mas só começamos a sair quando eu tinha 19 ou 20 anos. Não sei exatamente quando, porque foi um romance lento. Quando me dei conta, estávamos morando juntos e, dentro de poucos anos, conforme nosso relacionamento ganhava ímpeto, ficamos noivos, depois nos casamos, e então construímos nossa primeira casa, acumulamos dívidas e começamos a ter uma vida que parecia despropositada. Nós seguíamos passos predeterminados em vez de pensarmos e refletirmos sobre o que queríamos fazer.

É clichê dizer que "nós nos amávamos, mas não estávamos *apaixonados*". Mas a maioria dos clichês é baseada em uma verdade fundamental. De acordo com Christopher Ryan, autor de *Sexo antes de tudo* [*Sex at Dawn*, no original] e *Civilized to Death* [Civilizado até morrer, em tradução livre], relacionamentos íntimos contêm três elementos essenciais: química, compatibilidade e amor. Os humanos tendem a se envolver com outra pessoa contando com um — às vezes dois — desses fatores. Pode ser que exista uma atração sexual inicial (química), talvez interesses compartilhados (compatibilidade) ou uma conexão profunda que impulsione o relacionamento para a frente (amor). Com o tempo, no entanto, a ausência de qualquer um desses três elementos gera uma insatisfação profunda e, assim, sofrimento.

Isso vale mesmo quando um ou dois dos elementos são fortes. O sexo (química) pode ser ótimo, e o relacionamento continuar frustrante. Vocês podem concordar sobre finanças e estilos de vida (compatibilidade), e ainda assim não dar certo. Podem se importar profundamente um com o outro (amor) e não quererem estar juntos. Este último foi o meu caso: eu amava e respeitava Keri imensamente. Mas amor não basta. Precisamos dos três elementos para crescer. Nós tivemos um pouco de química no começo, mas nunca foi algo avassalador. E, mais importante, não éramos compatíveis de várias formas: desejos, interesses, objetivos, crenças e valores não se alinhavam. Daí a frustração lentamente crescente que veio depois de trocarmos votos de casamento.

102　AME PESSOAS, USE COISAS

Eu sentia medo demais de encarar a verdade sobre nosso relacionamento, a verdade sobre como o que a gente tinha não estava dando certo. Em vez de me sentar com Keri em algum momento e começar uma conversa difícil sobre nossa relação e deficiências, minha covardia acabou me levando a procurar fora do casamento os elementos que faltavam. É por isso que tantas pessoas traem os cônjuges mais de uma vez. Assim que o prazer desaparece, o déficit amoroso volta a ser exposto. E o ciclo da vida continua.

A mentira da alma gêmea

Em meu livro favorito sobre relacionamentos, *Some Thoughts About Relationships* [Alguns pensamentos sobre relacionamentos, em tradução livre], Colin Wright determina uma série de "regras de relacionamento" sobre a qual todas as relações importantes — íntimas ou não — se baseiam. Entre essas regras estão a "Regra da briga", a "Regra do ciúme" e a "Regra da traição". Mas a minha favorita talvez seja uma chamada a "Regra da alma gêmea":

> Desde muito jovens, muitos de nós escutamos histórias sobre alma gêmea: uma pessoa misteriosa que veio a este planeta apenas por nós. É nossa "jornada do herói" encontrar essa criatura, seja lá quem for. Se formos acreditar na cultura pop, uma série de situações engraçadas e aventuras dramáticas nos levará até ela.
>
> Na vida real, no entanto, alma gêmea é um conceito não apenas irracional, como potencialmente perigoso. A ideia de que existe alguém feito sob medida para lhe completar insinua que você não é capaz de ser com-

pleto sozinho. E também que todo mundo que não seja essa alma gêmea é apenas uma etapa rumo ao grande encontro, que é uma forma terrível de encarar relacionamentos.

Wright explica que somos capazes de amar mais de uma pessoa ao longo da vida. E até ao mesmo tempo. Você pode amar sua filha, seu marido e sua mãe ao mesmo tempo. Assim, não existe uma *alma gêmea* mágica. "*Você é sua alma gêmea*", diz Wright. "Você é a única pessoa no mundo capaz de completar e preencher a si mesmo, de garantir sua felicidade. Todas as outras pessoas são acréscimos potencialmente maravilhosos (com sorte) a esse destino. Você nasceu completo, vai morrer completo, e decide com quem passa seu tempo enquanto isso."

Desde o começo de nosso namoro, Keri e eu estávamos tão focados em encontrar alguém que nos "completasse" — esperando moldar a outra pessoa para se encaixar em nossas crenças — que não percebemos já estarmos completos por conta própria. E, em vez de o relacionamento multiplicar nossas qualidades coletivas, ele as reprimiu, porque não fomos sinceros sobre nossa compatibilidade. Tínhamos visões completamente opostas sobre questões importantes: filhos, comunidade e finanças eram algumas das coisas com que não concordávamos. O ressentimento dessas mágoas transbordou para o restante de nossa vida, criando uma inundação de tristezas veladas.

Nenhum dos dois estava "errado"; nós só tínhamos objetivos diferentes. Se você gosta de rock e eu, de jazz, ninguém cometeu um erro, mas podemos não nos divertir se formos juntos a um show.

104 AME PESSOAS, USE COISAS

Certamente nós teríamos nos beneficiado de uma comunicação melhor antes de juntarmos nossas escovas de dentes:

Nossos valores são os mesmos?
Como é o seu parceiro ideal?
Como você lida com desafios?
Do que você não abre mão?

"É melhor matar o Godzilla enquanto ele é um bebê", comentou certa vez o famoso palestrante motivacional Tony Robbins. "Não espere até ele invadir a cidade." Se Keri e eu tivéssemos feito isso — se tivéssemos lidado com as questões relevantes logo no começo —, provavelmente nem teríamos nos casado. Mas nos casamos e, então, ignorei todas as saídas de emergência — todas as oportunidades de terminar a relação sem aumentar o sofrimento. Depois de oito anos, o Godzilla era um monstro gigante, rondando nosso casamento, pronto para colocar fogo em tudo. Estávamos mentindo para nós mesmos.

> **PESSOAS HONESTAS NÃO SE IMPORTAM COM O MODELO DO SEU CARRO, COM SEU ENDEREÇO NEM COM A MARCA DE ROUPAS NO SEU ARMÁRIO.**

Quando duas pessoas têm valores que as fazem seguir em direções opostas, duas coisas podem acontecer: uma delas se conforma e fica infeliz ou é arrastada para fora do caminho e fica infeliz. De toda forma, o coração partido é inevitável. E se você fingir que não há nada de errado, o sofrimento só piora.

Outro clichê parece apropriado — "Não é você, sou eu." Apesar de isso não ser completamente verdadeiro para o meu casamento. "Não era ela nem eu — éramos *nós*" parece mais justo, apesar de menos incisivo. Keri era uma ótima amiga e, apesar de eu ter boas intenções quando começamos a namorar, me transformei em um péssimo marido ao longo do tempo, porque não conseguia ser feliz enquanto seguia pelo caminho dela e não estava disposto a abrir mão da relação.

A ironia é que nenhum dos dois falou nada por não querer magoar os sentimentos do outro. Acreditávamos que a sinceridade destruiria o casamento, como se a verdade fosse algo ruim ou malicioso, e a única maneira de seguir em frente era esconder a realidade do mundo. A verdade, porém, é a única coisa capaz de manter uma relação. Mesmo que seja desconfortável, difícil ou dolorosa, é ela quem conecta duas pessoas.

Erros e decisões ruins

Traí minha esposa no dia seguinte à morte da minha mãe. Eu gostaria de dizer que foi um erro, mas não posso. Foi pior do que isso. O adultério é um ato desprezível, a maior traição de todas, um tipo de assassinato. Mesmo depois que o culpado mata o relacionamento, a vítima continua sofrendo. E isso nunca é o resultado de apenas um "erro" — até mesmo um único caso de infidelidade é gerado por uma série de decisões destrutivas veladas.

Um político comete um crime corporativo, é pego e diz que "cometeu um grande erro". Uma empresária omite boa parte dos seus rendimentos no imposto de renda e diz algo parecido para a Receita Federal. Um adolescente pega emprestado o carro da mãe sem permissão e depois confessa sua "mancada".

Mas nada disso são erros — são decisões ruins.

Não escolher a resposta certa em uma prova é um erro; não estudar para tal prova é uma decisão ruim. O erro foi cometido

106 AME PESSOAS, USE COISAS

sem a intenção; a decisão negligente era intencional — geralmente tomada sem pensar nas consequências.

É fácil desmerecer uma decisão infeliz ao reclassificá-la como um erro. Isso ameniza a situação, suaviza o impacto. Mas também é insincero. Dizer que uma decisão descuidada foi um erro remove seu papel na indiscrição. E é muito mais fácil viver com as decisões se elas não tiverem acontecido por sua causa. Consequentemente, você corre o risco de tomar a mesma decisão impensada várias vezes se pensar nela como um deslize.

Todos cometemos erros. Todos tomamos decisões ruins. Elas fazem parte da experiência humana. Nós podemos comemorar nossos erros e aprender com nossas decisões imprudentes, mas não vamos confundir uma coisa com outra. Se admitirmos quando fizermos besteira e assumirmos a responsabilidade por nossas decisões, vamos encontrar o caminho mais nobre para seguir adiante — a verdade. Sim, assumir escolhas é mais difícil do que fugir, mas a verdade é difícil justamente porque é a única coisa pela qual vale a pena correr atrás. Todo o restante é mentira.

O preço das mentiras

Um conto de fadas bem contado não se torna mais verdadeiro. Infelizmente, uma das características determinantes da humanidade é nossa capacidade de mentir.

"As pessoas mentem para que outras formem crenças que não são verdade", diz o neurocientista Sam Harris, autor de *Lying* [Mentindo, em tradução livre], um livro o qual argumenta que mentir — mesmo que seja uma mentira inocente —

nunca é certo,* e que, basicamente, mentimos porque queremos fingir ser alguém que não somos.

O mais surpreendente, porém, é que apresentamos uma tendência maior a mentir para amigos próximos e parentes. Em um estudo intitulado "Everyday Lies in Close and Casual Relationships" [Mentiras diárias em relacionamentos próximos e casuais, em tradução livre], Bella M. DePaulo e Deborah A. Kashy descobriram que 10% da comunicação entre cônjuges é enganosa. A princípio, essa descoberta é inesperada. O esperado seria que fôssemos mais sinceros com as pessoas que amamos, não é? Só que, de acordo com um estudo publicado no *Journal of Psychology* chamado "Deceptive Behavior in Social Relationships" [Comportamento enganoso em relacionamentos sociais, em tradução livre], "as pessoas mentem quando seu comportamento viola as expectativas que os outros têm delas. Como parceiros de relacionamentos próximos criam mais expectativas um sobre o outro, a probabilidade de elas serem violadas e mentiras serem contadas é maior em relações íntimas do que nas casuais". Nós simplesmente não pensamos nas pessoas com quem temos mais intimidade.

Não importa como encaramos as coisas, os seres humanos têm dificuldade em falar a verdade. Por volta dos 4 anos de idade, descobrimos o poder do dolo. Começamos com "mentiras bobas" que testam os limites da realidade e, conforme esses limites se expandem, aprendemos a enganar, trair e manipular os outros com falsidades. No entanto, não entendemos de imediato o preço das nossas mentiras. Nem temos noção do poder miraculoso da verdade.

---

* A menos que seja uma mentira contada em defesa própria, para evitar violência física.

108 AME PESSOAS, USE COISAS

Mentir é tentador da mesma forma que comer demais — é algo fácil e nos deixa instantaneamente satisfeitos. A mentira nos permite transferir culpa, fugir da responsabilidade e ignorar nossas deficiências em determinado momento. Ela cria um atalho para uma recompensa em curto prazo. Mas, na realidade, não existem atalhos. Só temos caminhos diretos. E a verdade é o caminho mais direto de todos. Só que contar a verdade é tão difícil quanto plantar uma horta — preferimos comer um bolinho hoje a trabalhar para colher os benefícios de uma horta saudável no ano que vem.

A minissérie dramática da HBO *Chernobyl* começa com uma pergunta simples: "Qual é o preço das mentiras?" O que logo descobrimos, ao longo de cinco episódios belamente construídos, é que nossas mentiras custam *tudo*. As mentiras removem nossa integridade, honra, honestidade, virtude e confiança. As mentiras acabam com amizades e amores, experiências significativas e interações importantes, respeito e liberdade. E, em casos extremos, como em *Chernobyl*, mentiras podem custar vidas.

O preço da verdade, por outro lado, é labuta, dedicação e uma gratificação mais lenta, porém a recompensa é uma paz de espírito tão grande que o trabalho *sempre* compensa o preço.

"A sinceridade é um presente que damos aos outros", escreve Harris em seu livro sobre mentiras. "Também é uma fonte de poder e um motor de simplicidade. Saber que vamos tentar contar a verdade, independentemente das circunstâncias, faz com que a gente não precise se preparar para muita coisa Podemos apenas ser quem somos."

A sinceridade é um motor da simplicidade. Pense nisso por um instante. Se for isso mesmo, então por que temos tanta dificuldade em falar a verdade? Bem, porque simplicidade não quer dizer fácil.

Mais de um tipo de verdade

É difícil falar sobre "a verdade", porque ela significa coisas diferentes para pessoas diferentes. Talvez seja verdade que chocolate é seu sabor de sorvete favorito e é verdade que dois mais dois é igual a quatro. Porque algumas "verdades" são opiniões subjetivas, enquanto outras são fatos objetivos.

Você pode se referir a verdades subjetivas — como religião ou preferências alimentares — como crenças ou verdades pessoais (como na expressão excessivamente usada "Você precisa viver *a sua* verdade!"). Como são uma questão de perspectiva, esses tipos de verdade nunca serão "falsos". Afinal de contas, você jamais diria que a preferência de alguém por sorvete de baunilha é uma falácia.

Verdades objetivas — como gravidade ou aritmética — são o que poderíamos chamar de princípios, regras ou leis. Elas se aplicam a todos, o tempo todo, porque fatos não exigem crença; são verdades universais, independentemente daquilo que você acredita. Não importa se é verdade o que se acredita ser, dois mais dois será igual a quatro.

Sendo a verdade subjetiva ou objetiva, uma coisa é óbvia: quanto mais difícil ela for, mais difícil será admiti-la — especialmente as que foram encobertas por mentiras.

Algumas são expressas publicamente; outras, tentamos guardar dentro de nós. Boa parte do que você leu na Introdução deste livro — a minha luta e a de Ryan contra o consumismo, a infelicidade e problemas de infância — faz parte do primeiro tipo: verdades difíceis que nos dispomos a compartilhar com

110 AME PESSOAS, USE COISAS

o mundo durante a última década, não tudo ao mesmo tempo, mas aos poucos, expandindo os limites de nossas zonas de conforto com uma nova verdade divulgada por vez.

Outras foram mais complicadas para nós dois discutirmos, mesmo com o passar do tempo. Foi só neste ano que Ryan quis dar mais detalhes sobre seu vício em opioides — o problema de US$ 5 mil por mês que acelerou sua decadência. Vamos expandir nossas zonas de conforto ainda mais ao longo deste livro, escrevendo sobre essas verdades: as que guardamos até agora, muitas das quais temos vergonha de admitir.

REGRA MINIMALISTA PARA VIVER COM MENOS

Regra da combustão espontânea

Suas posses materiais causam mais estresse do que você imagina. Conforme crescemos e ficamos mais sobrecarregados com nossas compras anteriores, o descontentamento vai aumentando até atingir o auge. Mas você não precisa perder a cabeça antes de tomar uma atitude. É por isso que inventamos a "Regra da combustão espontânea", que começa com uma pergunta simples: *se esse item entrasse em combustão espontânea, eu me sentiria aliviado?* Caso a resposta seja afirmativa, dê permissão a si mesmo para se livrar dele!

Vergonha e insignificância

Precisamos conversar sobre esse assunto por um instante. O que significa que também precisamos conversar sobre culpa.

Apesar de os dois termos serem muito usados de forma intercambiável, eles são diferentes em sua essência. A culpa indica algo sobre nossas *ações*: quebramos uma regra, magoamos alguém ou agimos em desacordo com a pessoa que queremos ser, e, agora, nos sentimos péssimos. Mas a vergonha fala sobre *quem somos* — sobre nossa identidade.

"A vergonha mostra um estado interno de inadequação, desonra ou arrependimento", de acordo com Mary C. Lamia, em uma matéria da *Psychology Today*. É por isso que é tão difícil falar sobre nossas verdades ocultas. Pensamos que, ao expô-las, revelaremos incompetência ou impotência, ficando vulneráveis ou expostos.

Mas contar a verdade é o caminho para a liberdade. Pode ser desconfortável, mas é melhor sentir desconforto do que vergonha, porque o primeiro vai embora com o tempo, mas o segundo persiste e aumenta.

Nós podemos superar a culpa, confessando erros e decisões impensadas — "Admito que fiz besteira, agora vamos seguir em frente" —, mas a vergonha pode permanecer depois de uma confissão, porque o mundo descobriu a verdade: "Não sou quem eu fingia ser." E se todos souberem disso, acreditamos que imediatamente nos tornaremos menos excepcionais do que a pessoa perfeita que projetamos. Para piorar a situação, essa desgraça destrói nosso senso de importância, uma necessidade básica dos seres humanos.

Recentemente, minha filha, Ella, marcou os únicos dois gols do seu time de futebol em uma partida. Logo depois do jogo, eu e a mãe elogiamos sua *habilidade*; tomamos o cuidado, no entanto, de não elogiar seu *talento* inato. "Você jogou muito bem" é mais poderoso do que "Você é muito boa". A primeira frase valoriza ações; a segunda, capacidade. Como um senso

112 AME PESSOAS, USE COISAS

de importância saudável é elevado pela especificidade, focamos no motivo pelo qual Ella jogou "muito bem", citando exemplos específicos de suas ações, quando e como foram tomadas, e por que estávamos orgulhosos.

> **O DESCONFORTO GUARDA A VERDADE — EXPÕE AS FALHAS, AS IMPERFEIÇÕES, OS CONTRASSENSOS — E O CONFORTO É MENTIROSO.**

A importância *merecida* se fortalece com o tempo porque a autoestima aumenta conforme desenvolvemos um senso de competência, realização e propósito por nossas conquistas. Daqui a um ano, Ella será melhor no futebol e terá uma autoestima mais forte.

O caminho oposto — a importância *desmerecida* — é cheia de prazeres instantâneos. Esse tipo de importância é transitório, nos levando a recorrer a comportamentos tóxicos para recebermos uma atenção mínima — "Ei, olha para mim!" —, como se gritar em um volume alto o suficiente fosse nos tornar, de alguma forma, mais relevantes. Então, quando os gritos deixam de funcionar, nos voltamos para atos bobos: as postagens bêbadas no Facebook, os tuítes querendo chamar atenção, as fotos no Instagram sem camisa diante do espelho. Nada disso ajuda ninguém. E, quando a busca inofensiva por atenção para de funcionar, forçamos ainda mais a barra. Ultrapassando limites éticos e morais, recorremos a ofensas, automutilação e até violência. São métodos infalíveis para se sentir importante na hora, mas esses breves momentos de importância desaparecem logo após cada transgressão. Porque o prazer instantâneo não é prazeroso de verdade — não em longo prazo.

De fato, o comportamento chamativo pode atrair muita atenção, quase como um acidente de carro — as pessoas

RELACIONAMENTO 2 | VERDADE **113**

diminuem a velocidade para observar o desastre —, mas os espectadores não ficam esperando para admirar a limpeza após o acidente, deixando a pessoa carente se sentindo vazia e sozinha, aumentando a sensação de insignificância que instigou seu comportamento. Naturalmente, isso só serve para aumentar a vergonha da qual tentavam fugir.

Dito isso, nem sempre a vergonha é algo "ruim". Ela é útil na medida que incentiva você a se esforçar para fazer o melhor. Há momentos em que sentir vergonha é totalmente aceitável — isto é, quando vamos contra os interesses do nosso futuro. A vergonha é uma resposta natural se você quer ser escritor, mas nunca escreve; se quer ficar em forma, mas foge dos exercícios físicos; se espera ser promovido, mas evita trabalhar. Ela é um castigo emocional por cometer sempre o mesmo "erro".

Infelizmente, é comum que a reação natural à vergonha não seja corrigir o comportamento, mas bater em retirada, se recolher, ruminar e até negar que o problema existe. Se for consistente, esse ciclo derrotista causa arrependimento sobre (in) ações passadas — e desespero pelo que acontecerá no futuro.

O segredo para erradicar a vergonha, então, é o seguinte: encontre propósito *não* na pessoa que você exibe para o mundo nem na pessoa que você foi, mas na melhor versão de si mesmo. Então alinhe suas ações com esse ideal. Isso pode ser feito ao admitirmos descuidos passados, amenizando a culpa onipresente. Mas, depois, você vai além. Não se esconde. Está presente todos os dias, com atos minúsculos, tediosos. Você faz o trabalho pesado, mesmo quando ele não for divertido, interessante ou estimulante. Você se comporta de um jeito que deixaria seu futuro eu orgulhoso. Não o futuro eu de outra pessoa — mas o *seu* —, porque, antes de tudo, a vergonha

114 AME PESSOAS, USE COISAS

foi causada pela sensação de que você devia seguir os ideais dos outros.

Como todas as outras pessoas do mundo, você já contou um monte de mentiras. Já cometeu erros e tomou decisões equivocadas. De agora em diante, porém, você não precisa ser mentiroso. Você é melhor que isso. Nós temos a capacidade de sermos sinceros — conosco e com os outros — e a habilidade de nos importarmos com a verdade. Porque, se não nos importarmos com ela, não nos importamos com nada.

Sim, tomei decisões constrangedoras na minha vida. Fui preguiçoso. Menti. Até traí minha primeira esposa. Mas o passado não é igual ao futuro, e não sou a mesma pessoa que eu era. Posso aprender com ele e me sentir grato — não orgulhoso, mas grato — por erros, sem precisar repeti-los.

Devemos refletir antes de seguirmos em frente. Você sente vergonha de mudar de carreira por causa do que alguém pensaria sobre sua decisão, ou está fugindo de alguma coisa? Você sente vergonha do seu corpo por causa do ideal de beleza de outra pessoa ou porque não está tão em forma quanto gostaria de estar? Você tem vergonha da sua produção criativa porque outra pessoa é mais "produtiva" ou porque sabe que poderia ser melhor? Você sente vergonha de nunca ter casado porque a sociedade tem uma expectativa ou porque está buscando por uma pessoa com quem possa compartilhar a vida?

Essas são perguntas sem respostas universais. E, assim, a única resposta "certa" é a *sua*, porque o que é anormal para você pode ser perfeitamente normal para mim. E vice-versa. Permitir que as expectativas dos outros moldem nossos desejos e comportamentos e, por fim, nossa vida sempre causará culpa e vergonha, porque nunca seremos capazes de nos adequar aos valores conflitantes de todo mundo. Contanto que não machuque ninguém, você só precisa viver de acordo com seus padrões — tudo o mais leva ao desgosto. Em poucas palavras: quando vivemos uma vida coerente, nunca precisamos limpar o histórico do nosso navegador.

Uma verdade mais valiosa do que o silêncio

Nem todas as verdades são igualmente necessárias. É comum que a gente confunda uma transparência radical e franqueza com verdade. Enquanto as três opções são formas de encarar a realidade, suas distinções são importantes, e fazemos um desserviço a nós mesmos quando as confundimos.

Políticos falam sobre "ter uma administração transparente", mas não queremos um governo que seja assim o tempo todo, porque algumas coisas — códigos de bombas nucleares, por exemplo — devem ser mantidas em segredo para nos protegerem de pessoas mal-intencionadas. O que queremos é um governo honesto e responsável. O mesmo vale para nossa vida pessoal. Se fôssemos completamente transparentes, eu não veria problema nenhum em escrever o endereço da minha casa, meu CPF e o nome de solteira da minha mãe aqui nestas páginas. Mas esse nível de detalhamento não apenas é desnecessário — ele é prejudicial.

Há momentos em que a franqueza pode passar do ponto também. Se eu fosse dar uma volta pelo espaço de *coworking* onde aluguei uma mesa para escrever este livro e dar a minha opinião para cada homem, mulher e cachorrinho sobre suas roupas e escolhas para o almoço, eu seria "franco" e sem noção alguma. Também seria um babaca. A maioria das coisas

116 AME PESSOAS, USE COISAS

não precisa ser dita, porque são desnecessariamente ofensivas, cobram um preço alto demais ou não servem a um bem maior (ou, com frequência, as três opções).

O PRAZER INS-TANTÂNEO NÃO É PRAZEROSO DE VERDADE — NÃO EM LONGO PRAZO.

Isso não significa que você deve mentir se uma pessoa lhe perguntar: "O que achou da minha blusa nova?" Mesmo assim, é possível ser sincero sem atacá-la com sua franqueza. Não precisamos ser maldosos para sermos verdadeiros.

Também há algumas verdades que não precisam ser declaradas em público, porque as consequências são muito pesadas. Se eu dissesse que sou republicano, então metade dos norte-americanos lendo isto pararia de prestar atenção; o mesmo aconteceria se eu falasse que sou democrata (na verdade, não acredito em nenhum dos dois partidos, mas até isso custa um pequeno preço). Mas meus pensamentos políticos têm pouca ou nenhuma relação com a mensagem que desejo transmitir neste livro, o que significa que atrapalhariam a verdade maior: não quero expressar uma ideologia; estou tentando comunicar um conjunto de ideias — para mostrar aos leitores como viver uma vida com mais propósito, independentemente de opinião política.

Ou se eu dissesse que odeio cebola, praia e crianças? Mesmo que isso fosse verdade (tenho o direito de permanecer em silêncio e não me incriminar), admitir isso aqui, nesta página, serviria a quem? Algumas verdades não precisam ser ditas, porque só causam confusão e atrapalham aquilo que é útil. Certa vez, um amigo, o escritor Nate Green, me disse: "Fale apenas quando suas palavras forem mais valiosas do que o silêncio." Se vivêssemos de acordo com esse lema, seríamos ouvintes melhores, e cada uma de nossas palavras teria mais peso ao serem pronunciadas.

Mesmo assim, há momentos em que o silêncio não é a resposta. Algumas verdades devem ser confrontadas em voz alta se quisermos viver uma vida com propósito. Quais são as verdades que você tem medo de admitir publicamente, mas que facilitariam sua vida se fossem reconhecidas? No começo, parece insensível, e até egoísta, reconhecê-las — é desconfortável admitir que vivemos de um jeito que não combina com a pessoa que queremos ser —, mas essa é a única maneira de nos tornarmos a melhor versão de nós mesmos.

Desencaixotando a verdade

Vamos voltar para os participantes do nosso estudo de caso da festa do encaixotamento. No fim do primeiro dia do experimento, perguntamos a cada participante sobre como a experiência havia elucidado seu relacionamento com a verdade nas primeiras 24 horas. Não é de surpreender que, depois de passarem o dia inteiro lidando intensamente com coisas físicas, as verdades iniciais girassem em torno de pertences materiais.

Mae Frankeberger, que escolheu a opção de encaixotar um cômodo e mora no Brooklyn, em Nova York, disse: "Tento ter consciência do que tenho e do que trago para a minha vida, mas, às vezes, não reflito sobre tudo tanto quanto deveria. Ser verdadeira sobre o que e quem é importante na minha vida é uma questão importante com que preciso lidar."

Christin Hewitt, que escolheu a opção de encaixotar a casa toda, em Atlanta, na Geórgia, admitiu que "mesmo como uma minimalista declarada, estava em negação sobre a quantidade

118 AME PESSOAS, USE COISAS

de pertences que acumulei só nos últimos 12 meses! Conforme fui me organizando, percebi que não precisava de boa parte daquelas coisas".

Kaitlin Mobley, que encaixotou vários cômodos onde morava, em Savannah, na Geórgia, confessou que seu "relacionamento com a verdade está mudando, porque, apesar de eu estar bastante consciente do que trago para a minha vida, ainda cedo às pressões da sociedade sobre o que 'deveria' ter dentro da minha casa".

Conforme as semanas passaram e os participantes continuaram a desencaixotar seus acúmulos, mais verdades foram reveladas. Ryan e eu dávamos uma olhada no que estava acontecendo no fim de cada semana, incentivando cada um a pensar além dos objetos e falar sobre como o experimento havia exposto verdades previamente despercebidas na vida deles.

Depois da primeira semana tirando coisas das caixas, Ellie Dobson descobriu algo importante sobre seu relacionamento com o parceiro. "Temos uma relação evasiva", disse ela. "A gente diz que se conhece, mas evitamos olhar de verdade um para o outro."

Após duas semanas, Luke Wenger, que decidiu encaixotar a casa toda, em Lenexa, no Kansas, olhou para suas caixas restantes e disse: "Seja lá qual for a 'verdade', duvido que esteja dentro delas."

No fim de três semanas completas, muita gente aceitou o fato de que precisava de bem menos coisas do que imaginava e, ao longo do caminho, desempacotou algumas dificuldades inesperadas. Uma participante percebeu que tem problemas para "encontrar equilíbrio" na vida, enquanto outro admitiu: "Ainda acho difícil decidir qual é a 'verdade' real, em comparação com o que aprendi a acreditar."

RELACIONAMENTO 2 | VERDADE   **119**

REGRA MINIMALISTA PARA VIVER COM MENOS

Regra dos dez pertences mais caros
Tire um momento para listar suas dez compras materiais mais caras na última década: carros, casas, joias, móveis, bolsas.

Ao lado dessa lista, faça outra com as dez coisas que agregam mais valor à sua vida: experiências como assistir ao pôr do sol com uma pessoa querida, ver seus filhos praticando um esporte, fazer amor com seu parceiro, jantar com seus pais. Compare as duas listas e perceba como elas têm pouco em comum. E é possível que, na verdade, os itens sejam completamente diferentes.

Encurralado pelo medo

Holly Auch, uma participante do nosso estudo de caso da festa do encaixotamento a quem fomos apresentados no capítulo anterior, descobriu uma verdade chocante sobre seu relacionamento com posses materiais no primeiro dia do experimento. "Uso as coisas para preencher um vazio que tenho medo de explorar", disse ela.

O medo é um tema comum com pessoas que começam a confrontar suas coisas. Tememos abrir as cortinas, não por causa dos objetos em si, mas pelo trabalho necessário para viver uma vida mais recompensadora depois de se livrar deles. Mas, se não dermos o primeiro passo — se não lidarmos com a bagunça no meio do caminho —, como abriremos espaço para a verdade?

Então, como superar o medo? Assim como Holly, começamos ao reconhecê-lo. Começamos contando a verdade. Todo mundo sente medo de alguma coisa. Alguns dos nossos temores são óbvios: aranhas, altura, morte. Outros são menos concretos, como o medo da perda. Da perda de coisas. Da perda da aceitação. Da perda de amigos. Da perda de status. Da perda do amor.

O medo nos encurrala. Ele nos impede de crescer. De ajudar outras pessoas. De ter uma vida feliz, satisfatória, com propósito. O medo é o oposto da liberdade. É, por definição, restritivo.

Holly não foi a única que teve medo de se desapegar. Muitos outros expressaram reações semelhantes, baseadas no medo, inclusive Leslie Rogers, que encaixotou vários cômodos de sua casa em Athens, na Geórgia. Ela disse: "Associo lembranças e emoções a muitas das minhas coisas. No entanto, como não processo meus sentimentos de forma adequada, eu não tomava conta desses pertences. Enquanto estavam guardadas em caixas ou pelo chão, algumas coisas se quebraram ou foram estragadas pelos meus gatos. Fui obrigada a me livrar de vários objetos sentimentais — e a parte surpreendente foi que me senti bem! Eu só estava enrolando por causa do medo."

Assim como Leslie, costumamos permanecer apegados às coisas porque temos medo de nos livrar delas: tememos perder aquilo que achamos que *podemos* precisar. Mas não tememos apenas a perda dessas coisas; tememos o significado que a perda dessas coisas pode ter para nós no futuro. Consequentemente, continuamos nos apegando àquilo, mesmo quando não precisamos.

Se você expressar seus medos em voz alta, talvez eles pareçam absurdos. Tente. Diga: "Tenho medo de jogar fora essa camisa, esse livro ou esse carregador de telefone, porque isso pode surtir um grave efeito na minha vida."

Ridículo, né?

Então existe uma pergunta óbvia que devemos fazer a nós mesmos quando permanecemos apegados a algo e precisamos descobrir a verdade: *Do que eu tenho medo?*

Tente. Não posso dizer *não* para tal pessoa. Do que eu tenho medo?

Não posso realizar meu sonho de escrever um romance. Do que eu tenho medo?

Não posso aprender a tocar aquele instrumento que sempre quis. Do que eu tenho medo?

Não posso fazer exercícios e comer de forma saudável. Do que eu tenho medo?

Não posso pedir demissão do emprego que odeio para seguir minha paixão. Do que eu tenho medo?

Não posso me livrar da minha coleção de moedas. Do que eu tenho medo?

Não posso [preencha a lacuna]. Do que eu tenho medo?

A verdade para essa pergunta quase sempre é ilógica:

Tenho medo de que as pessoas não gostem de mim.

Elas não vão mais me respeitar.

Aqueles que eu amo não vão retribuir meu amor.

Sério? As pessoas não vão gostar de você se a sua blusa não for de determinada marca? As pessoas não vão respeitá-la se você jogar seu rímel fora? As pessoas não vão amá-lo se tiver um carro mais barato? Se for o caso, você está convivendo com pessoas tóxicas. No entanto, é mais provável que esses falsos medos tenham sido criados pela sua cabeça, e são eles que o impedem de fazer o que deseja com a sua vida.

122   AME PESSOAS, USE COISAS

Pessoas honestas não se importam com o modelo do seu carro, com seu endereço nem com a marca de roupas no seu armário.

Trago boas notícias: medos podem ser superados. Os seres humanos desenvolveram a reação ao medo para se protegerem de perigos iminentes, mas, hoje em dia, parece que quase tudo nos apavora: uma leve queda na bolsa de valores, um comentário negativo nas redes sociais, o mero pensamento de jogar um objeto fora. Nós escolhemos ter medo, o que significa que também podemos escolher viver sem medo. Quando algo ficar no seu caminho, pergunte a si mesmo: *Do que eu tenho medo?*

Tantas pessoas se livraram dos medos e seguiram em frente para encontrar uma vida mais recompensadora. Mas você não precisa acreditar em mim — tente por conta própria.

Faça algo que não faria normalmente.
Doe sua camisa favorita.
Dê sua TV para alguém.
Recicle seus equipamentos eletrônicos antigos.
Jogue fora sua caixa de cartas antigas.
Viva sua vida, uma vida melhor.
Do que você tem medo?

Já não está na hora de se afastar daquilo que o impede de ser livre — começando pelo excesso de coisas na sua vida?

A noite depois do desastre

O clima no hospital de cuidados paliativos era tão pesado que chegava a ser difícil respirar. A iluminação no interior era suave e serena. Minha cadeira estava ao lado da cama da minha mãe, seu pequeno quarto decorado com objetos aleatórios, objetos pessoais estrategicamente posicionadas para que ela se sentisse mais em casa: porta-retratos, quadros e terços. Ao nosso lado, uma máquina complexa com uma tela de LED pixelizada fora montada para monitorar seus sinais vitais. A máquina estava desligada. Chorei pela primeira vez desde que me tornei adulto.

Enquanto lágrimas desciam por minhas bochechas e o pôr do sol de outubro atravessava as persianas em riscos compridos e repetitivos, pedi perdão ao corpo sem vida da minha mãe. A paz irradiava do rosto benevolente dela, apesar de estar frio demais ao toque. Não um frio gelado; apenas sem vida, a temperatura de um objeto, não de uma pessoa. Meus soluços eram incontroláveis. Só me dei conta da chegada deles depois que já estavam ali, uma reação natural, como placas tectônicas se movendo dentro de mim, um tremor de emoção.

Ela parecia tão minúscula, deitada ali, frágil e pequena, como se sua personalidade gigantesca nunca tivesse se estendido ao tamanho do seu corpo. Eu queria abraçá-la, levantar seu corpo frágil e desfalecido e segurá-lo em meus braços, dizer que a amava, dizer que sentia muito, que eu não sabia o que fazer, que eu não era o adulto que fingia ser, que não era tão forte quanto ela achava que eu era. Queria dizer que faria tudo de um jeito diferente. Queria gritar isso para ela — para todo mundo. Às vezes, não sabemos amar as pessoas que amamos até elas saírem de nossa vida.

— Desculpe — falei entre os soluços. Minha camisa estava molhada de emoções. O quarto era ocupado apenas por mim e pelo que restava da minha mãe, seu corpo, mas não ela. Ela não estava ausente, simplesmente tinha ido embora. — Desculpe.

Desculpe. Desculpe — repeti, me sacudindo para a frente e para trás na minha cadeira, no balanço de alguém com um distúrbio psiquiátrico.

As lágrimas foram uma catarse estranha, uma liberação de cada espasmo de culpa, raiva, arrependimento. Mas também foram uma despedida para mim. Elas foram a virada de uma página que eu não sabia que precisava virar.

Com o tempo, precisei ir embora, porque as lágrimas tinham acabado; não havia mais nada para eu dizer ou fazer. Antes de chamar um táxi para voltar ao apartamento da minha mãe, sua enfermeira, Shelly, me parou no corredor. Meu rosto deve ter lhe mostrado como eu estava arrasado. Uma luz fluorescente piscou no teto enquanto ela me dava um abraço apertado. Um dia depois, nós dois dividíamos uma cama. Foi a primeira e única vez que traí qualquer pessoa. Quando se trata de infidelidade, porém, qualquer número maior do que zero é uma afronta à verdade.

Um homem não trai a esposa sem ter um estoque excessivo de autodesprezo. De fato, existem outros motivos — desespero, frustração, desesperança, compulsão, desejo —, mas a insistência ininterrupta do autodesprezo é mais forte do que tudo. Foi o que me fez esquecer do meu casamento. Não me dei conta disso na hora, mas eu detestava com todas as forças a pessoa que tinha me tornado. E fazia anos que mentia para mim mesmo. Eu queria que aquilo acabasse. Inconscientemente, queria destruir tudo.

Passei tanto tempo fugindo da verdade, mas ela me alcançou. Não fui apenas eu que sofri, mas todo mundo em meu redor. Meu casamento sofreu porque me recusei a encarar a verdade de que éramos incompatíveis, então nós dois fomos arrastados em direções que não queríamos seguir. Meu relacionamento com minha mãe sofreu porque eu estava ocupado demais sendo "bem-sucedido" e nunca vou recuperar o tempo que poderia ter passado com ela. Minhas amizades e minha comunidade sofreram, porque eu só estava focado em mim mesmo, mas minhas conquistas eram vazias e passageiras. Minha criatividade sofreu porque eu estava mais preocupado em consumir do que em criar, e isso abriu um buraco na minha alma que não podia ser preenchido com bobagens.

Passei os meus 20 anos indo atrás de status, sucesso e materialismo. Mas cada promoção, cada conquista, cada nova compra foram me afastando da verdade. Eu queria ter sabido naquela época que comprar um carro de luxo não me tornaria uma pessoa melhor. Eu queria ter questionado o que era essencial em vez de deixar que expectativas externas ditassem como eu usava meu tempo, dinheiro e foco. Eu queria ter percebido, sozinho naquele quarto vazio, que cada um de nós já é uma pessoa completa, e o papel de todo o resto é apenas ampliar, melhorar ou expandir nossa vida, não atrapalhar.

―――――――― **Reflexões:** Verdade ――――――――

Olá! É o Ryan de novo. Depois de Joshua compartilhar algumas verdades difíceis neste capítulo, ficou evidente que a verdade não é simples e arrumadinha. Ela é bruta. Pode ser feia. Com frequência, não é "simpática". Mas a verdade é a verdade, e é isso que vamos explorar hoje — como o seu relacionamento com ela afeta *você*. Para isso, preparei alguns exercícios. Por favor, leve o tempo que precisar em cada um. Pense de verdade naquilo que eles questionam. Se fizer isso, você pode encontrar a verdade em meio ao caos da rotina.

126 AME PESSOAS, USE COISAS

E lembre-se: registre as respostas no caderno (e coloque data nas anotações, para refletir sobre seu progresso). Quando terminar, marque uma hora com seu parceiro para compartilhar o que aprendeu.

PERGUNTAS SOBRE A VERDADE

1. Qual é uma verdade essencial que você está escondendo agora?

2. Como esconder a verdade causou tristeza ou prejudicou seus relacionamentos?

3. Qual é a pior coisa que poderia acontecer se você contasse a verdade? Qual é a melhor?

4. Que conversas difíceis você precisa ter para não tomar decisões imprudentes?

5. Como a verdade lhe ajudará a evoluir? Como as mentiras impedem seu crescimento?

O QUE FAZER COM A VERDADE

Agora, o que você aprendeu neste capítulo sobre a verdade? O que vai permanecer na sua mente? Que lições serão um incentivo para você ser mais sincero na sua vida diária? Aqui vão cinco ações imediatas que podem ser tomadas hoje:

- **Reconheça.** Escreva as mentiras que você quer esclarecer.

- **Fique desconfortável.** Das mentiras que você escreveu, qual é a mais desconfortável? Como confrontá-la?

- **Elimine.** Hoje, escolha uma mentira que você está disposto a parar de carregar. Quais ações vai tomar para eliminá-la?

- **Desculpe-se.** Quem você magoou ao ter mentido? Entre em contato e peça desculpas. Como essa experiência vai fazer o relacionamento progredir?

- **Cure.** Peça perdão aos que foram afetados por suas mentiras. Compreenda que ninguém é obrigado a lhe perdoar e que isso pode demorar um pouco para acontecer, mas que a cura verdadeira pode começar agora.

O QUE NÃO FAZER COM A VERDADE

Por fim, vamos refletir sobre as dificuldades da desonestidade. Aqui estão listadas cinco coisas que você deve evitar, a partir de hoje, se quiser se tornar uma pessoa mais honesta:

- Não pressuponha que está tudo bem e que as coisas vão se acertar sozinhas, como por um passe de mágica.

- Não convença a si mesmo de que esconder a verdade melhora a situação ou seus relacionamentos.

- Não se isole de outras pessoas para não contar a verdade.

- Não conte mais mentiras para esconder as que você já contou.

- Não presuma que seja impossível recuperar a confiança de alguém — isso é algo que leva tempo e exige uma demonstração rotineira de honestidade.

RELACIONAMENTO 3 | EU

Eu nunca tive problemas com depressão. Até ela aparecer. Antes daquela nuvem pesada surgir em 2019, culminando no que agora chamo de a Nova Grande Depressão, sempre pensei em mim mesmo como um otimista convicto. Por anos, eu era *a* pessoa feliz em qualquer lugar, alguém capaz de ver o ponto positivo em todos os percalços da vida. Sim, eu ficava triste, melancólico e sofria com o luto, como todo mundo, porém, mesmo nos momentos mais sombrios, minha tristeza não virava depressão. Sempre consegui sair dos buracos o mais rápido possível — e seguir em frente, sem sentar para descansar — e voltar para o topo da montanha: quando estava desanimado, eu sorria para mim mesmo no espelho; quando estava emocionalmente cansado, me exercitava; quando entrava em uma estagnação mental, trocava meu linguajar.

Mesmo no caos dos meus 20 anos, na labuta do meio corporativo, sempre encontrei formas de me animar com os fatos mais corriqueiros. Todos os dias, por volta das cinco da manhã, antes de entrar no imenso elevador que me levaria ao 11º andar, antes de caminhar por corredores iluminados com luz fluorescente e passar por uma infinidade de cubículos a caminho da minha sala, antes de ligar o computador e o BlackBerry e ficar alternando entre planilhas e e-mails e mensagens, eu entrava na cafeteria na portaria do prédio e era cumprimentado por um sonolento e obrigatório:

— Tudo bem?

Todos os dias, eu respondia com um sorriso, uma pausa e a mesma resposta enfática:

— Tudo ótimo! Como vai você?

Realmente, minha reação surpreendia as pessoas — ainda mais na primeira vez. Elas esperavam um "Tudo" ou um "Tudo bem, obrigado", mas, em vez disso, se deparavam com um entusiasmo incompatível com aquele horário. O comediante George Carlin disse que, quando as pessoas perguntam como você está, a resposta sempre deve ser "Ótimo!", porque isso deixa seus amigos felizes e seus inimigos com raiva. Apesar de eu achar que a ideia faz sentido, não era isso que eu almejava com a minha resposta, que nunca foi mentirosa. Na verdade, estava tudo ótimo mesmo, porque eu prestava atenção nas coisas, me esforçando para *notar* os momentos extraordinários dentro das experiências banais da vida.

> **AO REMOVER AS DISTRAÇÕES FÍSICAS AO NOSSO REDOR, SOMOS CAPAZES DE OLHAR PARA DENTRO E COMEÇAR O PROCESSO DE FAZER UMA ARRUMAÇÃO MENTAL, EMOCIONAL, PSICOLÓGICA E ESPIRITUAL.**

Anos antes de o minimalismo atravessar meu caminho, descobri que minha *rotina* não precisava seguir sua definição no dicionário: comum, habitual, corriqueiro. Apesar de a minha vida ser relativamente desinteressante, algo tão simples quanto comprar uma xícara de café podia ser uma experiência sensacional, uma oportunidade de viver no momento, não importa quão breve ela fosse.

Alguns funcionários da cafeteria achavam meu entusiasmo irritante — até incômodo —, mas, com o tempo, quase todo mundo se acostumou com a minha empolgação.

— Ótimo? — perguntavam, como se a palavra em si fosse uma charada. Em um instante, um sorriso se abria. — Ótimo. É, eu meio que gostei disso!

— Pode pegar emprestado — dizia eu. — É de graça e transferível.

Com o tempo, a equipe parou de escrever "Joshua" no meu copo de café, preferindo usar "Sr. O".

A arte de prestar atenção

Eu não queria que as pessoas simplesmente me *vissem* como alguém feliz. Uma pessoa triste com um sorriso continua sendo uma pessoa triste. Em vez disso, eu demonstrava animação porque sabia que, como a maioria das pessoas, sou péssimo em permanecer no presente. Contudo, usando linguagem, volume, tom, modulação de voz, gestos físicos e expressões faciais, somos capazes de mudar nosso estado interior para nos ajudar a notar e apreciar o momento presente, mesmo com suas imperfeições nítidas. É aqui que o minimalismo é especialmente útil. Ao remover as distrações físicas ao nosso redor, somos capazes de olhar para dentro e começar o processo de fazer uma arrumação mental, emocional, psicológica e espiritual.

É difícil *notar, apreciar* as coisas, ainda mais sendo bombardeados pelo mundo material. A atenção exige recursos preciosos — foco, energia, concentração. A apreciação exige tudo

132 AME PESSOAS, USE COISAS

isso e mais — o reconhecimento de qualidades excepcionais em tudo, especialmente naquilo que é corriqueiro. E ambos os atos exigem presença física e mental, algo cada vez mais transitório no mundo exagerado de hoje.

Existe um limite para quantas informações conseguimos processar ao mesmo tempo, e tentamos nos distrair com nossos pensamentos, histórias e vidas, como se as outras pessoas não passassem de figurantes na nossa existência, como se não tivessem as mesmas dificuldades pairando por sua mente. E, assim, vamos cambaleando pela vida, ignorando o presente. Sei que eu já fiz isso. Abandonei tantos momentos, vivendo no passado ou no futuro. Mas a vida não passa de uma coleção de instantes, agora. Se os abandonarmos, abandonaremos nossa existência.

Navegando pela internet.
Arrastando a tela.
Mandando e-mails.
Mandando mensagens.
Escrevendo posts.
Escrevendo tuítes.
Atualizando.
Respondendo.
Assistindo.
Reagindo.

Esses são apenas alguns poucos métodos que usamos para fugir do momento no mundo moderno. É lógico, essas atividades sozinhas não são um problema. A menos que elas atrapalhem uma experiência mais recompensadora. A maioria de nós ignora a beleza natural ao nosso redor, buscando pela beleza sintética dentro de uma telinha brilhante.*

Isso sem mencionar as inúmeras formas de evitar o momento que já existiam antes da tecnologia:

Ruminando.
Preocupando-se.
Afligindo-se.
Remoendo.
Analisando.
Estressando-se.
Agoniando-se.

Então, o problema não é novo. Desde que resmungamos nossas primeiras sílabas nas cavernas, encontramos formas de tirar nosso foco do que está acontecendo agora. No entanto, nunca foi tão fácil se distrair quanto hoje em dia.

De volta ao presente

Hoje, mais de uma década depois de o Sr. Ótimo sair daquela cafeteria, ainda tenho dificuldade para viver no momento, de forma consciente, notando o que está bem na minha cara. Assim como todo mundo, luto contra a distração, a inércia e o tédio. Mas só porque somos "ruins" em algo, não quer dizer que devemos nos render. Ser "ruim" é exatamente o motivo pelo qual devemos nos esforçar mais para viver aqui e agora. Por sorte, existem algumas técnicas que me trazem de volta ao presente — sempre que saio do caminho. E eu saio bastante.

---

* Falaremos mais sobre como a tecnologia nos distrai no capítulo "Relacionamento | Criatividade".

134 AME PESSOAS, USE COISAS

Quando se trata de estar presente, minhas duas maiores influências são indivíduos com crenças completamente opostas: o pastor cristão Rob Bell e o renomado ateu Sam Harris. Apesar de ambos terem participado de *The Minimalists Podcast*, descobri o trabalho de ambos ao virar fã de seus textos. Para não se atrofiar, é crucial buscar pontos de vista diferentes — para desafiar e fortalecer os seus próprios. Quando se trata de perspectivas espirituais, essas duas figuras públicas habitam lados opostos do espectro. Bell, ex-pastor de uma megaigreja em Grand Rapids, é mais conhecido por seu controverso livro *O amor vence*; Harris, neurocientista e professor de meditação, é conhecido por criticar religiões (e por sua briga com Ben Affleck no programa *Real Time with Bill Maher*).

Em seu primeiro livro, *Velvet Elvis: Repainting the Christian Faith* [Elvis de veludo: Uma repintura da fé cristã, em tradução livre], Bell relata a história sobre quando Deus orientou Moisés a subir no topo de uma montanha. Moisés obedeceu, e, quando finalmente alcançou o cume, Deus lhe ordenou a "estar na montanha".

Imagino que Moisés tenha ficado um pouco irritado.

— Eu entendi da primeira vez. "Vá para o topo da montanha!" Estou aqui, como você pediu. E agora?

Igualmente irritado, Deus deve ter respondido:

— Apenas esteja na montanha.

Confuso com a redundância do pedido, Moisés pode ter franzido a testa, porque tinha achado que Deus queria que ele simplesmente chegasse ao topo e então começasse a pensar no próximo passo. Deus não queria que ele ficasse nervoso, parado ali, se perguntando como descer, ou que contas precisavam ser pagas, ou se ele havia desligado as luzes antes de sair de casa. Deus queria que Moisés *estivesse* na montanha — aproveitasse o momento. E isso é impossível quando vivemos em um estado perpétuo de planejamento. Ou em um estado perpétuo de preocupação. Ou qualquer estado perpétuo.

Você não precisa ter as mesmas crenças que Rob Bell (nem que Sam Harris) para encontrar valor nessa parábola modernizada. A história apenas nos lembra de que os seres humanos lutam com a mesma coisa há milhares de anos. Antes de televisões, antes da internet, antes de smartphones e do YouTube e do Instagram, nós já nos distraíamos. Isso faz parte da condição humana. Mas Bell ilustra que, quando paramos por um instante, somos capazes de apreciar *aquele* momento. Para chegar ao topo da montanha, precisamos fazer um esforço tremendo, então por que não parar para aproveitá-la, mesmo que só por um instante? A pausa é tão essencial quanto a ação. Sem ela, estamos apenas riscando pendências em uma lista de afazeres.

Se quisermos aproveitar a vida, devemos estar na montanha. Isso não quer dizer que planos são desnecessários — mas vamos aproveitar o processo do planejamento. E também não quer dizer que trabalhar duro seja desnecessário — mas podemos aproveitar o trabalho quando ele é executado em um estado de consciência total.

Sem ficar remoendo o passado.
Sem ficar se preocupando com o presente.
Esteja na montanha.
Apenas esteja.

Os inimigos do estar aqui

No seu décimo livro, *How to Be Here: A Guide to Creating a Life Worth Living* [Como estar aqui: Um guia para criar

136 AME PESSOAS, USE COISAS

uma vida que vale a pena ser vivida, em tradução livre], Bell explora a alegria de viver no momento presente. Além disso, ele descreve os três inimigos do "estar aqui" — tédio, cinismo e desespero:

> O tédio é letal. Ele diz: "Não há nada de interessante para fazer aqui." Ele revela nossas crenças sobre o tipo de mundo em que vivemos. Sua letalidade está no reflexo de uma visão estática, fixa, do mundo — um mundo já concluído.
>
> O cinismo é um pouco diferente, mas igualmente letal. Ele diz: "Não há nada de novo para ser feito aqui." Com frequência, ele se apresenta como sabedoria, mas costuma surgir de uma ferida... Isso geralmente ocorre porque o cínico tentou fazer algo diferente em certo momento, e então tudo deu errado, ele foi vaiado e posto para fora do palco, e a dor faz com que critique e zombe, pois fazer isso não o expõe a risco algum. Se você permanecer distante de alguma coisa e rir dela, então ela não pode lhe machucar.
>
> Por fim, há o desespero. Enquanto o tédio pode ser muito sutil, e o cinismo parece bem inteligente, e até engraçado, o desespero é como uma batida entorpecedora do coração. Ele diz: "Nada que fazemos importa." O desespero reflete um pavor penetrante de que tudo é inútil e de que nós estamos, no fim das contas, apenas desperdiçando tempo.

Se eu fosse acrescentar algo a esses pensamentos, diria:

Se você está entediado, você é entediante.

Se você está sendo cínico, você é preguiçoso.

Se você está perdido desesperado, você não está no presente

Mas, é lógico, quando escrevo "você" estou falando de mim:

Se estou entediado, eu sou entediante.

Se estou sendo cínico, eu sou preguiçoso.

Se estou desesperado, eu não estou presente.

De acordo com Bell, essas "doenças espirituais" do tédio, cinismo e desespero "nos desconectam da verdade mais primordial — que estamos aqui". Elas nos impedem de viver no momento presente; impedem a pausa necessária para apreciar a beleza do agora.

Sempre é agora

Sam Harris, por sua vez, discorre sobre a preciosidade do momento presente ao refletir sobre o inevitável: a morte. Em sua famosa palestra *It Is Always Now* [Sempre é agora, em tradução livre], Harris trata de mortalidade e prioridades. Ele observa que, geralmente, as pessoas evitam falar da morte, mas que basta "recebermos um telefonema" para todos nós sermos lembrados da nossa impermanência.

A única coisa que as pessoas tendem a perceber em momentos como esse é que desperdiçaram muito tempo quando a vida era normal. Não se trata apenas do que faziam com o tempo. Não se trata apenas de terem passado tempo demais trabalhando ou verificando seus e-mails de forma compulsiva. Mas que se importaram com as coisas "erradas". Elas se arrependem daquilo com que se importavam. Sua atenção era dedicada a preocupações bobas, um ano após outro, quando a vida era normal.

E isso me leva de volta àquela cafeteria do trabalho, mais de uma década atrás. De vez em quando, um cético perguntava "Mas por que está tudo *ótimo?*", como se houvesse uma explicação — talvez eu tivesse recebido um aumento, ou ganhado na loteria. Mas a resposta sincera seria: "Porque não estou a sete palmos." Quando prestamos atenção, até as experiências mais banais parecem extraordinárias.

Para um cínico, um comportamento animado pode parecer irritante ou sem sentido no mundo "real", mas, para mim, era — e ainda é — uma forma de encontrar migalhas de alegria no momento presente. Nossa capacidade de achar satisfação em atividades rotineiras meio que é um poder mágico.

Ultimamente, no entanto, tem sido difícil encontrar o Sr. Ótimo nas minhas interações rotineiras. Parece que ele me abandonou — sem bilhete, sem endereço novo — e deixou uma depressão profunda no lugar.

O preço das decisões impensadas

Há algum tempo, me deparei com um meme que representa bem minhas dificuldades atuais: um roqueiro no palco de um show grita:

— Tudo bem com vocês hoje?

A multidão responde com o obrigatório "Uhul!", enquanto um cara no fundo da casa de espetáculos diz:

— Na verdade, os últimos meses foram meio complicados.

Pois é.

O ano depois de assinar o contrato para escrever este livro foi o mais difícil da minha vida. Nada chegou nem perto. Por mais estranho que pareça, no entanto, ele começou de um jeito promissor.

Os meses após eu completar 37 anos, no verão de 2018, foram sossegados. Geralmente, eu nem precisava *tentar* viver no momento — isso era fácil. Minha vida criativa fluía. Meus relacionamentos pessoais e profissionais iam de vento em popa. Minha capacidade de contribuir com causas dignas era maior do que nunca. E, após anos passando por pequenos problemas de saúde, eu havia voltado ao auge: dormia bem, estava cheio de energia, de foco e de uma calma que cercava meus dias produtivos e agradáveis. Sem exagero, nunca me senti tão bem na minha vida adulta.

Como cheguei aí? A resposta não é divertida. Foram necessários uma década de trabalho lento, mudanças de hábitos e inúmeros fracassos. Precisei abrir mão de uma série de posses materiais para abrir espaço para a vida. Precisei me afastar de uma existência impulsionada pelas expectativas dos outros. Precisei alinhar meus atos com a pessoa que eu queria me tornar, me concentrando em valores, não em impulsos.* Para ter uma vida com mais propósito, precisei viver de forma mais coerente.

Mas nem sempre foi assim.

---

* Mais sobre isso no capítulo "Relacionamento 4 | Valores".

140   AME PESSOAS, USE COISAS

Tratei meu corpo mal por boa parte da vida. Quando era criança, meu peso dobrou no intervalo entre meus 6 e 7 anos, na época em que o alcoolismo da minha mãe saiu de controle. Conforme o caos preenchia o espaço a meu redor, a comida era a única coisa que eu conseguia controlar. Cereais, bolinhos, sanduíches de manteiga de amendoim e geleia, cheeseburgers, batatas fritas — essas eram minhas certezas. Como resultado, meu peso disparou. Em poucos anos, me tornei obeso mórbido, literalmente a criança mais gorda da escola.

Na adolescência, ficou nítido que a maioria das garotas preferia garotos magros aos colegas gordos. Então, perdi o peso de um jeito nada saudável: parei de comer. Isso também me deu controle, me trazendo certeza. Entretanto, minha alimentação ruim, junto com o início da puberdade, foi uma receita para a doença. Eu vivia doente. Mas dizia para mim mesmo que pelo menos estava perdendo peso.

Com 1,87 metro e 63 quilogramas, comecei o ensino médio como um varapau, algumas dezenas de quilos mais leve do que no ano anterior. Os outros alunos não me reconheceram. (Pelo menos um colega de classe me perguntou se eu era parente de Josh Millburn.) Parecia que ganhara uma nova identidade. Eu podia ser qualquer um.

Como perdi peso rápido — sem mudar de entendimento, educação ou mentalidade —, gradualmente o recuperei depois de me formar. Um quilo por vez, voltei a ficar acima do peso nos meus 20 anos, todo barriga, queixo duplo e transbordando por cima da calça. O estresse do mundo corporativo não ajudou. Eu desenvolvia hábitos que não me favoreciam: comprando lanches na máquina de venda automática ao longo do dia, deixando exercícios e atividades físicas fora da minha rotina, dormindo o mínimo possível. Quem tinha tempo para se concentrar na saúde com tanto trabalho a ser feito? Crescer no mundo corporativo exigia tudo de mim, então não prestei atenção em mais nada.

Ao longo do caminho, aceitei todas as soluções farmacológicas que qualquer médico me oferecia. A medicina moderna parece ter uma solução rápida para tudo. Problemas de pele por causa de uma dieta ruim? Aqui, toma um remédio. Ah, aquele não funcionou? Toma *este*. Efeitos colaterais do último? Não se preocupe, temos um remédio para resolver isso também.

As consequências de todos os atalhos são maiores do que seus benefícios temporários. Cada comprimido tinha uma lista de efeitos colaterais que pareciam piores do que o problema que tratavam: pele seca, coceira, erupções cutâneas, boca seca, descamação da pele, inflamação ocular, dor nas juntas, dor nas costas, tontura, sonolência, ansiedade, mudanças nas unhas dos pés e das mãos, depressão (esses eram os efeitos colaterais divulgados de apenas um dos remédios que tomei).

Nenhum médico sugeriu mudar minha dieta. Com o tempo eu chegaria a essa conclusão por conta própria. Até lá, segui cegamente as ordens dos especialistas, aceitando qualquer remédio, creme, inalador ou poção que prescreviam. Era mais fácil aceitar do que questionar as soluções. E era muito mais fácil seguir as soluções do que assumir o controle da minha vida.

Não achava que meu comportamento fosse tão prejudicial assim. Não de verdade. Quer dizer, eu não fumava, não bebia, não usava drogas recreativas, não fazia sexo sem proteção — todas as perguntas-padrão que os médicos fazem durante uma consulta de rotina. Mas também não era saudável. Eu não sabia o significado de *saudável*. Aprendi sobre a pirâmide alimentar na escola, mas nunca me falaram sobre alimentos processados, a origem da comida ou os lados negativos do uso exagerado

142 AME PESSOAS, USE COISAS

de remédios controlados. Caramba, aos 21 anos, eu achava que, se comesse batatas fritas suficientes, minha dieta teria a quantidade adequada de legumes.

Uma dieta minimalista

Mesmo hoje, no século XXI, é difícil para especialistas chegarem a um consenso sobre o que é saudável. Um site de boa reputação pode recomendar a dieta paleolítica; outro, uma dieta só com legumes e verduras; um terceiro, *low carb*. Depois de nos perdermos no mundo dos conselhos contraditórios, fechamos o laptop e voltamos para nossos Oreos empanados (que são totalmente veganos, inclusive).

Em um episódio de *The Minimalists Podcast* — o de número 184, "Minimalist Diets" [Dietas minimalistas, em tradução livre] —, mediamos uma conversa entre um atleta vegano, Rich Roll, que só come legumes e verduras; um médico carnívoro, o Dr. Paul Saladino, que só come animais (não digitei errado); e um médico onívoro, o Dr. Thomas Wood, que, como 99% do mundo, come animais, legumes e verduras. Apesar de os três especialistas serem ótimos exemplos de pessoas saudáveis, suas visões eram radicalmente diferentes.

Em vez de apresentar um "debate", eu estava mais interessado nos pontos em que eles concordavam. Apesar das abordagens diferentes, todos estavam em consenso sobre alimentos processados não serem ideais para uma vida saudável. Assim como açúcar, glúten, substâncias químicas, óleos refinados ou a pecuária intensiva. Também concordaram que todo ser humano é geneticamente único; portanto, duas pessoas podem ter experiências muito diferentes com a mesma dieta.

Não é de surpreender que a saúde seja um assunto tão complicado. Se há algo que aprendi das minhas conversas com especialistas, assim como das minhas mudanças alimentares, é que é melhor focar em princípios universais do que prescrever um estilo de vida único para todos. Portanto, aqui vai a base de uma dieta minimalista saudável:

Coma comida de verdade.
Não coma em excesso nem se prive.
Evite alimentos que causam inflamação.
Fique longe de óleos refinados.*
Fuja de alimentos processados.
Não coma nada que faz você se sentir mal.
Foque no problema, não no sintoma.
Coma plantas orgânicas e carnes de animais criados em pasto.
Compre de produtores locais sempre que possível.

Os resultados podem variar, mas alicerces firmes nos permitem construir a estrutura que melhor se adapta aos nossos desejos e nossas necessidades.

Com mais de 20 anos — depois de pesquisar por conta própria, sem esperar alguém aparecer com um remédio para resolver meus problemas —, mudei de dieta com o objetivo de remover as causas da minha obesidade. Para mim, isso significou eliminar açúcar, pão e alimentos processados; também

---

* Fique longe de óleo de canola, vegetal, de soja, de cártamo e de milho, margarina e semelhantes, porque são refinados com o uso de substâncias químicas que fazem mal para nós. Em vez disso, prefira alternativas orgânicas saudáveis, como azeite extravirgem, óleo de abacate, óleo de coco, manteiga ou banha de animais criados em pasto.

144 AME PESSOAS, USE COISAS

passei a comer mais alimentos integrais, evitar lanches e ingerir apenas duas refeições por dia.

Orientando o eu

Apesar de eu ter retomado o controle do meu peso na casa dos 20 anos, continuei ouvindo os conselhos farmacológicos do meu médico sem questioná-los, sem buscar uma segunda opinião, sem prestar atenção ao meu corpo. Para acne, ele me prescreveu isotretinoína, que não é mais comercializada nos Estados Unidos — era uma droga tão potente que eu precisava fazer exames de sangue todo mês para verificar se meu fígado continuava funcionando como deveria. Eu não sabia na época, mas aquela acne era causada por uma sensibilidade a laticínios; quando parei de ingerir leite, queijo e iogurte, ela sumiu.

Então, recebi uma prescrição de Bactrim, um antibiótico supostamente "inofensivo", para tratar a acne cística no couro cabeludo. Mais uma vez, sem eu saber na época, o problema era causado por uma alergia a soja — quando parei de consumir tofu, edamame e outros produtos de soja, ela sumiu. Aos 27 anos, depois de passar anos tomando esse antibiótico todo dia, um catálogo de sintomas que eu nunca havia experimentado começou a aparecer: alergias sazonais, múltiplas sensibilidades químicas, alergias alimentares, problemas digestivos, fadiga crônica. Alguns anos depois, o uso excessivo de antibióticos causou um aumento perigoso da bactéria *Clostridium difficile* no meu trato digestivo (uma bactéria que mata mais de 15 mil norte-americanos por ano).

Mal sabia eu que muitos — talvez a maioria — dos meus problemas de saúde vinham de uma microbiota intestinal disbiótica e da inflamação resultante. De acordo com Chris

Kresser, autor de *Unconventional Medicine* [Medicina não convencional, em tradução livre], a microbiota "influencia tudo na saúde", incluindo, mas não se limitando a alergias, imunidade, ossos, cérebro, câncer, doenças cardiovasculares, diabetes, saúde gastrointestinal, obesidade, saúde da pele e distúrbios da tireoide. Também há extensas evidências de que a disbiose intestinal é responsável pelo aumento de inflamação no corpo humano, de acordo com o periódico *Nutrients* e outras publicações revisadas por pares.

O DESAPEGO É UM TIPO DE REMÉDIO GRATUITO.

Kresser alega que há oito fatores prejudiciais à microbiota, todos associados à nossa perspectiva moderna de resolver tudo rápido: antibióticos, certos fármacos, partos de cesárea, a dieta-padrão norte-americana, alimentos geneticamente modificados, interrupções do sono e do ritmo circadiano, estresse crônico e infecções crônicas. Não é de surpreender que minha saúde fosse péssima, mesmo depois de perder peso: no começo dos meus 30 anos, eu me encaixava em todos os oito critérios.*

A essa altura, você pode estar se perguntando o que isso tem a ver com minimalismo. Em resumo: tudo. O minimalismo é a prática de viver de forma intencional. Apesar de o minimalismo começar com objetos, o propósito é ser um programa que orienta sua vida. Se eu pudesse voltar no tempo e compartilhar alguma sabedoria com minha versão infantil, esta seria a palavra em que me concentraria: orientação.

Desde jovem, fui imprudente comigo mesmo, agindo como se fosse indestrutível e descartável ao mesmo tempo. Não soube

---

* Se você quiser aprender mais sobre a saúde do trato digestivo, *Healthy Gut, Healthy You* [Intestino saudável, você saudável, em tradução livre], do Dr. Michael Ruscio, é uma introdução fácil ao assunto.

146 AME PESSOAS, USE COISAS

velejar bem a minha embarcação. Eu exibia comportamentos de uma pessoa que não possuía o próprio corpo — como se houvesse um "eu" que existia separado dele. Não sabia como agir de forma diferente.

Infelizmente, conforme fui envelhecendo, continuei sem aprender, então os hábitos permaneceram. Apesar de eu achar que era saudável, vivia tomando decisões pouco saudáveis — uma dieta lotada de alimentos empacotados, açúcares, óleos refinados e substâncias químicas; o uso excessivo de antibióticos e outros remédios; pouquíssimos exercícios físicos e noites bem-dormidas; e uma quantidade absurda de estresse com o trabalho e relacionamentos, além de uma vida da qual eu não me orgulhava — e paguei o preço por tudo isso. Assim como o excesso de coisas, os problemas de saúde não desaparecem se os ignorarmos — a bagunça e as doenças pioram a cada ano que passa.

REGRA MINIMALISTA PARA VIVER COM MENOS

Regra para dar presentes

Nós nos programamos para trocar presentes em aniversários e datas festivas para demonstrar amor. Mas presentear não é a "linguagem do amor" não mais do que a língua do P é uma língua românica. Na verdade, o que as pessoas querem dizer é que "contribuir é demonstrar amor". E se um presente for a *melhor* maneira de contribuir, então não precisa se fazer de rogado por causa do minimalismo. Daí entra a "Regra para dar presentes", que diz que você pode evitar mimos físicos e ainda presentear as pessoas. Já que sua presença é o melhor presente, por que você não oferece apenas experiências este ano? Quão memorável seria? Pense nas seguintes possibilidades: ingressos para um show, uma refeição caseira, café da manhã na cama, uma massagem, assistir a um desfile de rua, viajar sem rumo e sem planos, passar uma noite sem distrações, ir a um festival de luzes, andar de trenó, dançar, fazer uma viagem juntos, assistir ao pôr do sol. E se você precisar presentear uma experiência de uma forma física, imprima-a em cores vivas e a embrulhe em uma caixa bonita. Ou se sentir uma grande necessidade de dar algo palpável, prefira coisas que possam ser consumidas — uma garrafa de vinho, uma barra de chocolate gourmet, um pacote de café de um produtor local — em vez de outra tranqueira indesejada.

O desapego como remédio

Marta Ortiz, uma das participantes do nosso estudo de caso da festa do encaixotamento, da Cidade do México, passou por problemas graves de saúde antes de começar a simplificar sua vida, alguns anos atrás. "Eu ignorava sinais óbvios que meu corpo enviava", disse Ortiz durante a primeira semana do experimento. Ela havia adotado alguns elementos do minimalismo ao longo dos últimos três anos — doando muitas das coisas que não lhe agregavam mais valor —, porém, agora, ao lidar com todos os seus pertences ao mesmo tempo, não havia como fugir de várias revelações sobre ela mesma e sua saúde: estresse excessivo, uma dieta ruim, noites maldormidas e falta de exercícios físicos, problemas digestivos graves, além de outras coisas.

Mesmo após sua primeira tentativa de praticar o minimalismo, Ortiz permanecia "se comprometendo demais, trabalhando demais, consumindo demais, comendo demais". Ela se deu conta disso enquanto analisava suas caixas, tentando pegar o que era importante para sua vida. "Eu continuava exagerando em todos os aspectos, e pagava o preço tanto no sentido físico quanto no mental. Forcei a barra até chegar ao limite." Ela continuou explicando que, se não continuasse simplificando, teria "ido longe demais", e as consequências disso parecem óbvias e terríveis.

"Eliminar a confusão da minha vida me ajudou a enxergar o que realmente era importante — meu bem-estar", disse Ortiz. Hoje, conforme continua a se desapegar, ela leva um dia de cada vez. Ao confrontar seus excessos durante o estudo de caso, ela se comprometeu a "estabelecer limites definidos, comer de forma mais saudável, comprar de forma mais intencional e prestar atenção ao que meu corpo e minha mentem falam".

Ortiz reconhece que a mudança de mentalidade não aconteceu apenas porque encaixotou as coisas em casa. Nem porque doou umas roupas antigas alguns anos atrás. Mas porque a retirada das coisas que absorviam boa parte da *atenção* dela abriu espaço para a *intenção*. Assim, ela conseguiu se focar em aprimorar seu bem-estar, em vez de adornar sua vida com distrações materiais. Essa pequena mudança teve um efeito significativo em sua saúde geral, sem ela precisar gastar um centavo no processo. De certa forma, o desapego é um tipo de remédio gratuito.

A comida como remédio

De acordo com o Dr. Thomas Wood, que é professor-assistente pesquisador no departamento de pediatria da Universidade de Washington e cientista-chefe na Nourish Balance Thrive, uma empresa virtual que usa testes bioquímicos avançados para otimizar o desempenho de atletas, "os melhores remédios são de graça: dieta, exercícios físicos, dormir bem e luz solar".

Vamos discutir cada um desses "remédios" por vez, começando pela base da saúde: a comida.

Muitos atletas, médicos e pesquisadores dirão que, para recuperar o controle sobre sua saúde, primeiro você precisa controlar a dieta, porque aquilo que entra no seu corpo abastece toda sua vida. Quando você reconhece a comida como combustível, não como diversão, deixa de ser escravizado pelo impulso. Em vez disso, passa a alimentar o corpo quando ele precisa de força, assim como enche o tanque do carro quando ele tem pouca gasolina. Ninguém enche o tanque demais porque hoje é o "dia de trair a dieta" ou porque você quer "se fazer um agrado". Além do mais, devemos parar de pensar em nos encher de veneno como um "agrado". O agrado real é quando tratamos nossos corpos com respeito, quando os nutrimos, para podermos viver bem. Nós podemos viver pela alegria do momento presente, não pela próxima guloseima. Isso sem mencionar que, se você tiver apenas um "dia de trair a dieta" por semana, isso equivale a sete semanas traindo a dieta por ano. Não sei você, mas eu não ia achar graça se a minha esposa me traísse nem metade disso. Mas continuamos traindo a nós mesmos.

Isso significa que não podemos nos deliciar com nossas refeições? É óbvio que não. Mas, sejamos sinceros, não importa o que comemos, nós raramente nos deliciamos com a comida que entra em nossa boca. Em vez disso, vamos a *drive-thrus*, comemos enquanto andamos, fazemos lanches porque estamos entediados, nos empanturramos ao mesmo tempo que fazemos um monte de outras coisas.

150 AME PESSOAS, USE COISAS

Na semana passada, na sala de descanso compartilhada do meu escritório, vi um homem parrudo assistindo à Netflix no iPad enquanto devorava uma pizza inteira de pepperoni. Não apenas a refeição não era nada saudável, mas a expressão em seu rosto não era de felicidade. Se muito, seus traços transmitiam ter desistido, como se a rotina da hora do almoço fosse uma fuga. Até mesmo o prazer parecia estar ausente do processo inteiro.*

Pode parecer estranho, mas, agora que tenho uma "dieta saudável", gosto mais de comer, e comida em si é apenas parte do motivo. Certamente, posso falar sobre como é possível fazer "refeições nutritivas" serem gostosas,** e posso falar sobre como é bom saber que não vou me sentir culpado depois de me deliciar com minha refeição, mas prefiro conversar sobre os alimentos de que mais gosto — e compartilho com os outros — em um momento diferente. Em vez de ligar a TV enquanto como, ou engolir rápido a comida dentro do carro, fico mais feliz compartilhando uma refeição sentado à mesa de jantar.

O exercício físico como remédio

Enquanto a dieta é a base da saúde ideal, uma dieta balanceada, por si só, não torna ninguém saudável. Uma pessoa sedentária com a dieta perfeita continua em situação precária.

"Malhar" pode ser intimidante. Quando você entra em uma academia, imediatamente precisa encarar paradoxos de escolhas.

---

* É lógico que vi a mim mesmo naquele homem. Se eu não me controlar, também sou impulsivo, compulsivo e opto por distrações fáceis.

** Consulte o livro *Genius Foods* [Alimentos geniais, em tradução livre], de Max Lugavere, como exemplo.

Devo começar com exercícios de cárdio?
Quanto peso devo levantar?
Quantas repetições e séries?
O que faz *aquela* máquina?
Hoje é "inferiores" ou "superiores"?
Como malho meus músculos das costas?
Que que é o "core"?

Quando você se sente sobrecarregado, fugir da academia parece a melhor opção. Mas, na verdade, a ideia básica dos exercícios físicos é simples.

Segundo os especialistas com quem já conversei sobre o assunto — pessoas como Ben Greenfield, uma das 100 Pessoas Mais Influentes na Área de Saúde e Fitness em 2013 e 2014 segundo a *Greatist*; o Dr. Ryan Greene, médico formado pela Clínica Mayo, especializado em desempenho humano; e minha esposa, Rebecca Shern, fundadora da *Minimal Wellness* —, o segredo para conquistar um nível básico de preparo físico pode ser resumido em uma palavra: movimento. O exercício não precisa ser complexo; só tem de ser feito. Não importa se você vai à academia ou ao parque, à piscina ou ao lago, à calçada ou às pistas de caminhada, o principal é que todo mundo precisa se movimentar com regularidade, todos os dias, para ficar bem, especialmente em nossa sociedade cada vez mais sedentária, que dá valor à conveniência e ao conforto, preterindo a qualidade de vida e o bem-estar. Sem mencionar que é mais fácil dormir à noite quando fazemos uma quantidade apropriada de exercícios.

152 AME PESSOAS, USE COISAS

REGRA MINIMALISTA PARA VIVER COM MENOS

Regra para receber presentes

Pode parecer surpreendente vindo de nós, The Minimalists, mas se você quiser presentes melhores, deve pedir por presentes melhores. Veja bem, isso não significa pedir presentes caros nem que você precise pedir coisas materiais. Isso significa que, se as pessoas que amam você querem lhe dar alguma coisa, não tem problema — deixe que façam isso. Em vez de dizer "não" para presentes, diga "sim" para presentes não materiais. Conte para seus amigos sobre as experiências que você quer viver com eles. Conte para os colegas de trabalho qual é sua cafeteria ou confeitaria preferida. Conte a parentes sobre sua instituição de caridade favorita e como eles podem fazer uma doação em seu nome. Estas não são alternativas melhores do que mais um par de abotoaduras?

O sono como remédio

O Dr. Matthew Walker, autor de *Por que nós dormimos: A nova ciência do sono e do sonho*, reconhece que nosso déficit coletivo de sono é uma crise sanitária: "Não parece existir nenhum órgão importante no corpo nem processo cerebral que não se torne mais eficiente com o sono (e que não seja prejudicado quando não dormimos o bastante). O fato de recebermos tantos benefícios para a saúde todas as noites não devia surpreender ninguém." Walker argumenta que os seres humanos são as únicas criaturas que "se privam do sono de propósito, sem qualquer motivo lógico". Mesmo assim, inventamos vários motivos pelos quais "não conseguimos" dormir o suficiente: pelo trabalho, por diversão, por festas, ou por estarmos ocupados em geral, o sono é ignorado porque não é tão empolgante quanto as alternativas, ainda que, sem dormir, jamais sejamos capazes de alcançar nosso auge. Privação de sono não é uma medalha de honra — é sinal de uma vida caótica.

É impossível ser perfeito, especialmente porque muitos de nós enfrentamos circunstâncias que impedem o sono ideal — filhos recém-nascidos, ansiedade, horas de trabalho complicadas —, então é melhor deixar a perfeição de lado. Contudo, mesmo diante de desafios, podemos nos esforçar ao máximo — podemos controlar os fatores controláveis — para melhorar nosso sono. Como? Walker oferece dicas simples, muitas das quais são fáceis de introduzir na rotina noturna. Ao implementar apenas algumas dessas práticas, sua noite de sono vai melhorar:

Deite-se e levante-se na mesma hora, todos os dias.

Saia e busque a luz solar durante a manhã.

Organize-se para dormir oito horas, sem exceções, todas as noites.

Mantenha o quarto em uma temperatura fresca (cerca de 18° C).

Instale blecautes no quarto em que você dorme.

Evite álcool e outros sedativos (estar sedado não é dormir).

Tome o mínimo possível de cafeína; evite depois do meio-dia.

Use tampões de ouvido e uma máscara para olhos com a finalidade de bloquear o barulho e a luz.*

Diminua a iluminação e desligue todas as telas uma hora antes de dormir.

---

* Minha esposa também usa um aparelho de ruído de fundo, porque os sons de ambiente calmos a ajudam a dormir.

A luz solar como remédio

Enquanto o excesso de luz durante a noite pode prejudicar o sono, especialmente a luz azul de telas brilhantes, é essencial absorver luz solar suficiente durante o dia, tanto que ela é nosso quarto tipo de "remédio gratuito".

Talvez você tenha notado um padrão — todos esses "remédios gratuitos" estão conectados: a dieta ao exercício físico, o exercício físico ao sono e, é lógico, o sono à luz. De acordo com um estudo das Sleep Medicine Clinics conduzido por Jeanne F. Duffy e Charles A. Czeisler, "o sistema circadiano nos animais e seres humanos, durante quase, mas não exatamente, 24 horas por ciclo, deve ser reiniciado diariamente para permanecer em sincronia com o tempo do ambiente externo". E de acordo com Kristen Stewart, em um artigo para a *Everyday Health*, "como nossos relógios biológicos, que controlam nossos cronogramas de sono, são sensíveis à luz, coisas como a quantidade de luz solar a que somos expostos durante o dia e o tipo de luz a que somos expostos durante a noite afetam nosso sono".

Nós absorvemos luz azul em excesso durante a noite e pouquíssima luz solar durante o dia. Como alternamos entre nossa casa e escritório para espaços públicos fechados — transportados sob a cobertura de nosso carro —, estima-se que os norte-americanos passem 93% do tempo em lugares fechados, enquanto nossos ancestrais distantes passavam praticamente o dia todo sob o sol. "Ou nós moramos em regiões com luz solar limitada por boa parte do ano, ou nossas

> **ASSIM COMO O EXCESSO DE COISAS, OS PROBLEMAS DE SAÚDE NÃO DESAPARECEM SE OS IGNORARMOS — A BAGUNÇA E AS DOENÇAS PIORAM A CADA ANO QUE PASSA.**

agendas lotadas não permitem mais tempo ao sol", diz Justin Strahan, cofundador da Joovv, que produz aparelhos de terapia de luz vermelha. "É provável que você não esteja lendo isto em um parque, nem na praia, nem no quintal de casa... Se você só ficar ao ar livre por poucas horas na semana, é provável que não exista luz natural suficiente na sua vida. Isso é um risco à saúde muito maior do que a maioria das pessoas se dá conta, e pode ser o motivo por trás de problemas como insônia, exaustão, depressão, entre outros."

Então, apesar de ser importante evitar luzes azuis à noite — porque elas afetam de forma negativa a produção de melatonina, que nos ajuda a dormir —, é igualmente importante buscar luz durante o dia, começando no início da manhã. Pessoas expostas à luz solar cedo não apenas dormem melhor à noite, mas também tendem a se sentir menos deprimidas e estressadas do que as que absorvem menos, de acordo com um artigo no *Sleep Health*, o jornal da National Sleep Foundation. Então, abra as cortinas pela manhã quando você acordar e tome seu café na varanda. Ou, melhor ainda, faça uma caminhada pelo quarteirão assim que sair da cama. Como resultado, você vai se sentir melhor, beneficiar seu sono e diminuir seu estresse.

Sucesso e estresse

O Dr. Simon Marshall, professor adjunto de exercícios e ciências nutricionais na Universidade Estadual de San Diego, se refere aos "remédios" gratuitos citados neste capítulo pela sigla SEEDS, que significa sono, exercício, comidas, bebidas e gerenciamento de estresse, em inglês.

Com sua publicação *SEEDS Journal*, Marshall, que já trabalhou para o Centro de Controle e Prevenção de Doenças e

156 AME PESSOAS, USE COISAS

publicou mais de cem artigos científicos revisados por pares, se concentra na necessidade de mudanças comportamentais graduais, que apresentam muito mais chances de serem mantidas do que revoluções radicais, do dia para a noite:

> Para cada um desses pilares da boa saúde, pense em algo pequeno que você pode fazer para melhorar... Concentrar-se em hábitos *menores* constrói a mentalidade correta e contribui para uma reação em cadeia em outras mudanças nesse pilar. Em resumo, progresso gera progresso.

Isso vale para o minimalismo também. Não podemos apenas simplificar uma vez e achar que teremos uma vida simples para sempre. O minimalismo requer mudanças incrementais que ocorrem com o tempo, começando com nosso relacionamento com as coisas — isto é, aquilo a que somos apegados e consumimos — e depois expandindo essas mudanças para outras "relações" (com a verdade, o eu, valores, dinheiro, criatividade e pessoas).

O que eu acho mais interessante na sigla de Marshall, no entanto, é a letra final: o *S* que representa gerenciamento de estresse. Apesar de ser fundamental nos aproveitarmos dos "remédios gratuitos", é igualmente importante evitarmos os venenos que nos estressam.

Meu amigo John Delony, que tem dois pós-doutorados, incluído um em terapia, compara o estresse a um detector de fumaça. Ele me disse que "se a sua cozinha estiver pegando fogo, desligar o alarme não vai salvar a casa". Nessa mesma linha, quando estamos nervosos, podemos usar técnicas de respiração ou posições de yoga, que são úteis e podem nos acalmar no momento, mas, quando se trata de estresse, elas apenas desligam o interruptor temporariamente. E se não lidarmos com o motivo por trás da ansiedade, as chamas vão continuar a queimar nossa vida.

Dizem que "nada excede como o excesso", mas também é verdade que *nada estressa como o sucesso*. Desejar o sucesso, conquistar o sucesso, manter o sucesso — essa é a base do estresse e da ansiedade. Em um mundo alimentado por mídia 24 horas por dia, é difícil permanecer calmo. Mas, se você estiver buscando formas de se estressar, sei de várias opções para aumentar a ansiedade:

Consuma mais.
Encare tudo como uma posse preciosa.
Lute contra o desapego.
Zapeie por canais.
Revire redes sociais.
More na sua caixa de entrada de e-mails.
Foque na produtividade.
Compare conquistas.
Anseie por coisas.
Deixe o sono de lado.
Não faça exercícios físicos.
Guarde rancor.
Aumente sua lista de coisas para fazer.
Faça tudo com pressa.
Endivide-se.
Gaste mais dinheiro.
Economize menos.
Diga "sim" para tudo.

158   AME PESSOAS, USE COISAS

Talvez se fizermos o oposto — criarmos mais, consumirmos menos, economizarmos mais, evitarmos nos ocupar demais — tenhamos uma chance de restabelecer a calma em nossa vida, não por desligar o alarme do detector de fumaça, mas por apagar as chamas que atacam nosso bem-estar.

Corredores de sofrimento

Em setembro de 2018, pouco antes da minha Nova Grande Depressão, na época em que eu me sentia no auge da boa saúde, Ryan e eu fomos ao Brasil para palestrar em uma conferência em São Paulo. Depois da apresentação, nos deliciamos com a culinária local, que incluiu a água da torneira. Não demorou muito para um "surto de intoxicação alimentar" acabar comigo. Entretanto, ao contrário de intoxicações comuns, os efeitos permaneceram por semanas, depois meses, após meu retorno para Los Angeles: dor intestinal, erupções cutâneas, acne, diarreia, inchaço, inflamação, confusão mental, hiperosmia, perda de libido, letargia. Então: uma depressão tão completa que eu sentia como se estivesse preso em um pote de vidro deixado sob o sol de verão; dava para enxergar o alívio e a liberdade ao longe, mas eu não conseguia tocá-la.

A depressão pareceu surgir do nada. Mas, prestando atenção, passei por fases. Você não despenca da montanha de uma vez só, apesar de ter essa impressão. Primeiro, vem a tristeza. Depois, a incapacidade de permanecer produtivo. Então, funções rotineiras se tornam difíceis. Com o tempo, se as coisas piorarem o suficiente, você acaba procurando tutoriais sobre "como amarrar laços em cordas" no YouTube.

Basta dizer que não foi apenas tristeza ou até sofrimento; foi minha primeira experiência com a depressão real, debilitante.

Em janeiro de 2019, eu acordava todos os dias desejando não ter feito isso. Era uma diferença gritante da minha vida apenas alguns meses antes, o que dificultava tudo ainda mais: eu havia despencado do topo da montanha mais alta até o vale mais profundo, e não sabia como voltar. Havia um desânimo inescapável pairando sobre a minha vida, afetando todos os aspectos do meu bem-estar. Minha produção criativa caiu 90%. Minha capacidade de ajudar os outros foi desaparecendo conforme eu lutava até para cuidar de mim mesmo. E, pior de tudo, meus relacionamentos foram prejudicados; eu me sentia como um peso para todos ao meu redor: minha esposa, minha filha, meus amigos, meus colegas de trabalho.

> **APESAR DE O MINIMALISMO COMEÇAR COM OBJETOS, O PROPÓSITO É SER UM PROGRAMA QUE ORIENTA SUA VIDA.**

Como a "diarreia de viagem" costuma desaparecer depois de uma ou duas semanas, meus médicos ficaram confusos. Uma colonoscopia não encontrou respostas. Logo, mais testes revelaram um excesso grave de *E. coli* e várias outras bactérias oportunistas no meu cólon, quase com certeza vindas da água que tomei no Brasil. Outros testes confirmaram que as bactérias supostamente "ruins" (proteobactérias, bacteroidetes, *Bilophila wadsworthia*) haviam acabado com muitas das bactérias "boas" (*bifidobacterium, akkermansia, ruminococcus*), que passaram a ser indetectáveis ou inexistentes, criando uma disbiose séria no trato digestivo. Uma endoscopia revelou mais de cem úlceras no meu intestino delgado.

Conforme buscamos um entendimento mais profundo do problema, penso nas lições que minha mãe aprendeu ao frequentar os Alcoólicos Anônimos décadas atrás: "Viva um dia de cada vez", diziam a ela. Quando eu tinha meus 20 anos, zombava de frases feitas e banais como essa. Mas, no contexto do meu sofrimento, faz sentido.

Há dias bons e dias ruins. Quando você está deprimido, os dias bons nunca são ótimos; são apenas melhores do que os outros. E os dias ruins costumam ser bem ruins.

No entanto...

Tudo isso faz parte. Toda aventura é prazerosa; toda aventura é dolorosa. É isso que a torna uma aventura. A dor nos deixa mais vivos. Fugir dela é fugir da vida. Por meio do sofrimento, aprendemos mais sobre nós mesmos do que pensávamos ser possível.

Uma ida ao mercado não costuma ser uma aventura; é um acontecimento corriqueiro. Com a impulsividade afobada, seguimos por uma série de experiências de quase vida, acumulando fatos desinteressantes um dia após outro, e fingimos que viver é assim. Mas não é. Isso é uma lista de afazeres, uma sequência de tarefas, um esquema de produtividade. *Viver* exige experiências fortes, complexidades e emoções inomináveis que entrelaçam nossa existência. Requer nossa presença no momento presente conforme caminhamos pela vida. Alegria e dor. Altos e baixos. Esses são os corredores que nos levam de um ponto a outro. É emocionante; é triste. Uma jornada com propósito sempre é acompanhada pela dor. E pela alegria também. É uma mistura das duas coisas. E, às vezes, você não pode decidir qual experiência vai encontrar.

A teleologia da dor

Foi Confúcio quem disse: "Nós temos duas vidas, e a segunda começa quando entendemos que só temos uma." Nós podemos compreender essa lição de forma intelectual, mas, às vezes, precisamos de uma experiência arrebatadora para *aprender* isso — para realmente ter essa percepção.

Se existe uma coisa que aprendi durante o último ano é esta obviedade: quem tem saúde tem tudo. Mais do que isso, nada mais importa além de uma boa saúde. Ou, para ser mais profundo, que tal outra citação de Confúcio: "Uma pessoa saudável quer mil coisas; uma pessoa doente quer apenas uma." Sim, eu sabia disso antes, mas só na teoria. Agora, depois de um período de sofrimento profundo, é algo que sinto dentro de mim.

Eu queria poder compartilhar uma solução definitiva, que conserta tudo, mas não posso. Porque ainda estou passando por isso e as lições mais profundas tendem a surgir após o trauma. Aprendi muita coisa, mas ainda tenho muito chão pela frente. Este é o grande paradoxo do aprendizado: quanto mais aprendemos, menos entendemos. E está tudo bem. Nunca vamos saber de tudo. Nunca vamos "chegar lá". Porque não existe um *lá*. Em certo nível, todos estamos perdidos. Como poderia ser de outra maneira? Somos uma multidão de amadores, posicionados sobre uma pedra molhada gigante, que gira por um universo infinito eternamente em expansão. E nosso tempo está acabando. Nós agimos como se a vida fosse infinita. Ou, se pensamos sobre a mortalidade, pensamos em termos de expectativa de vida — quanto tempo podemos viver. Mas talvez faça sentido pensar em *expectativa de saúde*. Uma vida curta e bem vivida é bem melhor do que uma vida de sofrimento, ou pior, uma vida de mediocridade.

Então, não, eu não tenho todas as respostas. Mas agora entendo uma coisa. Se você estiver lendo isto e for saudável, já

> **PRECISAMOS ESTAR DISPOSTOS A DESAPEGAR PARA ABRIRMOS ESPAÇO PARA NOVOS COMPORTAMENTOS.**

162 AME PESSOAS, USE COISAS

está vivendo um sonho; tudo o mais — posses, status, riquezas, aprovação — é secundário. Também sei disto: em uma linha do tempo longa o suficiente, a dor é temporária. De vez em quando, precisamos quebrar para nos reconstruirmos de forma mais forte. E isso é doloroso. Mas, às vezes, é necessário se destruir para evoluir.

A reconstrução após a destruição

No dia 28 de maio de 2019, enquanto eu lutava contra meus demônios, 14 furacões arrasaram minha cidade natal, Dayton, em Ohio, uma comunidade que já passava por complicações sérias com infortúnios econômicos, overdoses de drogas e outras tragédias.* As fotos dos resultados do desastre eram pós-apocalípticas. Carros de cabeça para baixo. Cabos elétricos caídos. Telhados arrancados. Postos de gasolina destroçados. Até mesmo a Hara Arena, a casa de espetáculos com 5.500 assentos em que assisti a *Sesame Street on Ice* pela primeira vez quando garoto, foi destroçada, arrasada por ventos de 225 quilômetros por hora.

Mas talvez Dayton consiga colher benefícios por conta disso. Apesar de a destruição ter sido catastrófica e todas as mortes serem trágicas, poucas pessoas se machucaram com os ventos destruidores. Tudo o mais — todas as coisas materiais que pareciam tão importantes — poderia ser substituído.

Os dias e as semanas seguintes uniriam a comunidade de uma maneira que parecia impossível apenas uma semana antes. Igrejas, centros comunitários e cidadãos abriram as

---

* Para completar, dois meses depois dos furacões devastarem a cidade, e a dois quarteirões da casa onde cresci, houve um tiroteio em massa no qual dez pessoas morreram (entre elas o atirador) e 27 ficaram feridas.

portas para quem estava desabrigado. Bancos de doação de comida e sopões receberam quantidades nunca vistas de comida, garrafas de água, suprimentos de emergência e doações monetárias. Democratas e republicanos deixaram sua rixa política de lado para ajudar os necessitados. Era como se os tornados não tivessem apenas destruído as paredes físicas; eles derrubaram barreiras metafísicas dentro da comunidade.

Por termos recursos, contribuímos com os serviços de assistência de várias formas. Foi muito mais emocionante, porém, ver os esforços das pessoas que tinham sido destruídas pela tempestade. Conforme voltavam à ativa, elas imediatamente queriam ajudar outras pessoas que foram afetadas. A contribuição era contagiante. Era como se um daqueles manuais de segurança de avião tivesse ganhado vida: "Coloque sua máscara de oxigênio antes de ajudar os outros."

Há duas lições importantes aqui.

Primeiro, ajude a si mesmo.

Logo em seguida, ajude os outros.

Não espere por permissão — nem pelas circunstâncias perfeitas — para ajudar. Quando uma emergência acontece, esperar por permissão para agir é desfavorável ao progresso. Assim como ninguém precisa aguardar a autorização do piloto para colocar máscaras de oxigênio, o povo de Dayton não esperou supostos especialistas nem a elite para resolver seus problemas. As pessoas tomaram o controle e depois tomaram atitudes decisivas. Para fazer diferença, seus atos precisavam ser maiores do que as consequências do desastre. Essa é a única forma que temos de progredir — andando para a frente, mesmo depois de uma tragédia.

Em algumas semanas, abrigos temporários foram erguidos, centenas de casas foram restauradas e a comunidade demonstrou uma união que não era vista há anos.

AS LIÇÕES MAIS PROFUNDAS TENDEM A SURGIR APÓS O TRAUMA.

O trabalho em grupo foi fundamental para sair do fundo do poço.

Se você quiser sair do lugar, precisa tentar coisas novas — às vezes, muitas coisas —, e pode ser que elas não funcionem. Você vai tropeçar, vai cair e vai fracassar no caminho para o progresso. Ou, como o escritor irlandês Samuel Beckett descreveu: "Tente de novo. Fracasse de novo. Fracasse melhor." Nossos fracassos são as melhores partes de quem somos — enquanto indivíduos, enquanto comunidade.

É importante lembrar que toda fundação de um edifício já foi um buraco. Alguns buracos nunca mudam. Outros estão prontos para abrigar estruturas. Nós decidimos qual é qual.

Egoísmo, autoaperfeiçoamento, abnegação e serviço

Fico intrigado com a palavra *kenosis*, que é uma palavra grega que significa "esvaziar". Historicamente, *kenosis* se refere à ética do sacrifício: experienciamos uma gratificação profunda ao servirmos aos outros. Em termos atuais, penso em *kenosis* como "abnegação": nós nos sentimos mais vivos quando nos esvaziamos em prol de outras pessoas.

Sim, o minimalismo frequentemente requer um "esvaziamento" de nossos lares — a remoção do excesso para abrir espaço. No entanto, para esvaziarmos nós mesmos, primeiro precisamos ter algo digno de ser externado. Há um motivo para os manuais de segurança nos orientarem a colocar nossa máscara de oxigênio primeiro: se for mais fácil respirar, é mais fácil ajudar os que precisam. É por isso que cuidar de si mesmo é tão importante. Não é egoísmo agir em interesse próprio. Na verdade, o autoaperfeiçoamento é a forma mais eficiente de contribuir com o mundo.

O egoísmo, por um lado, ocorre quando alguém alimenta o próprio prazer em detrimento dos outros — por meio de desonestidade, desprezo, manipulação. O autoaperfeiçoamento, por outro lado, trata de se importar tanto com os outros que você está disposto a se melhorar — a guiar seu próprio bem-estar — para ter recursos suficientes a oferecer. Assim, de forma indireta, não cuidar de si mesmo é egoísmo, porque você nunca vai ter o suficiente para oferecer se não lidar com seu bem-estar primeiro.

Ajuda não deve ser confundido com "salvar" as pessoas. Alguém que serve aos outros não é um salvador, e sim alguém que compreende que, quando o mundo for um lugar melhor para todos, também será melhor para si.

O grande mistério da ajuda é que, ao se doar para os outros, você *ganha* mais. Não *coisas*; e sim propósito, sentido e alegria. Não é apenas questão de ajudar alguém — é ajudar a si mesmo. Quando executados com cuidado, a abnegação e o autoaperfeiçoamento são mecanismos de autofertilização: quanto mais você oferece, mais cresce; quanto mais cresce, mais tem a oferecer. Em conjunto, esses atributos oferecem uma base sólida para uma ótima vida.

Grandeza não é medida por transitoriedade. Ninguém se importa com a quantia que Abraham Lincoln tinha no banco quando proclamou o discurso de Gettysburg, quantos terrenos Sêneca tinha ao escrever *Sobre a brevidade da vida*

166 AME PESSOAS, USE COISAS

nem quantos seguidores no Instagram Harriet Tubman tinha durante suas 13 missões para resgatar pessoas escravizadas. A grandeza é medida por nossa capacidade de conseguir influenciar de forma positiva o mundo ao nosso redor. E, para fazer isso, precisamos primeiro cuidar de nós. Porque não podemos oferecer aquilo que não temos.

Autocuidado e o processo de cura

Parece que temos um sistema de doença, não um sistema de saúde. Como demonstrei por meio da minha própria desgraça, a sociedade gosta de tratar sintomas, não problemas. Esperamos até uma doença surgir para cuidarmos de nós mesmos, quando, na realidade, o melhor tratamento de saúde é preventivo — isto é, cuidar de nós quando estamos saudáveis, para continuarmos vivendo bem.

"Autocuidado é um termo usado em excesso", diz Randi Kay, apresentadora do *Simple Self-Care Podcast*, "porém, é a forma mais eficiente e direta de descrever o processo de cura". Kay, nascida em Fargo, em Dakota do Norte, tinha um pouco mais de 20 anos quando ouviu falar pela primeira vez das ideias que depois começaria a chamar de "autocuidado", definido como "o ato de se conectar com suas necessidades verdadeiras, e então tomar as atitudes necessárias".

Aos 26 anos, ela havia perdido a fé na religião, e seu primeiro casamento estava em colapso. "Eu queria descobrir minha identidade", contou-me ela. Até então, Kay havia deixado que as crenças e expectativas de outras pessoas a definissem. Quando começou a questionar os rótulos com que a classificavam — "mórmon", "esposa", "depressiva" —, sua visão foi mudando. "Parei de acreditar nas coisas que antes dava como certas. Eu não precisava de uma autoridade para me conectar com a minha espiritualidade. Não precisava de um médico para mandar eu cuidar de mim mesma."

Apesar de ter sido diagnosticada com depressão na adolescência, Kay só confrontou a doença nessa época, quando "olhou para dentro" e percebeu que era a principal autoridade sobre sua existência. "Precisei aprender a confiar em mim mesma para acabar com a insegurança. Precisei aprender a escutar meu corpo." Foi só então que ela conseguiu tratar a depressão que mal era mantida estável com medicamentos controlados e terapia. "Essas coisas ajudavam, mas não solucionavam o problema... Seu corpo lhe dirá o que está errado, se você prestar atenção."

> **NÓS NOS SENTIMOS MAIS VIVOS QUANDO NOS ESVAZIAMOS EM PROL DE OUTRAS PESSOAS.**

Por meio de um processo de autodescoberta que incluiu mudanças graduais no estilo de vida — dieta, trilhas, escaladas de montanhas, diários, massagens, cicatrização de feridas e até tocar música ao vivo —, ela conseguiu "criar um relacionamento" consigo mesma, do *seu* jeito, e desvendar quem queria ser, uma descoberta por vez.

"Chamo isso de cura feita sob medida", diz Kay. "Depois do divórcio, e depois que saí da igreja, eu não me encaixava mais no molde que havia criado para mim." A estrutura que tivera um papel fundamental na vida de Kay tinha sido deixada para trás. A vida é fluida, então as coisas que nos empoderam hoje podem perder a qualidade amanhã. Precisamos estar dispostos a desapegar a fim de abrir espaço para novos comportamentos. Isso não vale apenas para posses materiais, às

168 AME PESSOAS, USE COISAS

quais costumamos nos manter apegados até elas não passarem de antiguidades; também é verdade quando se trata de todos os relacionamentos na vida.

Enquanto explorava e tentava novas atividades, Kay aprendeu sobre a conexão entre corpo e mente. Ela desenvolveu novos rituais — yoga, exercícios de respiração, de corpo — que trouxeram um novo significado à sua vida e ocuparam o espaço de rituais e rótulos antigos que a tinham levado a uma estressante "vida medíocre — uma vida em que eu não era feliz".

Conforme se curava, ela entendeu que por anos havia buscado atividades e relacionamentos tóxicos, cheios de drama. Em vez de aproveitar a vida, Kay procurava fontes de infelicidade para poder reclamar. Ela havia se acostumado com a tristeza, então criava problemas para continuar se sentindo

> **NOSSOS FRACASSOS SÃO AS MELHORES PARTES DE QUEM SOMOS — ENQUANTO INDIVÍDUOS, ENQUANTO COMUNIDADE.**

deprimida. Era como se a certeza da depressão fosse melhor do que a incerteza de uma vida bem aproveitada. "Para quebrar o ciclo, precisei parar de seguir a receita da pessoa deprimida", explicou ela. "Parei de me rotular como *deprimida* e comecei a fazer coisas de que gosto. E questionei tudo."

Quando fazemos perguntas difíceis, nem sempre encontramos as respostas que desejamos ou esperamos. O questionamento pode fortalecer a fé ou nos afastar dela. O mesmo vale para posses materiais, relacionamentos, carreiras e identidades.

Recentemente, quando conversei com Kay por telefone, pedi algumas boas práticas de autocuidado. Aqui vai o que ela me disse:

- Comece entendendo o que mais lhe estressa e causa sofrimento, e então determine o que impede você de cuidar de si mesmo. O que grita mais alto — o que mais lhe segura?

- É provável que mudanças de vida sejam desconfortáveis, e esse desconforto pode fazer você questionar tudo — essas perguntas são importantes para a vida se tornar mais recompensadora.

- Autocuidado é algo extremamente individual, não um programa específico a ser seguido.

- Hábitos e rituais que ajudam uma pessoa podem prejudicar outra.

- Ajuste seu autocuidado de acordo com quem você é, não com quem "deveria" ser.

- Autocuidado não é uma questão de "se é para fazer pouco, é melhor não fazer nada" — mudanças pequenas bastam.

- Se aquilo que você faz não está dando certo, mude de direção.

- Foque no *por que*, não no *deveria*.

- A jornada nunca termina: ainda pode acontecer de você se esgotar e precisar recalibrar.

- Mais importante: é a *sua* aventura, então não a compare com a dos outros.

170 AME PESSOAS, USE COISAS

Perto do fim da nossa conversa, ela mencionou uma conexão importante entre o minimalismo e o autocuidado — "As dificuldades que as pessoas têm com posses materiais são parecidas com as que têm com autocuidado", disse ela. "Nós não enfrentamos nossas coisas — nem a nossa cura — porque criamos um monte de desculpas: 'Não tenho tempo suficiente', 'Me sinto culpado por erros do passado', 'É egoísmo querer fazer essas mudanças', 'Não sei por onde começar', 'O que outras pessoas vão pensar de mim?'."

Mas até mesmo a melhor desculpa continua sendo uma desculpa. Se quisermos deixar as vidas mundanas que construímos, precisamos passar por mudanças difíceis. "As pessoas não conhecem a si mesmas", disse ela antes de desligar, "e o autocuidado é a melhor forma de sabermos quem queremos nos tornar".

Reflexões: Eu

Aqui é o Ryan. Temos muito o que pensar sobre tudo que Joshua e os especialistas citados neste capítulo nos contaram sobre nossa relação com o eu, e agora chegou a hora de refletir sobre a sua situação. Então, quero que tire um momento para analisar esse relacionamento por meio dos exercícios a seguir. Tudo bem? Ótimo! Vamos lá.

PERGUNTAS SOBRE O EU

1. O que você realmente está buscando com seu estilo de vida atual? Por quê? Essa é uma vontade sua ou de outra pessoa?

RELACIONAMENTO 3 | EU 171

2. Em qual momento da sua vida você se sente melhor? Que fatores contribuem para esse sentimento?

3. Que novas práticas e rotinas ajudarão você a prestar atenção na sua saúde diariamente?

4. Que "remédios gratuitos" você pode incorporar à sua rotina de saúde?

5. Como contribuir com o bem-estar dos outros?.

O QUE FAZER COM O EU

Agora, o que você aprendeu neste capítulo sobre si mesmo? O que vai permanecer na sua mente? Que lições serão um incentivo para você ser a melhor versão de si mesmo? Aqui vão cinco ações imediatas que podem ser tomadas hoje:

- **Seja grato.** Entenda tudo que é fantástico na sua vida. Quanto mais você apreciar o que tem, mais fácil é se afastar do estresse e da ansiedade. Hoje, escreva o nome de dez pessoas que causaram um efeito positivo na sua vida e liste dez coisas pelas quais você é grato atualmente.

- **Faça um intervalo.** Encontre formas de fazer intervalos todos os dias: meditação, caminhadas, exercícios de respiração e outros rituais de autocuidado que lhe ajudarão a diminuir o ritmo. Separe 5 minutos por dia para meditar e 20 minutos para caminhar. Ou siga outra rotina de autocuidado que seja melhor para você.

- **Identifique hábitos.** Faça uma lista de hábitos saudáveis que você quer adotar.

172 AME PESSOAS, USE COISAS

- **Comporte-se de forma saudável.** Monte uma rotina de saúde adequada para você. Saúde é algo relativo, e será necessário tempo e esforço para encontrar a melhor combinação, então comece apenas escolhendo um item na lista de hábitos saudáveis e o acrescente à sua vida hoje.

- **Tenha controle sobre as suas ações.** Todos os dias, tome atitudes para melhorar a *sua* saúde. Há duas coisas que vão lhe ajudar a garantir que você se mantenha na linha: (1) encontre um parceiro para acompanhar seu progresso; (2) marque essas atividades saudáveis como compromissos na sua agenda.

O QUE NÃO FAZER COM O EU

Por fim, vamos refletir sobre as dificuldades do eu. Aqui estão listadas cinco coisas que você deve evitar, a partir de hoje, se quiser ser a melhor versão de si mesmo:

- Não permita que o medo de perder distraia você do seu ritmo, do seu progresso e do momento presente. A gente sempre perde alguma coisa. O poder real vem de permanecer concentrado e comprometido.

- Não deixe mesquinharias interferirem nas suas tentativas de ter uma vida recompensadora.

- Não ignore seu corpo.

- Não use comida como distração.

- Não invente desculpas nem culpe os outros por estilos de vida que fazem mal à saúde.

RELACIONAMENTO 4 | VALORES

Eu saí do provador com um ar de culpa e uma gravata amarela enfiada no bolso da calça. Meus olhos percorriam loucamente a loja em busca de câmeras de segurança. Eu tinha acabado de completar 18 anos e minha primeira entrevista de emprego importante seria no dia seguinte.

Fazia mais de um ano que minha mãe estava sóbria e trabalhava em uma empresa de vendas por catálogo, onde havia conhecido um cara, que conhecia outro cara, que estava contratando vendedores para uma loja da companhia telefônica local. Então, atualizei meu currículo com minhas experiências de trabalho — caixa, lavador de pratos, limpador de mesa, garçom, operador de telemarketing — e passei minha única blusa social e uma calça cáqui. Antes da entrevista, eu só precisava de uma gravata. Sem dinheiro, decidi roubá-la de uma loja de departamentos do Dayton Mall. Eu sabia que era errado, mas qual era o problema de comprometer meus valores uma única vez? Além do mais, seria mesmo roubo quando eu precisava de verdade daquilo?

Eu devia estar parecendo absurdamente nervoso para o segurança à paisana que me seguiu até o lado de fora da loja. Ele me esperou sair antes de me algemar e anunciar minha prisão.

174 AME PESSOAS, USE COISAS

— Você tem o direito de permanecer calado — escutei o homem dizer.

Depois, o som do meu coração disparado tomou conta de tudo, e não consegui ouvir mais nada. Achei que fosse vomitar.

Pequenas concessões

Eu tinha o direito de permanecer calado, mas o que poderia ter dito? Que não tinha a intenção? Que havia uma ótima explicação? Que eu queria voltar atrás? Não senti necessidade de encher o ar com uma tagarelice inútil, então simplesmente fiquei remoendo minha vergonha.

Nada transmite culpa tão bem quanto ser escoltado por uma praça de alimentação usando algemas. Seria de imaginar que aprendi minha lição e passei o resto da vida fugindo de shoppings. Entretanto, mal sabia eu que, uma década depois, seria responsável por gerenciar mais de cem lojas, incluída uma *flagship store* ou loja conceito naquele mesmo shopping, vivendo o claustrofóbico "sonho americano". E cheguei lá fazendo pequenas concessões, uma de cada vez.

Eu havia terminado o ensino médio um semestre adiantado, em dezembro de 1998, e passei o início de 1999 imerso no curso técnico de gravação de som. Mas logo abandonei o sonho de ser engenheiro de áudio quando descobri que a maioria ganha menos de um salário mínimo e precisa gravar músicas que odeia se quiser ter uma vida boa. Eu não queria ficar preso no mesmo lugar que todo mundo que havia crescido junto comigo — meu plano era ganhar dinheiro de verdade. Mesmo que tivesse de trabalhar para uma empresa desalmada, mesmo que os valores desse lugar não fossem iguais aos meus.

RELACIONAMENTO 4 | VALORES   **175**

Você já viu um cardume de barracudas atacar um objeto boiando na água? É uma visão impressionante. Elas enxergam algo brilhante e simplesmente reagem — todas fazem o mesmo. Barracudas não têm valores; elas apenas se jogam na direção de qualquer objeto resplandecente. Nós, humanos, tendemos a fazer a mesma coisa. Seguimos modas, fazemos dívidas, mandamos currículo para empregos que odiamos só para conseguir bancar o carro novo que nos levará para esse mesmo emprego. Nós mentimos, enganamos, roubamos. Construímos uma vida sobre uma base de concessões. Contudo, quando estamos dispostos a abrir mão de qualquer coisa, acabamos abrindo mão de tudo. Até mesmo de nossos valores.

Objeto A

A maioria dos jovens de 18 anos não sabe quais são seus valores. Ou pior, como no meu caso, valoriza coisas sem sentido algum. Na adolescência, eu desejava tudo que não tinha: dinheiro, posses, uma casa grande, carros caros, apetrechos, uma suposta estabilidade, poder, status e o sonho da casa com a cerca branca. Com a ajuda da mídia, da propaganda e da pressão dos amigos — sem mencionar as privações da infância —, foi fácil cair na armadilha.

O psicanalista francês Jacques Lacan chamava esse desejo impulsionador de Objeto A, ou seja, a coisa que achamos que queremos — a coisa que nos deixaria satisfeitos se conseguíssemos comprá-la, possuí-la ou conquistá-la.

O relógio de ouro.
O carro de luxo.
As roupas de marca.

A casa em um bom bairro residencial.

A promoção para ganhar uma sala espaçosa no trabalho.

A mudança para uma nova cidade.

O pedido de casamento.

O prêmio ou o diploma.

A gravata amarela idiota.

Todos temos nossos Objetos A, e a parte mais traiçoeira é que eles continuam a mudar ao longo da vida, até que, com o tempo, o objeto de nosso desejo se torna o objeto de nossa infelicidade. O smartphone que era essencial para sua vida três anos atrás se torna frustrantemente lerdo e antiquado. O carro novo que você queria tanto virou apenas parcelas de pagamento e um fardo. O barco que lhe traria tanta liberdade nos fins de semana se tornou um elefante branco. Com o tempo, percebemos que as coisas que queríamos não são as coisas que queremos.

QUANDO ESTAMOS DISPOSTOS A ABRIR MÃO DE QUALQUER COISA, ACABAMOS ABRINDO MÃO DE TUDO.

Quando conversei com o filósofo Peter Rollins sobre desejo, ele disse: "Apesar de ser diferente para cada um, o Objeto A é aquilo que você acha que vai solucionar tudo. É o objeto que desestabiliza a sua vida: aquela pessoa com quem você *precisa* se envolver, ou o emprego que quer mais do que tudo, ou a cidade para a qual *tem* de se mudar para se sentir mais vivo." Nos casos mais extremos, segundo Rollins, o Objeto A é "a coisa pela qual você estaria disposto a desestabilizar sua vida — destruir sua saúde, seus relacionamentos, tudo — para conquistar".

No entanto, talvez isso não seja tão extremo quanto parece. Talvez todos nós façamos pequenos sacrifícios todos os dias até nossa vida se tornar uma concessão gigante. Conforme envelhecemos, deixamos a saúde de lado, paramos de nos exercitar e comer de forma equilibrada; engordamos alguns quilos por ano. Deixamos de lado as pessoas que amamos porque escolhemos passar mais tempo com colegas de trabalho e clientes conforme avançamos em nossa carreira. Desistimos de sonhos porque eles não são tão "práticos" quanto uma casa com cerca branca, um carro esportivo e parcelas mensais de dívidas. Então, por mais estranho que seja, desestabilizamos mesmo toda nossa existência — aos poucos — para conseguir um prazer momentâneo, mesmo que ele acabe nos deixando destroçados ao longo do tempo.

Assim, o problema não é o desejo; o problema é a crença de que a próxima conquista trará uma alegria eterna — apesar de sabermos, pela experiência, que isso não vai acontecer. Todos nós já ganhamos um troféu, nos mudamos para um bairro novo, começamos um namoro ou compramos uma nova posse desejada e nos decepcionamos com o resultado.

"Outra forma de encarar o Objeto A é pensar nele como algo que não existe", explicou Rollins. "É uma encarnação." Ele argumenta que os seres humanos são estruturalmente propensos a acreditar que existe uma única solução para nos consertar. "Não importa se estamos falando de um milhão de dólares, de um relacionamento ou de uma religião, essa é a encarnação do Objeto A. Mas, ao conquistá-lo, sempre permanecerá um pouco insatisfeito."

Muitas pessoas e produtos prometem nos dar o Objeto A — dizem que podem nos fornecer tanto conforto, paz e satisfação que nunca mais vamos querer outra coisa —, só que essas promessas são semelhantes às de um guru farsante. Com o tempo, elas vão nos decepcionar. E, de acordo com Rollins, quando o

178 AME PESSOAS, USE COISAS

Objeto A nos decepciona, o pêndulo costuma ser impulsionado na direção contrária: "Se o seu Objeto A era monogamia, talvez você queira buscar o poliamor assim que se decepcionar com seu relacionamento. Ou, se for um cristão conservador, pode se tornar hippie quando a religião parar de suprir suas expectativas — e vice-versa. Sempre há um lugar novo para ir quando este deixa de ser interessante."

> **DESDE DINHEIRO E POSSES A STATUS E SUCESSO, AS COISAS QUE VOCÊ DESEJA NÃO COSTUMAM TRAZER A SATISFAÇÃO ESPERADA.**

Independentemente do que for o Objeto A, ele, por definição, está fadado a nos desapontar. E, mesmo assim, continuamos buscando a felicidade por meio dos nossos Objetos A pessoais. Há três motivos para isso acontecer com todo mundo: nossos interesses se adaptam ao nosso ambiente, confundimos prazer com contentamento e nossos desejos superficiais não se encaixam com nossos valores mais profundos. Vamos analisar cada uma dessas realidades individualmente.

Esteira hedônica

Antes de se mudar para fazer faculdade em uma cidade grande e, consequentemente, começar a trabalhar em um bom emprego como cientista pesquisador, Luke Wenger tinha uma vida bem modesta, tendo sido criado em uma fazenda no nordeste do Kansas. Wenger, um participante da *packing party,* o estudo de caso da festa do encaixotamento que apresentamos no capítulo "Relacionamento 2 | Verdade", reconhece que deixou a rotina atrapalhar sua vida. "Não importa quanto você acredite que seus valores são fortes", disse no meio do experimento, "é fácil comprometê-los quando você é cercado — bombardeado — todos os dias por tentações de confortos materiais".

Assim que Wenger começou a trabalhar como cientista, seu salário permitiu que enchesse a casa com todas as coisas que desejava. Ou, pelo menos, todas as coisas que as propagandas e os marqueteiros e a sociedade diziam que ele desejava. "Mas a satisfação dessas compras sempre passava rápido", explicou ele, "e eu continuava gastando, acumulando mais e mais, tudo em uma tentativa inútil de encontrar felicidade".

De acordo com a teoria da adaptação hedônica, também conhecida como esteira hedônica, desejos vão mudando ao longo da vida. Assim como Luke Wenger, conforme nos acostumamos com novas mudanças — tanto as positivas quanto as negativas —, nossas expectativas se adaptam às novas circunstâncias. Apesar de a expressão em si ter sido criada em 1971, o conceito da adaptação hedônica é discutido por filósofos há séculos. Muitos pensadores famosos sobre o assunto — de Epicuro a Yang Zhu — observaram que seres humanos individuais parecem ter um ponto hedônico (ou de felicidade) fixo, e que, apesar de sentirmos picos de alegria a cada nova mudança, nossa felicidade em longo prazo não é muito afetada por acontecimentos impactantes.

Por exemplo, se você perder um membro do corpo em um acidente de carro, é quase certo que fique infeliz. Com o tempo, porém, vai melhorar, se adaptar às novas circunstâncias e, ainda bem, reencontrar a felicidade. Por sua vez, se você ganhar na loteria, provavelmente sentirá uma grande onda de prazer e animação. Com o tempo, no entanto, essa onda vai passar, e você voltará para sua média anterior, independentemente de quantos zeros existam em sua conta bancária.

180 AME PESSOAS, USE COISAS

Isso também vale para exemplos menos extremos. Desde dinheiro e posses a status e sucesso, as coisas que você deseja não costumam trazer a satisfação esperada. O que significa que devemos medi-las de forma diferente se quisermos compreender como nos sentir realizados enquanto seres humanos.

O espectro do bem-estar

Na adolescência, anos antes de sair algemado do Dayton Mall, eu não sabia que existia toda uma estrutura sobre a qual poderia construir uma vida recompensadora. É óbvio, eu entendia os conceitos de "certo" e "errado", mas deixava tudo de lado por querer prazer efêmero, gratificação instantânea, resultados imediatos, mesmo que isso me custasse felicidade e contentamento em longo prazo. Esse padrão continuou durante meus 20 anos e só foi ampliado conforme meu poder de compra aumentava.

De fato, esse é o problema de verdade. Nós confundimos prazer com outras formas mais significativas de bem-estar. Usamos quatro termos diferentes — prazer, felicidade, contentamento e alegria — de forma intercambiável, apesar de eu acreditar que eles apresentem diferenças grandes que, quando compreendidas, nos ajudam a aumentar nosso bem-estar geral. Para tornar essas abstrações mais concretas, vamos refletir sobre as várias maneiras como interagimos com a comida, como exemplo.

Prazer. Quando você come uma fatia de bolo de aniversário, sente uma explosão de prazer conforme o açúcar processado, a gordura e o glúten dançam em suas papilas gustativas. O prazer, porém, não dura muito, então você come a segunda garfada, depois a terceira e assim por diante, até estar cheio. Isso é prazer puro. Apesar de seu corpo estar cheio, também está confuso, porque acabou de se empanturrar de calorias vazias e não ingeriu nenhum dos micronutrientes, elementos ou minerais essenciais para se desenvolver. Sejamos explícitos: não há nada de errado com o prazer. Todo mundo quer se sentir bem. O problema acontece quando ignoramos formas superiores de bem--estar em busca dele — quando o prazer é o objetivo, não a consequência. Se o principal elemento da nossa dieta for bolo, nos tornamos subnutridos. O mesmo pode ser dito por quase todas as formas de prazer. Quando buscamos apenas ele, acabamos perdendo os nutrientes mentais, físicos e emocionais essenciais da vida. Um pedacinho não vai matar ninguém, mas também não vamos fingir que ele faz "bem". Não há mérito no prazer por si só. E, de um jeito meio paradoxal, ele costuma ser o inimigo da felicidade.

Felicidade. Se prazer é comer uma fatia de bolo, então felicidade é comer uma refeição saborosa, saudável. Ela acontece quando você toma uma decisão momentaneamente benéfica. Ao comer um prato equilibrado, com todos os nutrientes de que precisa para prosperar, você sente felicidade, mesmo que breve, porque tomou uma decisão satisfatória. Essa decisão nem sempre é tão boa quanto o prazer puro — e, às vezes, pode até ser dolorosa (pense em uma série de academia bem puxada) —, mas você se sente feliz na hora, porque sua decisão está alinhada com a pessoa que deseja ser. Tanto o prazer quanto a felicidade são passageiros, e é por isso que nenhum dos dois é um objetivo nobre. Contudo, se você viver de acordo com seus valores, vai sentir felicidade. Portanto, o objetivo final não é a felicidade — é ter uma vida recompensadora, com a felicidade sendo uma linda consequência.

Contentamento. Seguindo a metáfora da comida, se a felicidade é uma refeição saudável, o contentamento é uma dieta consistente, balanceada. Assim como existe um abismo imenso entre uma refeição equilibrada e um estilo de vida saudável, existe uma grande diferença entre felicidade e contentamento. De fato, você pode ter um "dia fora da dieta" algumas vezes por mês, mas o contentamento surge a partir de uma série de decisões benéficas por um período prolongado, não por uma única decisão "boa" ou "ruim". Ele é efeito colateral de uma vida bem aproveitada. É lógico, o contentamento requer uma compreensão mais profunda do que a mera felicidade, mas a recompensa é muito maior.

Alegria. A maior forma de bem-estar é a alegria, e ela ocorre apenas com a participação de outras pessoas. Você pode sentir prazer, ou até felicidade, com seu almoço hoje, e pode encontrar contentamento com sua dieta, mas a alegria só aparece quando você compartilha uma refeição com alguém amado. Dizem que "viver é se doar", porque sua vida chega ao ápice quando você interage — e contribui — com o mundo ao redor. Uma pessoa motivada por alegria, em vez de apenas por prazer ou felicidade, tem a missão de levá-la para os outros. Isso é viver de verdade! Quase todas as melhores experiências da vida ocorrem a partir da contribuição.

RELACIONAMENTO 4 | VALORES **183**

A alegria também difere de outras formas de bem-estar porque abre espaço para emoções negativas. Com o prazer e a felicidade, não há espaço para tristeza, frustração ou decepção. Mas, pela alegria não almejar satisfação imediata, é possível sentir toda a gama de emoções — inclusive dor, tristeza e arrependimento — e permanecer alegre. A alegria não para na mera satisfação; ela busca a realização e a tranquilidade.

Sim, experiências alegres também podem ser prazerosas, mas vão além disso. A alegria possui um automatismo que não requer a ânsia contínua pelo prazer. Pense em alguns dos momentos mais alegres da sua vida. Onde eles aconteceram? Quem estava lá? Há boas chances de que todas essas experiências tenham envolvido outras pessoas, direta ou indiretamente. Um show. Um encontro do clube do livro ou com amigos com hobbies parecidos. Sexo com alguém que você ama.

Infelizmente, costumamos nos contentar com o prazer, porque ele é imediato e fácil, ou buscamos sem parar pela felicidade, quando, em um mundo ideal, almejaríamos uma vida de contentamento e alegria, uma vida de decisões contínuas e intencionais, alinhadas com nossos valores e benéficas para outras pessoas. O psicólogo clínico Jordan B. Peterson, que é professor na Universidade de Toronto, certa vez observou que, em vez de felicidade, uma aspiração mais virtuosa é "ser a pessoa mais forte no enterro do seu pai", sugerindo que uma vida de virtudes fortalece nosso caráter e é bem mais recompensadora, mesmo nos momentos difíceis, do que uma vida construída com base em buscas superficiais.

> **COM O TEMPO, PERCEBEMOS QUE AS COISAS QUE QUERÍAMOS NÃO SÃO AS COISAS QUE QUEREMOS.**

Na Introdução deste livro, mencionei que todas as minhas posses devem ter um propósito ou me trazer alegria. Escolhi

184 AME PESSOAS, USE COISAS

essas palavras com cuidado. Não basta que um item material apenas ofereça prazer, ou até felicidade, porque então eu sempre poderia encontrar uma nova desculpa para comprar mais. Em vez disso, minhas posses devem funcionar como ferramentas que melhoram minha vida (têm um propósito) ou servem ao bem maior (trazem alegria). Caso contrário, elas só atrapalham.

Há, no entanto, um ponto em que o prazer, a felicidade, o contentamento e a alegria se encontram. Hoje, quando falamos sobre "a busca pela felicidade", nos referimos ao que os estoicos gregos e romanos chamavam de *ataraxia*, ou o que os gregos antigos, no geral, se referiam como *eudaemonia*. A palavra *ataraxia*, geralmente traduzida como "ausência de perturbação" ou "tranquilidade", foi usada pela primeira vez pelo filósofo grego Pirro, e depois pelos estoicos, para descrever um estado lúcido de equanimidade caracterizada pela liberdade constante do nervosismo e da preocupação. Da mesma forma, o eudemonismo é um sistema de ética que baseia valores morais na probabilidade de boas ações produzirem contentamento. O que significa que não apenas é desejável, como também ético, sentir prazer e felicidade e contentamento e alegria quando nossos atos se alinham com a melhor versão de nós mesmos.

Agora, é lógico, a maioria das pessoas encara esses termos como sinônimos (e raramente mencionam *ataraxia* ou *eudaemonia*), e isso é aceitável no discurso do dia a dia. No entanto, se começarmos a pensar nesses estados como níveis diferentes de bem-estar — e como uma escada rumo à realização e à tranquilidade —, podemos começar a tomar decisões melhores, que afetam nosso contentamento e alegria, sem afetar de forma substancial nosso prazer ou felicidade. Com o tempo, essas decisões melhores nos levarão para uma vida melhor.

REGRA MINIMALISTA PARA VIVER COM MENOS

Regra da sazonalidade

Olhe para seus pertences. Escolha algum. Qualquer um. Você usou esse item nos últimos noventa dias? Se não usou, vai usá-lo nos próximos noventa? Se não, está tudo bem se desapegar. É por isso que algumas pessoas chamam essa regra de 90/90. A coisa mais útil sobre ela é que engloba todas as estações. Digamos que seja setembro e você esteja pronto para embarcar em uma limpeza da casa. Escolha o primeiro objeto que encontrar no seu armário, porão ou depósito. Talvez seja um suéter antigo. Você vai usá-lo agora (na primavera)? Ele foi usado nos últimos noventa dias (no inverno)? Você pretende usá-lo nos próximos noventa (no verão)? Se a resposta for afirmativa, fique com ele. Se não, diga adeus!

Beber e comprar

Uma pesquisa recente descobriu que o "comércio para clientes alcoolizados" é uma indústria com valor estimado de US$ 45 bilhões por ano. Pelo visto, 79% dos consumidores embriagados já fez pelo menos uma compra nesse estado, e a média dos gastos com tais decisões é de US$ 444 por ano.

Eu argumentaria, no entanto, que quase 100% de nós fazemos isso. Podemos não estar alcoolizados quando fazemos

186 AME PESSOAS, USE COISAS

compras, mas estamos sob a influência da gratificação instantânea, tanto que tomamos a decisão de adquirir coisas que sabemos ir contra os nossos valores — apenas para sentir a onda de dopamina naquele momento.

Nós ignoramos nossos orçamentos.

Compramos coisas que nem queremos.

Fazemos compras para impressionar os outros.

Deixamos de lado nossos valores em prol de um ganho temporário. Eu sei disso, porque já me comportei assim.

Quando a preferência por posses ou prazer é mais forte do que valores, sacrificamos a satisfação permanente por ganhos temporários. Sem dúvida foi isso que aconteceu comigo no dia em que fui preso por roubo. Verdade seja dita, eu podia ter pedido uma gravata emprestada para um amigo, ou ido à entrevista sem uma, e tudo ficaria bem. Mas a história que contei para mim mesmo era que eu precisava daquilo naquele momento, que precisava tanto que não importava se sacrificasse meus valores para consegui-la. Eu não havia ingerido um pingo de álcool, mas, de certa forma, estava fazendo compras embriagado. Minhas decisões foram debilitadas por uma mentalidade errada: *Preciso disso e preciso agora!* E, como eu não sabia quais eram os meus valores, foi fácil fazer essa concessão.

Isso acontece com todo mundo em algum momento. Nós buscamos por atalhos ou agimos de forma impulsiva, e o mundo ao redor aciona o sinal da tentação. Não são apenas consumidores alcoolizados que perdem o discernimento; nossos filhos também são intoxicados pela gratificação instantânea.

Pense na última vez que você visitou um museu. A saída provavelmente passava pela loja de presentes. É o último recurso do consumismo. E, infelizmente, dá certo. Sempre que minha filha passa pelos enfeites, quinquilharias e lembrancinhas, implora para levar alguma coisa para casa.

— Posso ganhar alguma coisa? *Por favoooor!*

— O que você quer?

— Sei lá. *Qualquer coisa!*

O consumismo faz isso com todo mundo. Não sabemos o que queremos, mas sabemos que queremos mais, e queremos agora. Nem paramos para pensar no assunto — nem tampouco questionar o que pode agregar valor, ou atrapalhar. Contudo, se não questionarmos tudo que trazemos para nossa vida, vamos deixar que tudo entre.

A mensagem do minimalismo, então, é simples: se você não precisava disso cinco minutos atrás, provavelmente não precisa agora. E, mesmo que precise, não vai doer esperar.

Se eu disser para minha filha que ela pode me pedir amanhã que compre aquela bugiganga desnecessária, ela quase sempre esquece. Porque só nos lembramos daquilo que é importante, e todas as bobagens temporárias desaparecem.

Compreendendo nossos valores

É benéfico compreender nossos valores — eles iluminam a direção na qual devemos viajar para conquistarmos uma vida recompensadora. Seus valores nos ajudam a tomar decisões que realmente queremos tomar, o que inclui escolhas de consumo deliberadas. Se eu tivesse entendido *meus* valores com nitidez, teria tomado decisões melhores e evitado a vergonha, a culpa e

188 AME PESSOAS, USE COISAS

a humilhação que acompanharam minha prisão. Aquela não era a pessoa que eu queria ser. Mas, por outro lado, eu não sabia quem queria ser — porque meus valores eram, na melhor das hipóteses, confusos.

Assim, passei a década seguinte indo de uma decisão infeliz para outra, mesmo que, aparentemente, minha vida estivesse sob controle. Eu podia ter a casa confortável no bairro residencial, os Lexus gêmeos, os ternos ajustados, a carreira respeitável — mas essas supostas conquistas mascaravam uma vida inteira de decisões equivocadas e desenfreadas. E como eu não sabia quem queria ser, elas me afastaram da melhor versão de mim mesmo. Aos poucos, fui seguindo na direção errada, mas, conforme minha infelicidade se intensificava ao longo dos meus 20 anos, parecia que eu estava fugindo da vida recompensadora que desejava.

> **O OBJETIVO FINAL NÃO É A FELICIDADE — É TER UMA VIDA RECOMPENSADORA, COM A FELICIDADE SENDO UMA LINDA CONSEQUÊNCIA.**

Com o tempo, por meio de passos em falso e esforço contínuo, me dei conta de que não importava a velocidade com que as coisas aconteciam para mim, eu nunca chegaria a lugar algum se continuasse andando na direção errada. Para encontrar o caminho certo, eu precisava determinar meus valores.

Se aprendi alguma coisa durante quatro décadas neste planeta, foi o seguinte: a maneira mais genuína de ter uma vida recompensadora é alinhar suas ações em curto prazo com seus valores em longo prazo. Queremos que nossa futura versão tenha orgulho da versão atual. Caso contrário, viveremos buscando apenas atividades prazerosas, o que pode causar uma sensação prazerosa no momento, mas deixará para trás um vazio devastador.

Há pelo menos dois motivos para não compreendermos nossos valores. Primeiro, não paramos para questionar nossa identidade, deixando que ela seja moldada pela cultura pop, mídia e influência dos outros. Segundo, não compreendemos que alguns valores são mais importantes do que outros.

Se você está lendo isto, já fez progresso com a primeira complicação: começou a questionar seus valores. Parabéns! Enquanto reflete, porém, é igualmente importante compreender que nem todos os valores têm o mesmo peso. Na verdade, alguns deles nem valores são, o que significa que atrapalham o que é importante. É por isso que eu separo os meus em quatro categorias diferentes: valores básicos, valores estruturais, valores superficiais e valores imaginários. Vamos falar sobre cada um deles.

Valores básicos

Todo lar precisa ser construído sobre uma fundação firme. Você pode ter uma casa linda, mas ela afundará se os alicerces não forem sólidos. O mesmo acontece com nossos valores. Enquanto a maioria das pessoas tem valores gerais diferentes, tendemos a compartilhar cinco valores básicos semelhantes:

- Saúde

- Relacionamentos

- Criatividade

- Crescimento

- Contribuição

190 AME PESSOAS, USE COISAS

Esses são cinco valores inabaláveis que orientam minha vida. Então, sempre que me sinto insatisfeito, vejo se estou negligenciando um deles. Seus alicerces podem conter outros itens, mas esses cinco são praticamente universais. Uma década atrás, em uma tentativa de compreender melhor o que nos dava base, eu e Ryan escrevemos nosso primeiro livro, *Minimalism: Live a Meaningful Life* [Minimalismo: Viva uma vida com mais propósito, em tradução livre], sobre esses cinco valores compartilhados. Em vez de repetir o livro inteiro, vou apenas resumir cada um desses valores a seguir.

VALOR BÁSICO 1: SAÚDE

Imagine ganhar na loteria, encontrar um par perfeito no seu parceiro, pagar todas as dívidas, se mudar para sua casa dos sonhos e nunca mais precisar trabalhar. Agora, imagine acordar amanhã com uma dor aguda na barriga. Você sai da sua casa de praia, dirige até o consultório médico em seu carro de luxo e espera a doutora explicar qual é o problema.

— Você tem menos de um ano de vida — diz ela. — E, depois de hoje, provavelmente não vai conseguir fazer muita coisa além de se levantar da cama.

Ah, que sofrimento. Você finalmente conseguiu "tudo que queria", mas sua saúde problemática levou tudo embora, e seus pertences não fizeram diferença alguma. Sem saúde, você é incapaz de aproveitar até as coisas mais simples da vida.

VALOR BÁSICO 2: RELACIONAMENTOS

Imagine ganhar na loteria, estar na melhor forma da sua vida, pagar todas as dívidas, se mudar para sua casa dos sonhos e nunca mais precisar trabalhar. Agora, imagine acordar amanhã e não ter ninguém com quem compartilhar sua nova vida. Nenhum amigo. Nenhum parente. Nenhum ente querido. Ah, que sofrimento. Você finalmente conseguiu "tudo que queria", mas não tem ninguém para compartilhar essas coisas. Sem relacionamentos próximos, você não consegue viver uma vida recompensadora.

VALOR BÁSICO 3: CRIATIVIDADE

Imagine ganhar na loteria, estar na melhor forma da sua vida, encontrar sua alma gêmea, ter os melhores relacionamentos possíveis, pagar todas as dívidas, se mudar para sua casa dos sonhos e nunca mais precisar trabalhar. Agora, imagine acordar amanhã, e no dia seguinte, e no outro, sem nada para fazer, nada para lhe impulsionar. Ah, que horror. Existe um limite de quantos programas de televisão conseguimos assistir ou quantas férias podemos tirar antes de ficar evidente que o que falta na sua vida é paixão. Você não se sentirá realizado — não se sentirá apaixonado pela vida — se não tiver criatividade. Na maioria das vezes, essa é a raiz da sensação de vazio que assola tantas pessoas.

Vamos explorar a criatividade — e o que nos impede de sermos criativos — em outro capítulo, mas quero conversar um pouco sobre o conceito de "paixão". Quando eu e Ryan pensamos nos cinco valores básicos, a paixão era o terceiro item da lista. Mas há de se convir que, na realidade, estávamos falando de criatividade.

Se você fizer uma busca na internet hoje, vai encontrar um monte de "especialistas" dizendo que devemos "fazer aquilo pelo que somos apaixonados". Há pelo menos dois problemas com esse conselho equivocado. Primeiro, ele pressupõe que você nasceu com uma paixão preexistente — como se estivesse destinado a se tornar astronauta, contador ou ator. E, em segundo lugar, o conceito de paixão foi usado em excesso e maltratado por supostos influenciadores nas últimas duas décadas, tanto que perdeu o significado. Você sabia que a origem latina de paixão significa "sofrer"? Você acha que essas autoridades virtuais estão dizendo para as pessoas "fazerem aquilo que causa sofrimento"? Certamente não. É fácil incentivar alguém a fazer algo que ama, mas é um conselho simplista demais.

Esse tipo de verdade absoluta não existe. Ninguém tem um destino predeterminado nem uma paixão única preexistente, esperando ser descoberta. Existem dezenas, talvez centenas, de coisas que você pode fazer com a sua vida — oportunidades criativas ilimitadas para abastecer sua paixão. Assim, a criatividade basicamente supre as mesmas necessidades, mas é uma descrição melhor para esse valor básico.

VALOR BÁSICO 4: CRESCIMENTO

Imagine ganhar na loteria, estar na melhor forma da sua vida, encontrar sua alma gêmea, ter os melhores relacionamentos possíveis, pagar todas as dívidas, se mudar para sua casa dos sonhos, ter projetos criativos pelos quais você é muito apaixonado e descobrir sua missão. O que fazer agora? Visitar o lago mais próximo e pescar todo dia? Sentar no sofá e apreciar a luz azulada da TV? É lógico que não. Você quer continuar a aproveitar sua nova vida — com a saúde perfeita, relacionamentos perfeitos e uma criatividade recém-descoberta. Assim, precisa continuar a se aprimorar; deve continuar a crescer. Acaba que o velho ditado "quem não cresce morre" é extremamente verdadeiro.

Sem dúvida, nem todo crescimento é positivo. O bíceps depois de um mês na academia passa por um tipo de crescimento. Mas um tumor também. Então é melhor pensarmos bem na maneira como queremos crescer, ou cresceremos de acordo com as regras dos outros. Nossa sociedade desenvolveu uma narrativa específica desde a Revolução Industrial, a qual diz que devemos explorar o crescimento *infinito*, e isso pode parecer interessante a princípio, mas não é o tipo de crescimento que me interessa. Eu prefiro me concentrar no crescimento *intencional*.

O crescimento infinito diz que devemos crescer a todo custo; o crescimento intencional acontece quando evoluímos de acordo com nossos valores. Você já fez "apenas uma" concessão que acabou se transformando em uma série de outras? Eu já. Literalmente menti e roubei para conseguir o que queria. Mas não parei por aí. Menti para encobrir a primeira mentira, depois precisei contar uma mentira maior ainda para encobrir a segunda. Que bagunça. Isso acontece com frequência quando fazemos concessões, apesar de não haver nada realmente errado com uma concessão em si. Na verdade, a maioria dos relacionamentos exige que as pessoas encontrem um meio-termo. O problema acontece quando abrimos mão daquilo que queremos para conseguir o que desejamos hoje. É mais difícil permanecer firme em nossos princípios — evitar a atração do atalho —, mas, se quisermos crescer com intenção, isso é importante.

> QUASE TODAS AS MELHORES EXPERIÊNCIAS DA VIDA OCORREM A PARTIR DA CONTRIBUIÇÃO.

O crescimento infinito passa por cima das pessoas em prol do lucro; o crescimento intencional não finge que dinheiro é

194 AME PESSOAS, USE COISAS

irrelevante, mas não permite que os lucros mandem em tudo. Ryan e eu temos dois negócios lucrativos — The Minimalists, em Los Angeles, na Califórnia, e a Bandit Coffee Co., em St. Petersburg, Flórida —, mas o dinheiro não é o motivador principal para a existência de nenhum dos dois. Nós nos concentramos em *agregar valor* aos nossos leitores, ouvintes, espectadores, seguidores, clientes e consumidores sem nos esquecermos dos nossos valores. Tratamos nossos funcionários de forma imparcial e pagamos salários justos. Preferimos nos concentrar em qualidade, não em quantidade. Não fazemos anúncios em nenhuma das nossas plataformas. Não vendemos os dados do nosso público para terceiros. Não enviamos spam nem lixo para ninguém — nunca. Como resultado, as pessoas confiam em nós e estão dispostas a apoiar nosso trabalho, seja por meio dos livros que escrevemos ou do café que torramos. É verdade que não ganhamos cada centavo possível com nenhum dos dois negócios durante o período mais tenso da pandemia, porém é mais fácil deitar a cabeça no travesseiro sabendo que nossas decisões seguem nossos valores, e nos sentimos melhor sobre as perspectivas em longo prazo das duas companhias quando o crescimento não depende apenas de encher nossas carteiras.

O crescimento infinito se preocupa com a competição e expectativas crescentes; o crescimento intencional contempla a cooperação e padrões melhores. Durante meus anos no mercado corporativo, éramos muito obcecados com alvos imaginários. Minhas lojas precisavam contabilizar 29 indicadores de desempenho diários, o que significava que, mesmo em um dia "ótimo" de vendas, sempre achávamos algo que nos deixava insatisfeitos. Vemos isso na vida pessoal também, não é? Olhamos para a balança e fingimos que ela representa bem-estar. Olhamos para os números no extrato bancário e fingimos que eles representam felicidade. Olhamos para as posses materiais em casa e fingimos que elas representam completude. Essas expectativas aumentam com o tempo. Conforme elas se expandem, aquilo que antes era uma grande esperança se torna comum, criando caos pelo caminho. E o antídoto para esse caos é meio paradoxal: para restaurar a ordem em nossa vida, devemos diminuir nossas expectativas e aumentar nossos padrões. John Wooden, técnico-chefe da UCLA, ficou famoso ao dizer a seus jogadores para não olharem o placar. Em vez disso, ele os incentivava a se comprometerem a dar o melhor em campo. E, assim, seus times venceram dez campeonatos em 12 anos e ele se tornou um dos treinadores com mais vitórias na história da NCAA — não porque esperava ganhar, mas porque tinha padrões altos.

O crescimento é um componente fundamental de uma vida recompensadora — contanto que seja intencional —, porque o aprimoramento contínuo faz a gente se sentir vivo, dando propósito aos nossos atos. Pense em todas as melhorias que você já fez. Muitas delas não pareciam impossíveis cinco ou dez anos atrás? Como você foi capaz de mudar? É provável que elas não tenham acontecido de uma vez, mas por meio de modificações pequenas ao longo de um grande período. De fato, algumas mudanças são enormes e imediatas — terminar um relacionamento, pedir demissão do emprego, se mudar para outra cidade —, e, ocasionalmente, grandes transformações são necessárias. Boa parte do crescimento, porém, acontece com pequenos passos — porque esses pequenos passos acabam se transformando em saltos enormes.

VALOR BÁSICO 5: CONTRIBUIÇÃO

Imagine ganhar na loteria, estar na melhor forma da sua vida, encontrar sua alma gêmea, ter os melhores relacionamentos possíveis, pagar todas as dívidas, se mudar para a casa dos seus sonhos, ter projetos criativos pelos quais você é muito apaixonado, descobrir sua missão e encontrar várias formas de crescer todos os dias. O que fazer agora? Sentar na sua pilha de dinheiro e admirar seu sucesso?

Não.

Seja chamado de altruísmo ou de servir aos outros, o valor básico final é contribuição, que complementa perfeitamente o valor anterior. O crescimento e a contribuição geram uma sequência regenerativa: quanto mais você cresce, mais ajuda os outros a crescer; quanto mais você ajuda os outros a crescer, mais cresce em retribuição. O crescimento intencional traz uma sensação ótima, mas a contribuição pode ser ainda melhor, porque faremos mais pelas pessoas que amamos do que por nós mesmos. Isso acontece porque os seres humanos têm uma necessidade intrínseca de contribuir com os outros. Apesar de haver muitas maneiras de ajudar o próximo, é vantajoso aprender como contribuir de forma mais eficaz com o mundo a seu redor. De acordo com William MacAskill, um filósofo escocês, estudioso da ética e criador do movimento do altruísmo eficaz, "o altruísmo eficaz se resume a responder a uma simples pergunta: como podemos usar nossos recursos para ajudar os outros da melhor forma? Em vez de apenas fazer o que parece certo, [o altruísmo eficaz usa] provas e análises cuidadosas para encontrar as melhores causas a fim de contribuir". Em outras palavras, ajudar é bom, mas a contribuição construtiva é melhor ainda.

Se você contribuir de forma sábia, "pode causar um impacto tremendamente positivo no mundo", alega MacAskill.

"Esse é um fato tão surpreendente que é difícil assimilar. Imagine se, um dia, você visse um prédio pegando fogo, com uma criança pequena no interior. Você corre para as chamas, pega a criança e a salva. Que herói. Agora imagine que isso acontece uma vez a cada dois anos — você salvaria dezenas de vidas ao longo da sua carreira. Parece um mundo estranho, mas evidências atuais sugerem que é assim que muita gente vive. Se você recebe um salário médio **NÓS CONFUNDIMOS PRAZER COM OUTRAS FORMAS MAIS SIGNIFICATIVAS DE BEM-ESTAR.** nos Estados Unidos e doa 10% dos seus ganhos por ano para a Against Malaria Foundation [Fundação contra a Malária, em tradução livre], provavelmente salvará dezenas de vidas ao longo de sua existência."

Mas, sim, preencher um cheque não é a única forma de ajudar. Pessoas sem recursos financeiros para fazer doações podem encontrar maneiras de ajudar as pessoas em comunidades locais e globais: servir comida em sopões, abrigos para pessoas em situação de rua e bancos de doação de alimentos; construir casas com a Habitat para a Humanidade; dar aulas para crianças que precisam de ajuda com o trabalho escolar. Há inúmeras necessidades que precisam ser supridas, não por um salvador perfeito, mas por *você*, a pessoa imperfeita que está apenas disposta a ajudar.

Quando Ryan e eu abandonamos o mundo corporativo em 2011, após passarmos trinta anos neste planeta sem contribuir com quase nada, disponibilizamos tempo para ajudar várias causas nobres. Na última década, nosso trabalho como The Minimalists nos permitiu construir dois orfanatos, ajudar vítimas do furacão Harvey, dar apoio aos sobreviventes dos tiroteios em massa em Orlando e Las Vegas, fundar uma escola

198 AME PESSOAS, USE COISAS

de ensino médio por ano no Quênia, instalar poços de água potável em três países, construir uma escola de ensino fundamental no Laos e comprar milhares de telas de proteção contra mosquitos para combater a malária no continente africano. No momento em que escrevo isto, estamos angariando fundos para construir um mercado cooperativo sem fins lucrativos na zona oeste de Dayton, um dos maiores desertos alimentares nos Estados Unidos. Estou contando sobre esses projetos não para me vangloriar ou nos enaltecer, mas para mostrar que é possível partir do zero e passar a contribuir muito em pouco tempo. A única coisa necessária é disposição para ajudar os outros.*

Não importa se você está preenchendo cheques ou ajudando os outros com as próprias mãos (ou as duas coisas), a forma mais eficiente de contribuir é encontrar um método que lhe inspire a continuar ajudando. Os músculos de contribuição se fortalecem conforme contribuímos, e, nesse processo, encontramos um novo propósito — o qual diz que a vida não se trata apenas de *você*, individualmente, mas de *nós* como comunidade.

REGRA MINIMALISTA PARA VIVER COM MENOS

Regra do um entra, dez saem

Ser minimalista não significa que você nunca mais vai poder comprar algo novo. Mas que vai fazer isso de forma intencional. E vai se desapegar das coisas de propósito — ou você pode fazer os dois ao mesmo tempo. Para isso, criamos a "Regra do um entra, dez saem".

---

* Se quiser participar de algum de nossos futuros projetos, pode assinar nossa *newsletter* gratuita, em inglês, em minimalists.com.

> Baseada na política do um entra, um sai, muito usada para gerenciar o número de pessoas dentro de um edifício ao mesmo tempo, essa regra ajuda a controlar quais novos itens você compra e quais vai manter, porque, a cada coisa que adquirir, deve se livrar de dez que já possui. Quer aquela camisa nova? Dez peças de roupa serão doadas. Quer aquela cadeira nova? Dez móveis vão para o eBay. Quer o liquidificador novo? Dez produtos de cozinha são cortados. Quando usada de forma regular, essa regra remoldará seus hábitos de consumo diários.

Valores estruturais

Depois que os alicerces estão no lugar, a estrutura é erguida. Cada casa tem uma edificação básica, mas todas são diferentes: algumas são feitas de aço e parafusos; algumas, de madeira ou tijolos; outras, de concreto e cimento. O mesmo vale para nossos valores. Seus valores estruturais formam sua identidade — são seus valores *pessoais*. A seguir, estão alguns dos meus, com uma definição minha:*

- **Autonomia:** liberdade de controle externo.

- **Suficiência:** capacidade de discernir quanto é suficiente.

- **Humildade:** compreensão sobre si mesmo; ausência do ego.

- **Mobilidade:** irrestrita à geografia.

---

* Isto é só um resumo. Para uma lista abrangente dos meus valores, acesse minimalists.com

200 AME PESSOAS, USE COISAS

- **Qualidade:** melhor, mas menos; resultado da intenção.

- **Autocontrole:** capacidade de evitar impulsos.

- **Sinceridade:** seriedade livre de engano e hipocrisia.

- **Solidão:** tempo sozinho, sem interagir com os outros.

- **Vulnerabilidade:** coragem de agir, independentemente do resultado.

Com o tempo, conforme você ganha experiência, seus valores estruturais podem mudar um pouco, mas, assim como sua casa, a estrutura tende a permanecer intacta depois de ser construída. A menos, é lógico, que você embarque em uma reforma abrangente, que é sempre uma possibilidade. Quando deixei o mundo corporativo aos 30 anos, destrocei meus valores antigos e construí uma vida nova com base em valores estruturais diferentes.

Valores superficiais

Depois de a base estar montada e de a estrutura ser erguida, sua casa ganha beleza na parte externa. Enquanto a fachada não é tão fundamental quanto a estrutura em si, o que está na superfície torna sua casa interessante, especial e divertida. Você pode até dizer que é aquilo que transforma uma construção em um lar. O mesmo vale para os valores superficiais.

Esses valores *menores* têm um papel essencial ao acrescentar variedade e diversidade na vida — talvez você até pense neles como interesses pessoais. Mas só porque são menores não quer dizer que não tenham um forte impacto na sua satisfação geral — eles são menores apenas quando comparados aos valores mais importantes já listados, mas são um componente fundamental de uma vida completa. Aqui vão alguns dos meus no momento:

- Estética

- Arte

- Limpeza

- Design

- Meditação

- Música

- Leitura

- Escrita

Conforme seus interesses mudam, seus valores superficiais podem se transformar completamente a cada mês, a cada ano, a cada década. Assim como você mantém um clima revigorante na sua casa ao retocar a pintura e acrescentar novas plantas, sua vida pode permanecer empolgante quando seus valores menores se adaptam a seus interesses e desejos atuais. Se uma dessas coisas parar de agregar valor, ela não serve mais, então pode ser abandonada. Você sempre pode retomá-la no futuro, se mudar de ideia.

Valores imaginários

Digamos que você construiu uma casa belíssima, sobre alicerces sólidos, uma estrutura firme e uma fachada linda. Esse é o equivalente de ter uma vida recompensadora. Infelizmente,

AME PESSOAS, USE COISAS

não é o que costuma acontecer. Se dedicarmos um tempo à contemplação dos nossos valores, podemos ficar obcecados com os valores imaginários, que nem sequer fazem parte da nossa hierarquia. Eles são apenas obstáculos. São como uma cerca ao redor da casa que construímos; só podemos entrar se eliminarmos essa barreira. Aqui vão alguns dos valores imaginários que, às vezes, me impedem de me sentir realizado:

- Trabalho duro

- Conforto

- E-mail

- Produtividade

- Opinião pública

- Redes sociais

- Televisão

Conforme ganhamos mais experiência, nossos valores imaginários mudam. Sempre existirão novos obstáculos, porque, quando nos tornamos satisfeitos, temos talento para nos distrair com novos objetos e ofertas brilhantes. Construímos celas de prisão bem decoradas, adornadas com coisas temporárias, e depois reclamamos do encarceramento autoimposto.

Devemos passar por cima dos nossos obstáculos. Foi o autor Ryan Holiday quem nos mostrou que "o obstáculo é o caminho", e, se eu pudesse acrescentar algo a essa mensagem, diria o seguinte: o único caminho para uma vida recompensadora é passando por cima dos nossos valores imaginários e priorizando os valores superiores.

Como usar esses valores

Todo mundo é diferente. Meus valores estruturais podem ser seus valores superficiais, ou até seus valores imaginários — e vice-versa. E está tudo bem — é o ideal, na verdade. Diferenças deixam a vida mais interessante. Imagine como seria chato se todo mundo fosse igual a mim, ou igual a você.

Também vale mencionar que, às vezes, nossos valores superficiais se tornam valores imaginários — e, se formos sinceros com nós mesmos, isso pode acontecer até com valores estruturais, conforme mudamos nossas prioridades. E é natural. Conforme temos mais nitidez do que queremos, muitas vezes descobrimos que as coisas que nos ajudavam ontem agora atrapalham.

Para nos ajudar a identificar nossos valores, incluímos uma planilha de valores no fim deste livro.* Após completar a planilha, analise-a com alguém em quem você confia. E, se essa pessoa quiser, analisem a planilha dela também. Você não vai demorar muito para descobrir que, quando entender *seus* valores — e os valores das pessoas mais próximas —, também entenderá como interagir com eles de forma mais eficiente, e isso lhe ajudará a aprimorar seus relacionamentos e a crescer de formas empolgantes, inesperadas. No começo de cada ano, eu e minha esposa nos sentamos à mesa da cozinha para revermos nossas planilhas juntos, e isso não apenas me ajuda a me comunicar melhor com ela, mas também a entender como posso ser a melhor versão de mim mesmo.

---

* Você pode baixar e imprimir cópias adicionais da planilha de valores, em inglês, em minimalists.com/resources.

204 AME PESSOAS, USE COISAS

———————— Reflexões: Valores ————————

Oi! Aqui é o Ryan de novo. Nossa! Joshua fez a gente pensar bastante sobre valores, né? Então, você está pronto para começar os exercícios que lhe ajudarão a entender melhor suas prioridades? Fantástico! Por favor, leve o tempo que precisar para contemplar o que cada exercício pede. Depois, você verá que passou a compreender e apreciar muito mais seus valores.

PERGUNTAS SOBRE VALORES

1. Qual é o seu Objeto A? Por quê?

2. Atualmente, como você faz concessões sobre seus valores e se impede de ter uma vida recompensadora?

3. Quando se trata de mudar de vida para se alinhar com seus valores, o que lhe dá medo — e por quê?

4. O que você entende sobre as diferenças entre prazer, felicidade, contentamento e alegria?

5. Sua futura versão expressaria gratidão pela maneira como você vive hoje?

O QUE FAZER COM OS VALORES

O que você aprendeu neste capítulo sobre valores? O que vai permanecer na sua mente? Que lições serão um incentivo para alinhar seus atos com a pessoa que você deseja ser? Aqui estão listadas cinco ações imediatas que podem ser tomadas hoje:

- **Entenda seus valores.** É crucial escrever todos os seus valores, até os imaginários. Use a planilha de valores no fim do livro ou acesse minimalists.com/resources para baixar uma cópia [em inglês].

- **Encontre um parceiro.** Escolha alguém com quem você possa analisar seus valores. Peça que a pessoa também participe. Receber ajuda nessa fase fará com que você tenha de prestar contas, reforçará seus valores e lhe inspirará a ser fiel às suas crenças.

- **Seja objetivo.** Depois de completar a planilha e analisá-la com seu parceiro, seja transparente sobre quais valores você está ignorando e/ou abrindo mão. Como parar de fazer concessões e começar a tomar atitudes e decisões alinhadas com seus valores?

- **Identifique obstáculos.** Quais são seus maiores obstáculos? Escreva-os e então faça um plano para resolvê-los. Se ficar empacado, peça ajuda para um amigo ou para alguém da sua família — ou consulte um profissional (um terapeuta, médico ou um coach, por exemplo).

- **Reconheça as consequências.** O que você sacrifica quando não vive de acordo com seus valores? Escreva as consequências dos seus sacrifícios.

O QUE NÃO FAZER COM OS VALORES

Por fim, vamos refletir sobre o que atrapalha seus valores. Aqui estão listadas cinco coisas que você deve evitar, a partir de hoje, se quiser ser a melhor versão de si mesmo:

- Não tente ser perfeito. A perfeição não pode ser comprada e, se formos atrás dela, viveremos constantemente decepcionados. No entanto, *podemos* escolher ações consistentes para mudar aos poucos.

- Não busque prazer e felicidade. Quando fazemos isso, nunca sentimos alegria de verdade. Pelo contrário, nós queremos nos concentrar em ter uma vida com propósito. Quando vivemos assim, o prazer e a alegria se tornam consequências.

- Evite ter expectativas muito altas. Em vez disso, crie padrões altos para si mesmo.

- Não deixe a satisfação ou a insatisfação imediatas controlarem você.

- Não comprometa seus valores.

RELACIONAMENTO 5 | DINHEIRO

Eu recebi meu primeiro cartão de crédito no verão em que completei 18 anos e passei a década seguinte torrando dinheiro. Meu novo MasterCard resplandecente tornava tudo fácil. Se eu não pudesse bancar alguma coisa, não tinha problema: era só parcelar! Muitas compras eram ambiciosas, como se fossem uma tentativa de comprar minha entrada em um nível mais elevado de sucesso. "Não dá para ganhar dinheiro sem gastar dinheiro" era o mantra oculto que eu ouvia em reuniões de negócios e conferências, e, nossa, como assimilei isso, apesar de nunca ter entendido de verdade o que significava. Era algo que apenas soava legal — uma justificativa simples para a falta de planejamento financeiro. Eu dizia a mim mesmo que não vivia fora da minha realidade; estava vivendo na realidade da minha versão futura. Eu não era imprudente; só gastava o dinheiro que passaria a receber depois da próxima promoção, do aumento de salário, do bônus anual ou de uma comissão inesperada. Até lá, os cartões de crédito cobririam o rombo.

Quando estourei o limite do meu primeiro cartão, foi fácil conseguir outro, depois outro, e depois vários outros ao longo

208 AME PESSOAS, USE COISAS

dos anos, até que, com o tempo, eu tinha 14 pedaços de plástico estourados na minha carteira, indo de Visa e Discover até Diners Club e o cartão da Macy's, cada um facilitando minha vida, ou pelo menos era o que eu pensava, porque podia adquirir novas roupas, decorações para a casa e um catálogo de compras impulsivas sem gastar o *meu* dinheiro. Era assim que eu me sentia sempre que me deparava com a maquininha.

Parecia que "vou passar no cartão" havia se tornado meu lema. Sem me preocupar com os problemas e a ansiedade que as dívidas e os juros causariam no futuro, eu pagava quase tudo no crédito. E as coisas só foram piorando — não melhorando, como achei que aconteceria — conforme meu salário aumentava.

A tentação das dívidas consegue apagar nossa identidade, substituindo-a por um forte esforço de nos tornarmos iguais a todo mundo. Fui promovido pela primeira vez aos 22 anos, no mesmo ano em que construí minha primeira casa. Comprei um carro aos 23. Um segundo carro aos 24. Um Land Rover aos 25. Toda vez, achei que a satisfação viria ao meu encontro. Mas, conforme nada acontecia, a adrenalina passava, e a única coisa que eu encontrava era a ânsia. A ânsia por algo melhor, algo diferente, algo para preencher o vazio. Eu cavava minha própria cova. E não era o único a fazer isso.

Disfunção financeira

Julie Hamilton, uma participante do nosso estudo de caso da festa do encaixotamento e moradora de Madison, no Wisconsin, compreendeu que ela e a família estavam se deixando levar pela busca por mais: "Eu ajudava meu marido a administrar várias empresas pequenas, e estávamos tão focados no sucesso e em realizar nosso "sonho americano" — a casa, os carros, as posses —, que, no fim das contas, acabamos reprimidos por tudo aquilo." No meio do experimento com a família, Julie admitiu que ela e o marido se sentiam "sufocados pelo estresse". Eles precisavam simplificar para compreender que a vida que levavam não era sustentável; o fardo financeiro das compras incessantes havia acabado com eles.

Milhões de norte-americanos vivem na ponta do lápis, e, de acordo com uma pesquisa recente da CFSI [Centro de Estudos de Saúde Financeira, segundo a sigla em inglês], 72% deles têm práticas financeiras insalubres. Às vezes, acabamos endividados sem querer, devido a despesas médicas imprevistas, mas é comum que tomemos uma série de decisões descuidadas que acabam levando a montanhas de dívidas com o tempo. Este era o meu caso — me tornei vítima das minhas escolhas imprudentes. Não apenas eu era uma dessas pessoas com práticas financeiras insalubres, mas, apesar de ganhar quase US$ 200 mil por ano aos quase 30 anos (em Dayton, Ohio, ainda por cima), fazia parte dos 44% cujas despesas ultrapassavam a renda. Sob qualquer aspecto, eu *parecia* próspero, mas, na realidade, sofria de "impotência financeira" uma década antes de Neal Gabler usar essa expressão pela primeira vez na revista *The Atlantic*, na qual explicava que a condição "tem muitas características da impotência sexual, uma das principais sendo a necessidade desesperada de escondê-la e fingir que está tudo ótimo".

> **A TENTAÇÃO DAS DÍVIDAS CONSEGUE APAGAR NOSSA IDENTIDADE, SUBSTITUINDO-A POR UM FORTE ESFORÇO DE NOS TORNARMOS IGUAIS A TODO MUNDO.**

210 AME PESSOAS, USE COISAS

Assim como a família Hamilton, era isso que eu fazia. Fingia que era bem-sucedido. Mas minhas tentativas de mascarar os problemas financeiros eram como tentar pintar uma casa pegando fogo — algumas camadas extras nunca vão apagar o incêndio. Como *não* vi as chamas? Você deve achar que as contas que enchiam minha caixa de correio deviam me deixar nervoso, mas eu compartimentalizava minhas indiscrições, e as dívidas deixavam marcas. Eu levava a vida de um jeito que não era alegre nem virtuoso — chegando a ponto de viver para trabalhar, não trabalhar para viver. Até que ponto eu estava disposto a ser infeliz para impressionar as pessoas a meu redor?

Para piorar a situação, eu incentivava os outros — amigos, parentes, funcionários — a fazer dívidas. *Você merece aquele carro esportivo, aquele piano de cauda, aquela reforma da cozinha!* Era uma forma perversa de reinterpretar meu fracasso como algo positivo, porque, se pessoas suficientes vivessem igual a mim, estava tudo certo, não estava? Ninguém gosta de ser infeliz sozinho.

Um retrato da disfunção financeira, eu ganhava bastante dinheiro, porém gastava ainda mais, e, conforme fui me aproximando dos 30 anos, precisava pagar parcelas da hipoteca da casa, da segunda hipoteca, dos carros, das dívidas dos cartões dos meus 20 anos, e uma pilha de faturas de crédito, além das contas normais e gastos de vida. Para completar, havia as dívidas de dois empréstimos estudantis, mesmo sem eu ter nenhum diploma universitário (nem queira saber). Eu estava a um passo de buscar o equivalente moderno de um agiota — um empréstimo consignado —, o recurso das pessoas mais desesperadas de nossa sociedade. E muitos de nós estamos mais desesperados do que você imagina.

RELACIONAMENTO 5 | DINHEIRO **211**

Sabia que um em cada quatro norte-americanos precisaria pegar dinheiro emprestado ou vender alguma coisa se tivesse que pagar um gasto inesperado de US$ 400? Esse também é mais ou menos o mesmo percentual de adultos norte-americanos que não têm nenhuma economia para a aposentadoria, de acordo com um relatório recente da Reserva Federal. E mais ou menos o mesmo número de pessoas — 25% — diz que evitou cuidados médicos *necessários* no último ano porque não podia bancar os gastos. (Isso diz muito sobre o sistema de saúde dos Estados Unidos opacamente custoso, que poderia ser supervisionado de forma mais eficiente para remover custos abusivos, assim como nossa incapacidade de juntar dinheiro.)

As dívidas acabam com nossa liberdade, segurança, identidade. Os credores estão fazendo o "sonho americano" de refém. E o novo "sonho americano" é se livrar de todas as dívidas.

Em uma entrevista para uma revista, alguns anos atrás, uma jornalista me perguntou a quem eu associava a palavra "bem-sucedido". Minha resposta não foi Steve Jobs, Bill Gates ou Kim Kardashian. Nem pensei no antigo "sonho americano" — a casa grande, os carros, as dívidas associadas com opulência — como minha definição de sucesso. Quando penso em alguém bem-sucedido, penso no meu amigo Jamar Hocker, em Cincinnati. Por quê? Porque ele sabe que podemos comprar prazeres temporários, mas a liberdade financeira não está à venda. Apesar de ser um pai e marido maravilhoso, professor de ensino médio e investidor imobiliário, não é por isso que ele é bem-sucedido. O sucesso de Jamar está no fato de ele viver o novo "sonho americano": ele é alegre, saudável e livre de dívidas; tem controle completo sobre a própria vida; não mede sua autoestima segundo fatores externos — e tudo isso

212 AME PESSOAS, USE COISAS

o torna a pessoa mais bem-sucedida que conheço. Certamente, Jamar trabalha muito, mas seu objetivo não é acumular mais posses — ele trabalha para aumentar sua liberdade, enquanto a maioria de nós pega pesado para nos tornarmos endividados.

A maioria das pessoas está endividada

Há muitos motivos para nossas crises financeiras individuais, incluindo emergências médicas, desemprego e a concessão predatória de empréstimos. E, é óbvio, não podemos nos esquecer da inflação — na última década, os preços das casas subiram 26%, despesas médicas aumentaram em 33% e custos de faculdade estão 45% mais aĺtos. Assim, fomos nos endividando cada vez mais para acompanhar os gastos. Apesar de ser fácil culpar as circunstâncias, também devemos assumir a responsabilidade por nossos atos. Sempre que assinamos na linha pontilhada, sempre que gastamos de forma impensada, sempre que trazemos para casa algo que não podemos bancar, estamos pedindo que nosso futuro eu arque com as consequências de nossas decisões atuais.

Durante o verão de 2018, nós embarcamos na turnê do "Dinheiro e Minimalismo", junto com a equipe de Dave Ramsey, do Ramsey Personalities. Apresentador do terceiro maior talk-show radialista nos Estados Unidos e autor de vários livros best-sellers, Ramsey ajudou milhões de norte-americanos a se livrarem das dívidas e mudarem seus futuros financeiros. Naquele verão, enquanto eu passava um tempo na sede da Ramsey Solutions, perto de Nashville, tive a oportunidade de entender melhor por que tantas pessoas no país mais rico do mundo estão endividadas.

"Se você quiser se dar bem com o dinheiro, veja o que a maioria das pessoas está fazendo e corra na direção contrária",

RELACIONAMENTO 5 | DINHEIRO **213**

disse Ramsey em um discurso sobre negligência financeira, falando de forma enérgica com frases aforísticas — mais poesia financeira do que prosa. As palavras a seguir são deles:

A maioria das pessoas está endividada.
A maioria das pessoas parece bem, mas está endividada.
Elas gastam mais do que recebem.
Elas não agem de acordo com o salário que recebem; não têm um plano.
Elas não guardam dinheiro para emergências.
Elas não concordam com o cônjuge sobre as finanças do casal.
Elas esperam que o governo as ajude na aposentadoria.
A maioria das pessoas é idiota com dinheiro; gasta como se trabalhasse no Congresso.
O número de endividamentos nunca esteve tão alto; a quantidade de execuções de hipoteca está aumentando de novo.
A maioria das pessoas vive na ponta do lápis.
As dívidas com cartões de crédito continuam a aumentar.
Temos mais de um trilhão de dólares em dívidas estudantis.
A parcela média de um carro custa quase US$ 500 ao longo de 84 anos — isso é uma idiotice.
Nos Estados Unidos, ser *normal* é ser endividado e idiota.
Você não quer ser normal.
Você quer ser estranho.
Estranho é diferente.
E, quando a cultura perde seu caminho, a melhor coisa a fazer é ser do contra.

O que mais gosto nos monólogos de Ramsey é que eles são feitos com amor, apesar de ser um amor *ríspido*. De fato, ele pode lhe dar uma bronca se você for uma das 16 milhões

214 AME PESSOAS, USE COISAS

de pessoas que escutam seu programa toda semana, mas só porque se importa. Se isso não for aparente através das caixas de som, fica óbvio ao passar tempo com ele. Depois de tomar todas as mesmas decisões tolas que a maioria de nós, o próprio Ramsey lutou com a disfunção financeira, até ficar endividado, ter de declarar falência e recomeçar. Mas, como uma fênix renascendo das cinzas da ruína financeira, ele deu a volta por cima e passou as últimas três décadas usando o que aprendeu para ensinar as pessoas a quitar dívidas e recuperar o controle.

Alguns anos atrás, escrevi um texto quase satírico chamado "11 Signs You Might Be Broke" [11 sinais de que você pode estar endividado, em tradução livre], inspirado na famosa apresentação "You Might Be a Redneck" [Você pode ser um caipira, em tradução livre], de Jeff Foxworthy.* Não vou repetir todos os argumentos que usei — "você pode estar endividado se estiver vivendo na ponta do lápis", "você pode estar endividado se precisa pagar uma parcela do carro todo mês", "você pode estar endividado se tem dívidas com o cartão de crédito" são alguns deles —, mas quero resumir a tese: estar endividado não é o problema; estar endividado sem um plano para encerrar esse ciclo é. Todo mundo já esteve endividado e arruinado em algum momento da vida. É verdade, todos precisamos de dinheiro para viver, porém, como Tyler Durden diz em *Clube da luta*, você não é o que tem dentro da sua carteira. Mais importante do que renda é como gastamos os recursos que temos. Eu mesmo conheço pessoas endividadas que ganham seis (ou até sete) dígitos por ano. Também conheço famílias que vivem com US$ 30 mil por ano e estão bem — porque vivem de

---

* Se você tiver interesse, pode ler o texto inteiro, em inglês, em minimalists.com/broke.

acordo com a realidade delas. A riqueza real, a segurança e o contentamento não vêm das quinquilharias que acumulamos, mas do que fazemos com a única vida que recebemos. Mesmo assim, é difícil aproveitar a vida quando estamos atolados em dívidas, o que significa que devemos nos livrar delas se quisermos ter uma existência mais feliz. Acabar com as dívidas é o novo aumento de salário.

Como se desendividar

Além de respeitar os conselhos duros e muito necessários de Ramsey, também gosto de saber que eles são imediatamente práticos. Em seu best-seller, *The Total Money Makeover: A Proven Plan for Financial Fitness* [A reforma total do dinheiro: um plano comprovado para entrar em forma financeira, em tradução livre], que vendeu mais de oito milhões de exemplares, Ramsey oferece um plano universal — o mesmo plano que ele usou — para quitar as dívidas e alcançar a liberdade financeira. Ele chama esse plano de os Sete Pequenos Passos:

Pequeno Passo 1: Economizar mil dólares para seu fundo de emergência inicial (e criar um orçamento).

Pequeno Passo 2: Pagar todas as dívidas (tirando as parcelas da casa) usando o método da "bola de neve das dívidas".

Pequeno Passo 3: Economizar três a seis meses de gastos em um fundo de emergências completo.

Pequeno Passo 4: Investir 15% da sua renda familiar na aposentadoria.

Pequeno Passo 5: Economizar para o fundo de faculdade dos filhos.

216 AME PESSOAS, USE COISAS

Pequeno Passo 6: Quitar sua casa antes do prazo.
Pequeno Passo 7: Juntar dinheiro e retribuir.

Esses passos simples — especificamente os Pequenos Passos 1 e 2 — também me guiaram para quitar uma dívida de mais de seis dígitos. Como? Primeiro, precisei juntar mil dólares o mais rápido possível — um fundo de emergência para cobrir os fatos inesperados da vida: consertos de carro, despesas médicas e outros imprevistos. O primeiro passo era significativo porque eu não queria cavar ainda mais a minha cova enquanto tentava sair do vermelho. Depois, era o momento de criar um orçamento. Usei na época o "sistema envelope" de Ramsey, mas, se estivesse na mesma situação hoje em dia, usaria seu aplicativo de orçamentos gratuito, o EveryDollar, para rastrear minhas despesas mensais.

ACABAR COM AS DÍVIDAS É O NOVO AUMENTO DE SALÁRIO.

Depois que juntei meu fundo de emergência e organizei meu orçamento, chegou a hora de começar a quitar as parcelas dos carros, cartões de crédito e empréstimos estudantis. Seguindo o plano de Ramsey, vendi dois carros e cortei todos os cartões, depois fiz uma lista das minhas dívidas, ordenando-as por valor, e depois fui pagando, uma por uma, da menor para a maior (daí o termo "bola de neve das dívidas"). Foram quatro anos de trabalho duro — radicalmente cortando meus gastos, comendo em casa e até entregando pizzas para ganhar uma renda extra — para me desendividar. Precisei desenvolver hábitos financeiros melhores, *porque gastar dinheiro não acaba com as dívidas*. Portanto, agora que não devo mais nada e já colhi todos os benefícios da liberdade financeira, nunca mais volto para aquela situação. Viver sem dívidas me permitiu contribuir

RELACIONAMENTO 5 | DINHEIRO   **217**

mais do que nunca. Viver sem dívidas me deixou sair do mundo corporativo. Viver sem dívidas me ajudou a consumir menos e criar mais. Viver sem dívidas fez com que fosse mais fácil viajar pelo mundo. Viver sem dívidas me incentivou a investir no meu futuro. Viver sem dívidas me trouxe uma calma que nunca senti quando estava endividado. Viver sem dívidas me convenceu de que não existem "boas" dívidas.

Não é apenas Dave Ramsey quem ajuda a elucidar a crise financeira que assola muitos lares pelos Estados Unidos. Durante a turnê com a equipe escolhida a dedo por ele, tive a chance de discutir finanças, dívidas e investimentos com alguns dos maiores especialistas financeiros do país: Rachel Cruze, Anthony ONeal e Chris Hogan, e conheceremos todos os três neste capítulo.

Lições da infância sobre dinheiro

Durante nosso evento "Money & Minimalism" [Dinheiro e Minimalismo, em tradução livre] em Nashville, Rachel Cruze, coautora de *Smart Money Smart Kids* [Dinheiro esperto, crianças espertas, em tradução livre], explicou que nossos hábitos financeiros adultos começam quando somos crianças. "Eu tinha 6 meses quando meus pais entraram com um pedido de insolvência", contou Cruze, e isso poderia sugerir uma infância cheia de dificuldades e problemas com dinheiro. Afinal, nossos filhos sempre aprendem com a gente — às vezes, com nossas palavras, mas, geralmente, com nossos atos.

Cruze estava destinada a repetir os erros dos pais? Não nesse caso. Por sorte, seu pai é Dave Ramsey, e os comportamentos que ele e a esposa, Sharon, mostraram para Cruze e

218 AME PESSOAS, USE COISAS

seus irmãos mudaram drasticamente depois de chegarem ao fundo do poço. "Eu só tinha 6 meses, então nem entendia o que era dinheiro", explicou ela. "Não sabia como era ser pobre ou como era ser rica... Há quem diga que nasci no pior momento possível: na ruína."

"Mas", acrescentou ela, "encaro as coisas de um jeito diferente. Acho que nasci no momento perfeito: no recomeço". Ela não tinha idade suficiente para ver os pais perdendo tudo; em vez disso, testemunhou a reconstrução lenta e todas as lições que acompanharam esse processo. É óbvio, não foi fácil. A própria família foi a primeira a testar o plano de Dave Ramsey.

"Depois da falência dos meus pais, eles podiam ter voltado aos velhos hábitos que originaram o problema", disse Cruze, e, pelo que parece, ela está certa. De acordo com o site *Debt.org*, 16% de todos os pedidos de falência são de casos reincidentes. Mas essa é apenas parte da história, porque quase todo mundo está endividado de alguma forma: uma pesquisa recente do YouGov mostra que 70% dos adultos norte-americanos estão endividados, incluídos 78% da geração X, 74% dos *baby boomers*, 70% dos *millennials* e 44% da geração Z. Não seria surpreendente se a família Ramsey, levando em conta seu comportamento anterior, tivesse saído de um buraco e cavado outro nos anos seguintes à falência.

Depois de conversar com Cruze, ficou evidente que muitos dos problemas financeiros vêm da nossa infância e das dificuldades dos nossos pais com dinheiro. A chave para quebrar o ciclo, de acordo com ela, é ensinar todas as crianças, a partir dos 3 anos de idade, sobre finanças, incentivando-as a *ganhar dinheiro* — não a *receber uma mesada* — ao cumprir tarefas, e depois mostrar como usar o que ganharam de forma adequada.

Cruze sugere que todas as crianças, dos 3 aos 18 anos, dividam a renda em três áreas principais: o que podem gastar, juntar ou doar. "Dê três envelopes específicos para a criança: um chamado 'para gastar', outro 'para juntar' e o terceiro 'para doar'. Ela deve escrever as palavras — bem grande — em cada um, e depois incentive-a a decorá-los como quiser. Cada centavo que ela ganhar — ou receber de presente — precisa ser dividido entre esses envelopes. Se tiver US$ 5, primeiro, um vai para o envelope 'para doar'; depois dois para o 'para guardar'; e então, finalmente, dois para o 'para gastar'." Essa pode ser a forma mais básica de fazer um orçamento, mas Cruze diz que ajuda crianças a criar hábitos financeiros sólidos. Enquanto escrevia esta seção, comecei a tentar a abordagem com minha filha de 6 anos. Não sei dizer se ela vai virar o próximo Warren Buffett quando crescer, mas garanto que nunca a vi gostar tanto de matemática.

Não seria bom ter tido essas lições simples na infância? Sei que elas teriam me ajudado. Na verdade, o orçamento infantil simples de Cruze é mais abrangente do que o meu no auge da minha carreira corporativa. Eu tinha um pouco mais de 20 anos quando aprendi sobre orçamentos, mas escolhi não fazer a coisa certa. Por quê? Bem, nós costumamos ignorar as lições que aprendemos para encher nossa vida com coisas novas e brilhantes. E é esse tipo de pensamento em curto prazo que nos enche de dívidas.

> **O MINIMALISMO NÃO FUNCIONA PARA TODO MUNDO — SÓ PARA QUEM ESTIVER INSATISFEITO COM O STATUS QUO.**

Sob a influência do impulso

Chegou aquela época do ano de novo. Aquela em que as pessoas se endividam. É lógico, não importa se você está lendo isto em dezembro ou junho, ou em qualquer outra data: sempre é a época do ano em que as pessoas se endividam. É isso que a gente faz. É por isso que estamos nessa situação.

Compramos presentes com cartões de crédito.
Compramos joias "sem pagar entrada".
Parcelamos carros em 84 meses.
Fazemos hipotecas de trinta anos (e até de quarenta).
Financiamos até móveis. Móveis!
Fala sério.

Recentemente, entrei em uma loja de móveis porque minha esposa queria uma almofada nova. Enquanto vagávamos pelo labirinto de mesas de centro e sofás e prateleiras, vi placas com os mesmos dizeres vezes seguidas, estrategicamente posicionadas sobre várias peças: "Me leve para casa hoje! Financiamento disponível."

É essa a realidade? Sentimos que precisamos ter tudo que queremos, e precisamos de tudo agora. E ninguém tem de fazer orçamentos, ninguém tem de economizar, ninguém tem de priorizar gastos — porque nossa versão futura vai resolver tudo. Um dia.

Como isso deu certo até agora? Você se sente grato pelas compras imprudentes da sua versão passada? Está feliz com a sua falta de planejamento? Está contente com o rastro de dívidas deixado por todas as coisas que seu eu anterior comprou sob a influência do impulso? Eu não estou. Levei anos para me livrar das dívidas, e não vou cair nessa armadilha de novo — porque não estou mais disposto a negar alegria ao meu futuro só porque quero me divertir hoje.

RELACIONAMENTO 5 | DINHEIRO **221**

Verdade seja dita, se precisarmos financiar algo — seja um sofá, seja um SUV —, então, por definição, não podemos bancar essa coisa. Assim, em vez de criar uma dívida, talvez fosse melhor cogitarmos ficar sem aquilo. Não para sempre — só até termos dinheiro suficiente para cobrir a despesa de uma vez só.

Até lá, podemos sentar naquele sofá fora de moda. Podemos dormir no colchão desconfortável. Podemos usar os cosméticos que já estão no banheiro. Podemos fazer compras dentro do nosso armário, pegando as roupas que não usamos. Podemos dirigir a minivan velha até ela se desfazer.

Francamente, se quisermos algo novo, podemos esperar até termos condições de bancá-lo. Talvez, então, quando tivermos aquele bolo de dinheiro suado nas mãos, a gente perceba que não quer de verdade o objeto que cobiçamos na loja.

Fora isso, agimos no calor do momento; gratificamos nossos desejos instantaneamente. Se sucumbirmos à tentação das dívidas, podemos ter um vislumbre de prazer na fila do caixa, mas essa chama logo será apagada quando a primeira conta chegar.

REGRA MINIMALISTA PARA VIVER COM MENOS

Regra do espere um pouco

Com o advento das compras on-line e pagamentos com um clique, é mais fácil do que nunca acumular. Para prevenir compras por impulso, criamos a "Regra do espere um pouco", também conhecida como a "Regra 30/30". Se quiser algo que custa mais do que US$ 30, pergunte a si mesmo se pode esperar trinta horas para comprar. (Se custar US$ 100, espere trinta dias.) Esse tempo extra deve ajudar você a avaliar se esse pertence novo realmente agregaria valor à sua vida. Com frequência, depois de pensar com calma, você descobre que sua vida será melhor sem o novo apetrecho, então é melhor abrir mão da compra. E, caso adquira o novo item, se sentirá melhor sobre a aquisição, porque a trouxe intencionalmente para sua vida, não por causa de um impulso momentâneo.

Uma economia minimalista

Se todo mundo imediatamente parasse de gastar dinheiro, a economia despencaria, certo? Sim, isso é óbvio. Como consequência, um dos maiores (supostos) argumentos que muitas pessoas usam contra o minimalismo é que, se todo mundo virasse minimalista, estaríamos condenados: não poderíamos mais "estimular" a economia, o sistema financeiro atual entraria em colapso e ninguém teria mais a riqueza necessária para comprar porcarias baratas de plástico na loja de quinquilharias no centro da cidade. Há vários problemas com essa mentalidade — alguns óbvios, outros um pouco mais discretos.

Primeiro, nenhuma pessoa bem-informada diria que precisamos parar de gastar dinheiro ou parar de consumir. Como expliquei na Introdução do livro, o consumo em si não é o problema — mas o consumismo, sim. O consumismo é coercivo, insípido, prejudicial, impulsivo, disperso, equivocado. Pior de tudo, ele é sedutor: a fachada brilhante do consumismo promete mais do que ele é capaz de oferecer, porque amor, contentamento e tranquilidade não podem ser vendidos, e a verdade é que, quando conseguimos suprir nossas necessidades básicas, a aquisição de bobagens não afeta tanto assim o nosso bem-estar.

Pois então.

USAR O CONSUMISMO PARA ESTIMULAR A ECONOMIA É COMO CONSERTAR UM ESPELHO RACHADO COM UM MARTELO: SÓ PIORA O PROBLEMA.

Usar o consumismo para estimular a economia é como consertar um espelho rachado com um martelo: só piora o problema. Sim, o comércio é uma parte importante de qualquer sociedade. A fuga do consumismo, no entanto, não é sinal de que minimalistas são contra o comércio. Na verdade, o minimalismo se baseia em intenção, o que significa gastar nosso dinheiro com mais propósito.

Minimalistas preferem investir em experiências, não em posses: viagens, shows, férias, teatro. Todos nós somos capazes de gastar dinheiro sem adquirir novos pertences materiais. Minimalistas fazem compras com cuidado.

Para isso, devemos nos fazer perguntas melhores:

Essa coisa vai agregar valor à minha vida?

Posso bancar essa compra sem me endividar?

Essa é a melhor maneira de gastar meu dinheiro?Minimalistas apoiam o comércio local. Lojas pequenas, independentes, tendem a ser menos motivadas pelo lucro. Obviamente, elas precisam de dinheiro para pagar a conta de luz, e não há problema algum quanto a isso, mas conquistar riqueza não é a principal preocupação do restaurante, livraria ou loja de bicicletas da sua vizinhança. Esses locais estão abertos porque amam o produto que vendem ou o serviço que oferecem, e querem compartilhar essa paixão com os clientes. O amor se traduz em maior qualidade e um serviço melhor, fazendo com que o dinheiro que ganhem seja mais merecido.

No fim das contas, minimalistas não se interessam em "estimular" a economia. O estímulo é efêmero. Nós preferimos melhorar a saúde em longo prazo da nossa economia ao

224 AME PESSOAS, USE COISAS

tomarmos decisões individuais melhores sobre o consumo, nos envolvendo com nossa comunidade e apoiando empresas locais que se importam com seu trabalho. Se mais pessoas fizessem isso, sendo minimalistas ou não, construiríamos uma economia mais forte, baseada em padrões individuais e interação com a comunidade, não em um falso senso de urgência, em um raciocínio distorcido e em acumular pilhas impensadas de lixo de que nunca precisamos.

Dívidas estudantis

Falando sobre raciocínio distorcido, é chocante como muitas instituições financeiras emprestam quantias com cinco ou até seis dígitos para jovens de 18 anos. Imagino que não seja *tão* surpreendente assim, já que esses empréstimos são segurados pelo governo dos Estados Unidos. Então o que essas instituições têm a perder? Literalmente nada. É estranho, porém, que nós, enquanto sociedade, esperemos que crianças escolham a carreira que desejam seguir pelo resto da vida e depois as aconselhemos a pegar uma montanha de dinheiro emprestado para seguir tal caminho. Essa linha de pensamento limita dramaticamente a capacidade de jovens adultos explorarem novas opções, e quando as pessoas não têm muita liberdade para mudar de ideia sobre o trabalho que querem fazer, se sentem presas — confinadas pelas dívidas causadas pelo rumo que uma versão anterior delas escolheu. Está enxergando um padrão? Se não tomamos decisões cuidadosas hoje, sempre acabamos pagando por isso — com juros — amanhã.

Pior ainda, incentivamos jovens adultos a gastar dinheiro que eles não têm para investir em diplomas que não produzem quase retorno algum: moda, história da arte, artes liberais, música, comunicação. Mas quantos grandes comunicadores realmente têm um diploma em comunicação? Quantos designers de moda, artistas e músicos ficaram famosos por causa do diploma? Em compensação, quantos passeadores de cães e baristas têm mestrados e até ph.Ds.?

Não me entenda mal. Não quero dissuadir ninguém de aprender sobre moda ou comunicação — só questionaria se faz sentido se endividar para isso. É comum que a gente confunda *estudo* com *educação*, mas não precisamos de um professor e de uma aula para aprender algo novo. No mundo real, somos todos estudantes, e nada substitui a experiência de botar a mão na massa. Nem as universidades mais prestigiosas podem oferecer isso.

De fato, algumas profissões exigem diplomas. Quer dizer, eu não me consultaria com um cirurgião autodidata, um dentista que estudou pelo YouTube ou um dermatologista que aprendeu as coisas por manuais de instrução, e você? Contudo, mesmo quando se trata de profissões tão vitais, raramente nos importamos com a instituição que os profissionais frequentaram. Se você for como eu, não faz a menor ideia sobre onde seu contador, advogado ou massagista se formou. Mais importante do que a universidade frequentada é o conhecimento, a capacidade de se comunicar, de interagir com você, a personalidade e as habilidades. Prefiro mil vezes ser tratado por um enfermeiro bondoso e talentoso que estudou na Universidade Estadual de Ohio do que por um rabugento que se formou em Yale.

Anthony ONeal, autor de *Debt-Free Degree* [Diploma sem dívidas, em tradução livre] — com quem dividimos um palco em Birmingham, no Alabama, durante a turnê "Money & Mi-

226 AME PESSOAS, USE COISAS

nimalism" —, conversou comigo sobre o impacto das decisões que tomamos durante a transição para a vida adulta. "Todo pai quer o melhor para o filho", disse ele. "Muitos aceitam que a faculdade é essencial para o futuro sucesso, mas a maioria não consegue pagar as mensalidades e acaba recorrendo a empréstimos estudantis. É por isso que o formando norte-americano médio termina a faculdade com uma dívida de US$ 35 mil e não faz nem ideia de quanto isso pesará em seu bolso."

> **QUANTO MAIS RÁPIDO NOS LIVRARMOS DAS DÍVIDAS, MAIS RÁPIDO ENCONTRAREMOS A LIBERDADE.**

Com suas críticas às dívidas estudantis, ONeal não parece trivializar a importância da experiência universitária, mas quer que pais e estudantes encarem a situação de forma mais abrangente: no fim das contas, "seu diploma deve ajudar você a conseguir um emprego", e você pode conseguir esse diploma sem se endividar. Tudo o mais é secundário.

ONeal me ensinou que, ao contrário do que muita gente acredita, é possível se formar na faculdade sem dívidas. "Ajudei milhares de alunos a entrar na universidade sem pedir um único empréstimo", disse ele. Como? ONeal chama seu método de "*encontrar* dinheiro *para* a faculdade e *economizar* dinheiro *na* faculdade". Bolsas de estudos, auxílio financeiro e a escolha de uma universidade de preço acessível são as três bases sobre as quais construir um diploma sem dívidas.

Sabia que existem mais de dez mil bolsas e programas de auxílio financeiro nos Estados Unidos, basicamente dinheiro grátis que está esperando ser reivindicado? Sei disso apenas porque ONeal tem uma ferramenta de busca de bolsas de estudos em seu site, anthonyoneal.com, que ajuda estudantes a encontrar os recursos mais adequados para eles. ONeal me contou uma história sobre um aluno de ensino médio chamado Jimmy. No terceiro ano, ele se inscreveu em mais de cem bolsas de estudos e programas de auxílio financeiro. Basta dizer que foi uma decepção quando mais de 80% de suas inscrições foram recusadas. Mas várias foram aceitas e, quando Jimmy fez as contas, percebeu que tinha ganhado mais de US$ 400 por hora apenas preenchendo fichas de pedidos de bolsas. De que outra forma um estudante do ensino médio conseguiria ganhar tanto dinheiro?

Além de *encontrar* dinheiro para a faculdade, você pode *economizar* uma boa quantia se escolher a instituição certa. Sabia que é possível economizar US$ 66 mil, em média, ao frequentar uma faculdade comunitária estadual pelos primeiros dois anos de curso em vez de uma universidade particular supostamente prestigiosa? Depois disso, você pode pedir transferência para qualquer universidade que quiser e ainda se formar com o diploma dela.

Só para deixar explícito, se você quiser se formar sem dívidas, é preciso ir um pouco mais além de encontrar bolsas e uma universidade com preço acessível. Tudo ajuda — tirar notas boas no ensino médio, ir bem nas provas de acesso às faculdades, assistir a aulas de nível universitário no último ano da escola, abrir uma conta e juntar dinheiro para as despesas universitárias, continuar morando na casa dos pais —, mas, no fim das contas, existe um plano para conseguir um diploma sem endividar sua futura versão. Talvez não seja uma experiência universitária tão divertida quanto pareceu em *O dono da festa*, mas se formar sem dívidas é uma mão na roda para você ter uma vida de liberdade financeira.

Criando orçamentos e investindo no futuro

Era uma noite de verão sem nuvens em Louisville, Kentucky. O céu, poluído apenas pelas luzes da cidade, estava da cor de uma ameixa madura, e a fila diante do Mercury Ballroom, um teatro histórico no estilo Tudor gótico no centro da cidade, descia pela rua e fazia curva na esquina. Chris Hogan, um homem com porte de jogador de futebol americano, olhos bondosos e uma voz de barítono sonora, como imaginamos ser a de Deus, esperava na sala verde, secando o suor da testa, preparando-se para subir ao palco conosco e discutir os princípios em *Everyday Millionaires* [Milionários comuns, em tradução livre], seu livro mais recente, baseado no maior estudo já conduzido com milionários. Hogan diz que escreveu o livro para "desbancar os mitos sobre milionários que impedem pessoas normais de alcançar independência financeira". Ele e sua equipe avaliaram mais de dez mil pessoas com patrimônio líquido superior a um milhão de dólares e descobriram como elas alcançaram essa situação financeira. "A fórmula pode surpreender você", disse ele. "O status de milionário não exige herdar uma fortuna nem ter um emprego que pague muito bem. Não. O caminho é ladrilhado por habilidades comuns — habilidades que já tem ou que é capaz de aprender. Se você achava que nunca seria capaz de se tornar milionário, pode rever seus conceitos."

No começo, a ideia me pareceu estranha. Quer dizer, quem acha que pode se tornar um milionário? Isso não é um sonho irreal? "As pessoas que se tornam milionárias não são herdeiras", explicou Hogan. "São pessoas normais, que trabalham duro todo dia." Dos dez mil milionários que ele analisou, as três profissões mais frequentes eram as de engenheiro, contador e professor. "São pessoas que, em média, não ganham salários de seis dígitos — são seus vizinhos, seus colegas de trabalho, que não exibem [sua riqueza suada]." Mas Hogan e eu concordamos, no entanto, que ter um milhão de dólares no banco não é o objetivo. "O que queremos é alcançar liberdade financeira, para podermos viver — e contribuir", disse ele. Você quer que seu dinheiro lhe ajude, para não precisar continuar trabalhando depois de se aposentar.

Hogan suava no palco, mas não porque estivesse nervoso — era o oposto. Dava para ver pelo tom animado, o seu sorriso largo e alguma outra coisa indescritível — certas pessoas a chamariam de aura — que ele estava empolgado, energizado, pronto para inspirar a multidão, não com um discurso motivacional brega, mas de um jeito paternal, preocupado com o futuro de todos. No primeiro livro que escreveu, *Retire Inspired* [Aposente-se inspirado, em tradução livre], Hogan ajudou as pessoas a entender que "não importa se você tem 25 ou 55, não pre-

> **É COMUM QUE A GENTE CONFUNDA ESTUDO COM EDUCAÇÃO, MAS NÃO PRECISAMOS DE UM PROFESSOR E DE UMA AULA PARA APRENDER ALGO NOVO.**

cisa se aposentar sem dinheiro, estressado e trabalhando por mais tempo do que devia". Para provar sua tese, ele criou a R:IQ — o quociente da aposentadoria inspirada, da sigla em inglês —, uma calculadora de aposentadoria disponível em chrishogan360.com, que acompanha seu livro e torna o planejamento da aposentadoria mais exato.

"Aposentadoria não se trata de idade, mas de um número financeiro", alega Hogan. "A maioria das pessoas acaba não investindo em seus sonhos, mas investem de bom grado em

230 AME PESSOAS, USE COISAS

xícaras de café de US$ 5, tênis de US$ 200, calças jeans de US$ 300, telefones de US$1 mil, computadores de US$ 3 mil e carros de US$ 50 mil que se tornam ultrapassados em menos de dois anos ou dos quais se cansam em dois minutos." Mesmo assim, 60% dos norte-americanos têm menos de US$ 25 mil guardados para a aposentadoria. Esses números são mais do que estatísticas para Hogan; ele passou milhares de horas conversando com pessoas normais com dificuldades financeiras — especialmente com economias para o futuro. "Por trás de cada estatística existem seres humanos de verdade, com nomes de verdade, rostos de verdade, famílias de verdade. Caminhei com elas, ri com elas, chorei com elas. Vi o medo em seus olhos — o pavor de pessoas que chegaram a uma idade avançada sem dinheiro e, de repente, não podem mais trabalhar." Se a sua situação for parecida, Hogan tem uma mensagem: "Quero que você mude. Na verdade, chegou a hora de você mudar."

Essa mudança começa com a mentalidade. "Aposentadoria não é coisa de gente velha", disse ele. "Quero que você pense na aposentadoria como coisa de 'gente que é livre para fazer o que quiser', sem ter de se preocupar com os problemas financeiros que a maioria das pessoas tem." Após várias décadas trabalhando no sistema bancário e financeiro, Hogan entrou para a Ramsey Solutions e se tornou coach financeiro de alguns dos nomes mais famosos de Hollywood, de áreas como esportes profissionais e entretenimento. Surpreendentemente, muitos dos supostos ricos também têm problemas nesse sentido. "Você não acreditaria nas 'idiotices' que já vi as pessoas fazerem com dinheiro", comentou ele.

Por quê? De acordo com Hogan, porque essas pessoas não sonham grande o suficiente, ou sonham os sonhos de outras

RELACIONAMENTO 5 | DINHEIRO **231**

pessoas. Assim, o primeiro passo rumo à independência financeira é sonhar grande: "Quero que você sonhe em alta definição." É importante fazer uma lista de sonhos e ser tão meticuloso quanto possível. Se você for bem explícito sobre o que quer na aposentadoria — até o último detalhe, incluindo onde vai morar, como vai ocupar seus dias e como quer contribuir com a comunidade —, então vai conseguir entender quanto dinheiro precisa para alcançar esse plano. Em contrapartida, se você não souber para onde vai, nunca chegará a lugar algum.

"Tantos anos trabalhando em proximidade com todo tipo de pessoa me ensinou uma verdade fundamental: a maioria de nós não tem um plano." Hogan costuma repetir o lema: "Se você tem um sonho sem um plano, então ele não passa de um desejo." Ele sabe que ter um plano parece simples, mas "é uma omissão gritante que tantos de nós parecemos deixar de lado". Então, como é um plano de aposentadoria respeitável? "Você não pode sentar no sofá, *torcendo* para ganhar dinheiro — precisa começar com um orçamento."

Apesar de termos falado brevemente sobre orçamentos no começo do capítulo, vamos expandir o assunto com os "três passos-chave para um orçamento" de Hogan. Primeiro, comece com sua renda. "Você precisa começar pelo que ganha — cada centavo: os projetos secundários, o dinheiro extra, tudo mesmo", diz ele. Depois, separe suas necessidades dos seus desejos (use a "Regra sem lixo" no capítulo "Relacionamento 1 | Coisas" como guia). Finalmente, bole um plano para cada centavo que você ganha (use um aplicativo grátis de finanças pessoais do tipo EveryDollar para orientar a criação do seu orçamento).

Depois de o orçamento estar montado, você deve se esforçar para eliminar as dívidas. "Não dá para se aposentar endividado", diz Hogan para as pessoas que orienta. Isso significa: nada

232 AME PESSOAS, USE COISAS

de parcelas de empréstimos, carro, financiamento de casa — nenhuma dívida, mesmo. Na verdade, Hogan recomenda pagar tudo, menos a casa, antes de investir dinheiro em planos de previdência. "Depois de eliminar todas as dívidas, com exceção da sua casa, e montar um fundo para emergências, dedique 15% da renda aos planos de aposentadoria." Ele recomenda planos de previdência privada instituídos por empregadores, que são contas de aposentadoria individuais, e fundos de investimento para o próprio dinheiro. Pessoalmente, como sou autônomo, invisto 20% da minha renda, todo mês, em um plano simplificado de previdência social e em fundos de índice.

Apesar de essas formas de investimento — previdência privada instituída, fundos de investimento, contas de aposentadoria individuais e fundos de índice — apresentarem as melhores chances de levá-lo com segurança para a aposentadoria, nem todos os investimentos são "bons".

Cinco investimentos para evitar

Não importa se você usar a minha estratégia financeira e a de Chris Hogan, seria negligência da minha parte deixar de alertar sobre os investimentos que evito. É óbvio, não sou um administrador financeiro licenciado, mas este conselho está perfeitamente alinhado com a opinião dos especialistas que entrevistei, entre eles, Hogan, Ramsey e outros. Alguns desses supostos investimentos podem parecer oportunidades empolgantes, mas, se você colocar seu dinheiro no lugar errado, é como se estivesse jogando pilhas de notas em uma máquina de picar papéis.

Seguro de vida resgatável. Não é uma boa ideia fazer um investimento em um seguro de vida. Ninguém "investe" dinheiro em seguro de carro ou de saúde, então por que o de vida deveria ser diferente? Se você tiver dependentes, então, sim, precisa de um seguro de vida (a menos que seja rico o suficiente para ter tanto dinheiro guardado), mas a melhor aposta é sempre um seguro de vida tradicional. Pessoalmente, tenho uma apólice de vinte anos que cobre dez vezes o valor da minha renda anual. Assim, se eu morrer de forma inesperada, minha esposa e minha filha não precisarão se preocupar em pagar as contas. Tenho um igual para minha empresa, então, se eu bater as botas, Ryan terá dinheiro suficiente para administrá-la e continuar transmitindo nossa mensagem.

Títulos de ações individuais. A menos que você seja um corretor especialista, títulos individuais são muito arriscados para o investidor médio. Mesmo se seu empregador oferecer uma taxa "especial" para as ações da empresa, eu não investiria meu dinheiro, nem tratando-se de empresas com boas reputações, como Apple, Google ou Tesla. É arriscado demais para meu gosto. Quero que meu dinheiro aumente com o tempo, preferindo "enriquecer devagar" em vez de "enriquecer rápido", já que o último quase sempre leva a resultados perigosos.

Ouro, prata e metais preciosos. Assim como títulos individuais, esses metais são arriscados demais quando comparados a fundos de índice. Pior ainda, ouro e prata são commodities, e seus preços costumam ser manipulados por especulação, não por oferta e procura.

Títulos de capitalização. Títulos de capitalização com pagamento mensal — ou de qualquer tipo, na verdade —

geralmente são um investimento imprudente, ainda mais por existirem tantas opções melhores disponíveis. Com frequência, eles são cheios de taxas, penalizações e períodos de resgate, sem mencionar a baixa rentabilidade. Não, obrigado!

Investimentos com baixa rentabilidade. Se você for investir por mais de cinco anos, então investimentos com baixa rentabilidade, como CDBs, títulos de crédito e coisas semelhantes, são investimentos ruins porque os ganhos geralmente não são maiores do que a inflação. No entanto, essas são ótimas opções se você for economizar por menos de 12 meses, porque reduzem o risco geral.

Sete mitos sobre investimentos

Sei que fazer planos para a aposentadoria pode parecer intimidante, e, quando nos sentimos intimidados, começamos a inventar motivos para não investir ou esperar. Bem, você *pode* economizar para sua aposentadoria — e não precisa esperar. Quero tranquilizar quanto a seus medos ao lidar com algumas preocupações — não, mitos — que escutei ao longo dos anos que passei ajudando pessoas a organizar economias para se aposentar.

Mito 1: Sou velho demais para economizar e ter uma aposentadoria. Durante meus anos no mundo corporativo, eu sempre contratava funcionários mais velhos do que eu — às vezes com duas ou três décadas a mais — sem qualquer plano de previdência. O medo se instalara havia muito tempo, e eles achavam que era tarde demais. Estavam

RELACIONAMENTO 5 | DINHEIRO **235**

presos; tinham perdido a oportunidade. Mentira. Apesar de ser melhor começar aos 25 anos do que aos 50, também é verdade que é melhor começar aos 50 do que, sei lá, aos 70. Por sua vez, 70 é melhor do que 90, não é? O passado ficou para trás. Precisamos parar de ficar olhando para o retrovisor e começar a nos focar no horizonte. Uma vez que você esteja respirando, nunca é tarde demais para começar. Nunca é cedo demais também.

Mito 2: Sou jovem demais para economizar e ter uma aposentadoria. Jovem demais? Impossível. Se você tiver menos de 30 anos, está na hora certa! Jovens, independentemente da renda, têm uma oportunidade significativa de se tornarem realmente ricos graças ao poder dos juros compostos. Alguém que investe US$ 25 mil aos 25 anos com uma rentabilidade de 12% terá mais de US$ 2 milhões aos 65 — mesmo que nunca mais acrescente nem um centavo. Por conseguinte, se essa mesma pessoa esperar até os 30, terá de contribuir mais do triplo dessa quantia para conquistar o mesmo resultado. A lição? Juros compostos são a melhor forma de aumentar seu dinheiro em longo prazo — então comece enquanto é jovem.

Mito 3: Não ganho dinheiro suficiente que permita economizar para a aposentadoria. Na verdade, não existe motivo para que você não possa se aposentar milionário. É isso mesmo: praticamente todo mundo, até quem ganha um salário mínimo, tem a oportunidade de ser milionário quando se aposentar. Parece bom demais para ser verdade, mas a matemática prova: uma pessoa de 25 anos que separa apenas US$ 23 por semana vai se aposentar com mais de

236　AME PESSOAS, USE COISAS

um milhão de dólares se o dinheiro for investido de forma apropriada (rentabilidade de 12%). Certo, talvez você não tenha mais 25 anos — nem eu! E talvez não dê para conseguir uma rentabilidade de 12% todo ano. Não tem problema — apenas precisamos nos ajustar.

Mito 4: A inflação vai afetar minhas economias para a aposentadoria. Esse é o único mito que é parcialmente verdadeiro. No entanto, é irrelevante. Apesar de ser verdade que, daqui a dez anos, US$ 100 provavelmente renderão menos do que US$ 100 hoje, o outro lado da moeda também é verdadeiro e muito mais proeminente: seus US$ 100 daqui a dez anos com certeza valerão bem mais do que o nada que seu amigo investiu. Na verdade, investimentos seguros são a única forma de ultrapassar a inflação. É melhor investir seus US$ 100 do que mantê-los no banco ou embaixo do colchão.

Mito 5: Prefiro investir meu dinheiro em outra coisa. Quando as intenções são boas, essa desculpa costuma parecer o motivo mais convincente para não fazer economias para o futuro. É verdade, às vezes nos apegamos de forma egoísta ao dinheiro, usando nossa renda para comprar as bugigangas do sucesso ostentador — novos carros, apetrechos modernos e todas as armadilhas do consumismo —, mas muitas vezes queremos usar nosso dinheiro para contribuir com algo além de nós mesmos: instituições de caridade, organizações sem fins lucrativos e entes queridos passando por necessidades. Com certeza é admirável contribuir, e quero que você possa fazer isso de forma generosa, mas descobri que a melhor maneira de ajudar os outros é me ajudando primeiro — a

RELACIONAMENTO 5 | DINHEIRO **237**

melhor forma de ser generoso é ter mais para dar. Se muito, investir em si mesmo *primeiro* o ajuda a fortalecer sua capacidade de doar.

Mito 6: O mercado financeiro não é seguro. Tradução: você não entende o mercado financeiro. Está tudo bem: eu também não entendo. As únicas pessoas que devem ter uma compreensão avançada da complexidade do mercado são corretores da bolsa, *day traders* e gestores de investimentos. Em vez de alocar várias horas por dia para aprender as nuances de fundos de investimento, fundos de índice e a S&P 500, escolhi usar uma corretora, como a Vanguard, para amenizar minhas dúvidas. É verdade que qualquer investimento tem certo risco, porém, em longo prazo, investir no mercado de ações se provou ser a melhor maneira de aumentar suas economias para a aposentadoria. Nas últimas três décadas, incluídas a crise de 2008 e a Grande Recessão subsequente, o mercado teve uma rentabilidade média de 11%. Mesmo quando levamos em conta a Grande Depressão de 1929, o mercado teve uma média maior de 9% de crescimento no último século. Investir nele é o investimento mais estável que podemos fazer em longo prazo.

Mito 7: Não tenho tempo nem conhecimento suficiente para administrar minhas economias e ter uma aposentadoria. É verdade, provavelmente nunca teremos tanta sabedoria financeira quanto os especialistas, mas é por isso que precisamos buscar ferramentas desenvolvidas por pessoas confiáveis, de boa reputação. Apesar de eu preferir fazer as coisas por conta própria, optei por agir de outra forma com minha estratégia de investimento. Em vez disso, pesquisei e encontrei ferramentas que permitem que eu controle meu dinheiro sem ser controlador demais. Não quero ficar analisando constantemente meus investimentos — fazendo mudanças e reagindo com medo sempre que o mercado melhora ou piora —, mas também não quero ficar na ignorância. Em vez de pilotar o avião por conta própria, coloquei o melhor piloto possível no comando. Para mim, isso significa confiar minhas contas de aposentadoria à Vanguard. Para o pessoal da Ramsey Solutions, significa encontrar um orientador local autorizado — um investidor local "com alma de professor" em endorsedlocalprovider. com — e permitir que ele gerencie sua conta de aposentadoria.

REGRA MINIMALISTA PARA VIVER COM MENOS

Regra do prazo de venda

Você já tentou vender alguma coisa sem sucesso? Talvez tenha anunciado no Craigslist ou no Facebook, mas sem sorte. Bem, talvez você não tenha feito um bom trabalho com as fotos ou com a descrição. É mais provável, no entanto, que esteja cobrando um valor alto demais, porque é difícil aceitar que o objeto já não tenha o mesmo valor pelo qual você pagou. Somos todos vítimas da falácia da diminuição do preço. Por isso, criamos a "Regra do prazo de venda", que funciona como um tipo de cronômetro para se livrar de posses que não lhe servem mais. Sempre que você tentar vender algo, faça todo o possível para se livrar

> dele em trinta dias — leilões virtuais, vendas de garagem, lojas de segunda mão, gritar da janela. Ao longo do mês, gradualmente diminua o preço se o item não for vendido. Se nada acontecer depois desse prazo, doe o objeto para uma instituição de caridade.

O dinheiro não é a raiz de todo mal

O dinheiro parece ser a maior causa de brigas em relacionamentos. Nós brigamos, discutimos e nos desentendemos em relação aos gastos com a casa. E, ilogicamente, quanto mais dinheiro ganhamos, mais nossas interações parecem piorar.

Alguns anos atrás, li um estudo empírico sobre as diferenças entre nossos ancestrais primatas mais próximos — bonobos e chimpanzés. Apesar de nenhum deles usar moedas de troca, eles se comportam de forma muito diferente quando se trata de um de seus recursos mais preciosos: comida. Assim como os bebês humanos, os filhotes de bonobos e chimpanzés gostam de dividir suas bananas com os outros, mas essa propensão bifurca conforme envelhecem. Os bonobos continuam generosos, compartilhando suas bananas com o restante da família e amigos na vida adulta. Os chimpanzés, por sua vez, acumulam bananas e até se tornam violentos, brigando com quem tentar pegá-las.

SE VOCÊ NÃO SOUBER PARA ONDE VAI, NUNCA CHEGARÁ A LUGAR ALGUM.

O mais fascinante é que, mesmo quando os bonobos são convencidos por humanos a fazer acúmulos, eles continuam sendo generosos. Pesquisadores lhes deram a opção de ter uma pilha de bananas só para eles enquanto um colega bonobo obser-

240 AME PESSOAS, USE COISAS

vava atrás de uma grade. Mas os bonobos altruístas sempre escolhiam abrir a grade e compartilhar o excesso. De acordo com os pesquisadores, os chimpanzés nunca fariam isso. Eles iriam preferir brigar e discutir e até se tornarem violentos, se necessário. Parece familiar?

Nós, adultos, tendemos a nos comportar como chimpanzés quando se trata de finanças. Dinheiro destrói casamentos, termina amizades e acaba com parcerias de negócios. É por isso que ele tem uma reputação ruim. Mas o dinheiro não precisa ser o bicho-papão. Ao contrário de nossos ancestrais primatas, podemos *escolher* como nos comportamos com nossos recursos. Em vez de nos apegarmos a tudo, podemos canalizar nosso bonobo interior.

O dinheiro não é algo ruim — é apenas um amplificador. Ele não necessariamente melhora sua vida, mas amplifica comportamentos existentes. Se você tem hábitos negligentes, o dinheiro tornará sua vida bem pior. (Pense nos vencedores de loteria que acabam desamparados.) E se você já for uma pessoa generosa, então mais dinheiro pode lhe ajudar a ser mais carinhoso e atencioso. Independentemente de comportamentos anteriores, hoje a escolha é sua: Você quer ser um chimpanzé ou um bonobo? Decida com cuidado — seus relacionamentos dependem disso.

O mito do minimalista pobre

"Eu cresci sendo minimalista — também conhecido como ser pobre." Se eu ganhasse um prêmio toda vez que escutasse alguém comentar essa bobagem, teria um armário cheio de besteiras inúteis. Não sei se esses críticos são apenas cínicos

RELACIONAMENTO 5 | DINHEIRO **241**

agindo de má-fé ou se apenas confundem pobreza com minimalismo. Mas, de toda forma, acho estranha essa linha de pensamento, especialmente quando as mesmas pessoas costumam alegar que o minimalismo serve apenas para pessoas ricas ou que só soluciona problemas de países desenvolvidos, e, assim, não é aplicável a pessoas que vivem abaixo da linha da pobreza. Não sei bem como reagir a esse tipo de raciocínio bipolar, então vamos lidar com as duas linhas de pensamento para esclarecer qualquer confusão.

Nós já estabelecemos que o minimalismo, no seu âmago, trata sobre o uso de nossos recursos limitados de forma intencional. Quem não se beneficiaria com isso? Eu também cresci em meio à pobreza, assim como Ryan, e com certeza não éramos minimalistas — porém, um cuidado maior ao lidar com nossos recursos (muito) limitados teria nos ajudado. Na verdade, minha versão infantil empobrecida seria muito mais beneficiada do que minha versão adulta supostamente rica, que se deparou com o minimalismo aos 28 anos. O mesmo vale para Ryan.

Mas vamos deixar isso de lado por um instante. Vou fingir que não recebo e-mails, cartas e tuítes frequentes de aspirantes a minimalistas de Kalamazoo ao Quênia, que não têm quase nada, e lutam contra o desejo e o impulso incessante do consumismo. Vou fingir que o minimalismo não ajudou essas pessoas como elas alegam ter ajudado. E vou fingir que ele só resolve problemas de países desenvolvidos.

Certo.

Qual é o problema disso? Os problemas de países desenvolvidos não merecem ser resolvidos? Pessoas com dinheiro não têm direito de questionar suas coisas? Nós devíamos excluir e dividir as pessoas com base em sua renda?

242 AME PESSOAS, USE COISAS

Veja bem, o minimalismo não funciona para todo mundo — só para quem estiver insatisfeito com o *status quo*. Para mim, parece que metade do mundo ocidental não se importa com o consumismo e os excessos da modernidade, e não me cabe convencer essas pessoas a jogar fora suas coisas. Mas a outra metade da população tem uma grande oportunidade diante de si. Sejam ricos ou pobres, jovens ou velhos, negros ou brancos, homens ou mulheres, qualquer um que sinta um vazio em sua busca incessante por mais pode encontrar uma vida melhor com menos.

Conclusões sobre dinheiro

Dinheiro não é tudo, mas também não é nada. Como minimalista, não sou contra ele — sou contra ter problemas financeiros. Não posso lhe dizer como viver, mas expus os meus erros e decisões horríveis ao longo deste capítulo para que você possa aprender com as minhas mancadas. Prefiro evitar soluções abrangentes, que supostamente funcionem para todo mundo, porém, quando se trata de dinheiro, este é o único capítulo do livro que traz premissas universais que funcionem para todos.

Tenha um orçamento.

Crie um fundo para emergências.

Gaste menos do que você ganha.

Livre-se das dívidas assim que possível.

Além do financiamento da casa, nunca se endivide de novo.

Invista na sua versão futura economizando para a aposentadoria.

Use seus recursos para contribuir com o bem-estar dos outros.

Se precisar de um financiamento para trocar de carro, não banque essa compra.

Se precisar usar um cartão de crédito, não banque essa compra.

A maioria das compras não faz sentido se você estiver endividado.

Mesmo que você precise de um diploma, não precisa de dívidas.

Ensine as crianças sobre como economizar e doar enquanto ainda são pequenas.

Você não pode comprar uma vida recompensadora — pode apenas vivê-la.

Apesar de todos termos idades, gêneros e passados diferentes, não consigo pensar em uma única pessoa que não se beneficiaria em seguir esses princípios. Por quase uma década agora, compro caixas de *A transformação total do seu dinheiro*, livro de Dave Ramsey, para distribuir a amigos, parentes e até desconhecidos que me perguntam sobre como se livrar de dívidas. Nós vivemos esperando alguém nos libertar — que o governo limpe nosso nome, que nossa versão futura ganhe mais dinheiro, que um parente morra e nos deixe dinheiro suficiente para pagar nossas dívidas. No entanto, mesmo que conseguíssemos acabar com todas as dívidas do mundo e todos os seres humanos estivessem com o nome limpo amanhã, acabaríamos voltando para um mundo endividado se não mudássemos de comportamento — porque o dinheiro não compra hábitos melhores. Não existem salvadores financeiros por aí, então é melhor salvarmos a nós mesmos. Quanto mais rápido nos livrarmos das dívidas, mais rápido encontraremos a liberdade.

244 AME PESSOAS, USE COISAS

—————— Reflexões: Dinheiro ——————

Oi, amigo — aqui é o Ryan de novo. Joshua nos fez pensar bastante sobre como lidamos com nossas finanças. Agora, vamos explorar como estamos nos saindo nesse relacionamento importante. Preparei alguns exercícios para você.

PERGUNTAS SOBRE DINHEIRO

1. Descreva o seu relacionamento com o dinheiro. É saudável ou doentio? Por quê?

2. Como o dinheiro estressa você?

3. Que gastos desnecessários estouram seu orçamento?

4. Que planos você fez para sua aposentadoria?

5. Que mudanças você vai fazer para melhorar seus hábitos financeiros e seu relacionamento com o dinheiro?

O QUE FAZER COM O DINHEIRO

O que você aprendeu neste capítulo sobre seu relacionamento com o dinheiro? O que vai permanecer na sua mente? Que lições serão um incentivo para você se livrar das dívidas e investir no seu futuro? Aqui estão listadas cinco ações imediatas que podem ser tomadas hoje:

- **Mude sua abordagem.** No seu caderno, descreva com poucas palavras o que o dinheiro significa para você: O que ele oferece? Como controla sua vida? Quanto dinheiro você acha que precisa ter para ser feliz? O que você poderia fazer pelos outros se tivesse essa quantia?

Depois de escrever seus pensamentos, reflita se sua abordagem atual merece ser mudada, e então escreva quais ações podem ser positivas.

- **Descubra suas influências.** Como você desenvolveu sua atitude quanto a dinheiro? Para explorar esse assunto, escreva os erros com finanças que viu as pessoas a seu redor cometerem e depois as decisões frutíferas. Qual é a sua primeira lembrança sobre dinheiro? Como o tipo de entretenimento que você consome pode estar afetando sua visão?

- **Encontre sua liberdade.** Escreva como você visualiza a liberdade financeira. Seja explícito sobre quando vai quitar suas dívidas, quando vai se aposentar, onde viverá, como vai ocupar seus dias e como vai contribuir com a comunidade.

- **Crie um orçamento.** Faça um orçamento hoje. Ele é fundamental para você alcançar a liberdade financeira. Aqui vai como se organizar:
  - Crie uma planilha ou baixe um aplicativo de finanças pessoais.
  - Identifique todas as suas fontes de renda no mês: salário, bônus, projetos secundários, vendas de produtos usados e outras formas com que você ganha dinheiro.
  - Anote o que é essencial, o que é desnecessário e o que é lixo. (Se você precisar de ajuda, consulte a "Regra sem lixo" no capítulo "Relacionamento 1 | Coisas".) Então inclua no orçamento apenas as coisas de que você precisa. As desnecessárias podem ser incluídas depois, mas apenas se você puder bancá-las.

246 AME PESSOAS, USE COISAS

○ Use a ferramenta para direcionar cada centavo que entra na sua casa. Ao fazer isso, use os sete passos propostos por Dave Ramsey como guia.

- **Simplifique seus gastos.** Comece a gastar seu dinheiro como um minimalista. Minimalistas compram coisas novas de forma intencional. Para isso, devemos nos perguntar: Essa coisa vai agregar valor à minha vida? Posso comprá-la sem me endividar? Essa é a melhor forma de gastar meu dinheiro?

O QUE NÃO FAZER COM O DINHEIRO

Por fim, vamos refletir sobre o que está atrapalhando. Aqui estão listadas cinco coisas que você deve evitar, a partir de hoje, se quiser melhorar seu relacionamento com o dinheiro:

- Não continue com hábitos ruins de despesas e economia.

- Não assuma responsabilidades financeiras com as quais não pode arcar.

- Não se convença a fazer dívidas.

- Não se prive permanentemente das coisas "desnecessárias" que agregam valor à sua vida. Você pode acrescentá-las ao orçamento depois de juntar dinheiro suficiente.

- Não troque a saúde financeira em longo prazo por ganhos em curto prazo — você não quer sacrificar sua segurança futura por um prazer momentâneo.

RELACIONAMENTO 6 | CRIATIVIDADE

Eu consegui meu primeiro emprego de *verdade* aos 13 anos, no verão entre o ensino fundamental e o ensino médio, enrolando algodão-doce no Americana, um parque de diversões barato nos arredores de Middletown, Ohio. Mas a primeira vez que trabalhei *mesmo* foi uma década antes, em meados dos anos 1980. Nós tínhamos acabado de nos mudar para o American Village — um condomínio sem graça composto de prédios de tijolos marrons separados por tiras finas de grama marrom — trinta quilômetros ao sul de Dayton. Nosso apartamento de um quarto era todo bege, o carpete, as paredes e os eletrodomésticos todos em variados tons de monotonia.

Algumas semanas antes do meu quarto aniversário, na loja de departamentos local, pedi um boneco do Comandos em Ação. Minha mãe me explicou que não tinha dinheiro suficiente para pagar nossas contas e comprar o boneco que eu queria, então teríamos de esperar até sexta-feira pelo soldado de brinquedo. Como eu só tinha 4 anos e não entendia o conceito de dinheiro, comércio ou gratificação tardia, achei que podia ajudar. Naquela tarde, fui até a sala da administração

248 AME PESSOAS, USE COISAS

do condomínio e disse que precisava de um emprego. Depois de entender que não era brincadeira, a mulher atrás do balcão sorriu e sussurrou algo para sua colega antes de voltar os olhos benevolentes para mim.

— Tudo bem, você pode catar o lixo no chão entre os prédios e ganhar US$ 1 por semana — disse ela.

— Dois — respondi.

— Como é?

— Aceito se forem dois dólares por semana.

As duas mulheres não conseguiram controlar a risada. Aquele garotinho estava querendo negociar o salário?

— Dois dólares, é? — questionou ela.

— Um para minha mãe pagar as contas, o outro para eu comprar brinquedos.

— Que gracinha — disse ela, e então apertou minha mão para selar o acordo.

Naquele verão, todo fim de semana, eu entregava uma sacolinha cheia de garrafas de vidro, embalagens de comida e pedaços de papel e voltava para casa com US$ 1 para minha mãe — e US$ 1 para mim.

Vamos ignorar o fato de que eu recebia muito mal e que provavelmente infringimos várias leis contra o trabalho infantil, e nos concentrar na sabedoria que absorvi naquele verão. Apesar de eu não ter aprendido sobre orçamentos, inflação ou conselhos financeiros válidos, captei muitas lições valiosas que formaram a base das minhas aspirações. Aprendi que a labuta recompensa. Aprendi que é impossível colher os louros sem passar por momentos desagradáveis. Aprendi sobre ganhar uma renda ao criar valor. E aprendi a não ficar parado, contando apenas com os outros.

Mais importante: aprendi sobre o poder de perguntar. Se eu não estivesse disposto a pedir por aquele primeiro "emprego", não apenas teria perdido o primeiro gostinho de ganhar dinheiro, mas também o conhecimento que ganhei com a experiência em si.

No fim das contas, qualquer empreitada criativa — seja escrever um livro, abrir um estúdio de yoga ou fazer um bolo — não passa de uma série de perguntas. Toda criatividade nasce do questionamento contínuo, e nossas criações são apenas as respostas.

Quem se beneficiaria com isso?
O que torna minha solução interessante ou especial?
Onde minha perspectiva é mais necessária?
Por que esse problema já não foi resolvido?
Como posso servir melhor aos outros com a minha criatividade?
O que eu *não* consigo fazer?

Toda grande obra de arte — assim como todo grande líder — tenta resolver essas questões (e muitas outras). A criatividade é mais eficaz, poderosa e profunda quando responde a perguntas. É óbvio, essas respostas assumem formatos diferentes dependendo do tipo de criatividade. Algumas pessoas criativas solucionam problemas com filmes, livros e programas de rádio; outras, por meio de negócios, voluntariado ou apenas escutando. Não importa como você usa sua criatividade para solucionar problemas, ela sempre se originará de perguntas. E, conforme criamos e nossas criações vão expondo camadas de questionamentos, respostas melhores surgem.

250 AME PESSOAS, USE COISAS

Tudo é criativo

O minimalismo não necessariamente ajudará você a ser mais criativo, porém a remoção dos excessos da vida costuma auxiliar as pessoas a desvendar seu lado criador. Por muito tempo, eu tinha duas vidas separadas: o JFM profissional e o JFM pessoal. Havia a Versão Corporativa — todo certinho, aparentemente perfeito. E havia a Versão Criativa — cheio de defeitos. As duas se misturavam tão bem quanto vidro sendo esfregado em concreto. Então eu as mantinha separadas: a Versão Corporativa não falava sobre seu amor pela escrita e a Versão Criativa odiava a si mesma por esconder sua criatividade do mundo. Era quase como se uma tivesse vergonha da outra.

No entanto, eu não percebia que as duas eram criativas. Conforme crescia no mundo empresarial, a Versão Corporativa aprendia sobre liderança, gerenciamento de negócios, falar em público e várias outras habilidades que ajudariam minhas futuras criações. Apesar de não me sentir criativo na época, eu estava *criando* uma versão mais sábia de mim mesmo e ajudando pessoas a solucionar problemas. O que é mais criativo que isso?

> **NOSSAS TELAS BRILHANTES ATRAPALHAM TUDO, E SOMOS VICIADOS EM DISTRAÇÕES. ROLAR A TELA É O NOVO CIGARRO.**

Quando você pensa em uma pessoa "criativa" típica, pode lhe vir à mente artistas famosos como Agnes Martin ou Michelangelo, ou escritores como Mary Karr ou F. Scott Fitzgerald, mas eu argumentaria que a maioria das empreitadas é pelo menos um pouco criativa. Meu irmão, Jerome, por exemplo, produz bancadas em uma fábrica de Cincinnati; ele pode não ser um artista tradicional, mas com certeza é um criador. Minha esposa, Rebecca, é uma nu tricionista que ajuda pessoas a desenvolver dietas individuais para melhorar a vida de cada uma delas; ela não cria um bem material, mas cria algo mesmo assim. Meu amigo "Podcast Shawn" Harding edita nossos livros, textos e episódios de podcast; apesar de não ser o autor do nosso trabalho, ele tem um papel crucial no processo criativo, e, sendo assim, também é um criador.

Resumo da ópera: você é criativo se criar alguma coisa que soluciona problemas ou agrega valor aos outros. É simples assim. Isso é importante porque a criatividade é uma parte essencial de uma vida com propósito. Contudo, para criar algo que valha a pena, não devemos apenas falar sobre criar — devemos criar. Infelizmente, um monte de empecilhos surge no caminho. É aí que o minimalismo entra em cena — para nos ajudar a remover os obstáculos rumo à criação.

Pare de enrolar

Fui aspirante a escritor por muitos anos. Eu não escrevia muita coisa, mas *aspirava* a isso todos os dias. Pedreiros, carpinteiros e muitas outras pessoas criativas entendem que devem fazer o trabalho — literalmente um tijolo por vez — se quiserem construir algo digno de nota. Mas, por algum motivo bizarro, a escrita é uma das poucas habilidades que as pessoas esperam aprender por meio de algum processo paranormal vago, sem se esforçar de verdade. Talvez seja porque nós, escritores, possuímos uma afinidade irreal pela perfeição, e as frases em uma página nunca são tão maravilhosas quanto os escritos perfeitos em nossa cabeça.

Então, enrolamos.

252   AME PESSOAS, USE COISAS

Na casa dos meus 20 anos, eu era o rei da enrolação. Inventava todas as desculpas possíveis: ocupado demais, cansado demais, cedo demais, tarde demais, disperso demais, e dezenas de outros "demais". Era como se eu tivesse um catálogo de justificativas, sempre pronto para fugir da labuta de criar. Muitas delas eram válidas — eu realmente estava ocupado, realmente tinha mais o que fazer —, porém, até a melhor desculpa continua sendo uma desculpa.

Alguns escritores levam isso a outro patamar ao alegar estarem com "bloqueio criativo". Eu gostava dessa. Mas é uma justificativa peculiar, não? Pense um pouco. Nunca ouvi falar de uma enfermeira que foge do trabalho por causa de um "bloqueio de enfermagem". Não, enfermeiros e médicos e vendedores simplesmente aparecem para trabalhar, mesmo quando se sentem cansados e desanimados, porque é necessário. Agora, podem argumentar que essas não são áreas criativas, mas eu discordo. Esses profissionais ajudam pessoas a solucionar problemas, que é o cerne da criatividade.

Todas as pessoas criativas devem se fazer presentes quando querem criar. Assim como não existe "bloqueio de enfermagem" ou "bloqueio de pedreiro", não existe "bloqueio de escritor" — a menos que você o force a existir. É lógico, escritores, artistas e criadores profissionais — aqueles que ganham a vida com sua arte — sabem que existe apenas um remédio eficaz contra a enrolação.

Sentar na cadeira. Essas três palavras mudaram minha vida criativa. O problema não é um bloqueio — é a disposição de sentar e fazer o trabalho. Precisei aprender a me disponibilizar para isso todo dia. Tanto no sentido literal quanto no figurado, tive de aprender a sentar na cadeira, sem distrações, todos os dias, até se tornar habitual. Alguns dias produzem ouro, mas, na maioria, é apenas barro. Só que isso não faz diferença. A única coisa que importa é que eu sente toda manhã e escreva. Ninguém aprende por osmose — precisamos nos esforçar. O mesmo vale para qualquer empreitada criativa.

Nos meus 20 anos, eu queria criar algo de grande importância, mas só pensava no produto final, não no que precisaria fazer para alcançá-lo. O empenho. Então eu enrolava. Era o oposto do minimalismo. Em vez de simplificar e chegar à essência da criatividade, eu enchia meus dias com distrações. Minhas mãos e minha cabeça permaneciam ocupadas, mas não criativas. Eu me perdia para fugir do trabalho.

Evite distrações

Não podemos falar sobre criatividade sem falar sobre distrações — porque nosso relacionamento com uma é inversamente proporcional ao nosso relacionamento com a outra. Na superfície, tendemos a pensar no minimalismo como uma forma de nos livrarmos de acúmulos, mas, talvez, seria melhor se pensássemos nele como uma maneira de acabar com as distrações. Nossas coisas atrapalham uma vida mais criativa, e, depois que nos livramos do excesso, começamos a notar quanto tempo desperdiçamos nos tranquilizando com distrações. E, no mundo moderno, não podemos falar sobre nossa maior arma de distração em massa: a tecnologia.

"Com certeza me perdi na busca por tudo que era melhor e mais moderno quando se trata de tecnologia", disse Jerome Yost, um participante do nosso estudo de caso da festa do encaixotamento morador de Emmaus, na Pensilvânia. "O smartphone mais novo nunca era novo o suficiente para mim. E sempre havia uma nova característica ou capacidade que me fazia achar que meu aparelho estava desatualizado, apesar de fazer tudo que precisava fazer — e muito mais." Durante o experimento, Yost começou a perceber que distraía a si mesmo com tecnologia, que não a usava para interagir melhor com o mundo ao redor, mas para *evitá-lo*, para ser tranquilizado por coisas artificiais.

Esse problema não é novo. Dois mil anos atrás, os estoicos se preocupavam em estarem se distraindo demais com leitura, sem interagir com o mundo físico. Hoje, ler um livro parece uma extravagância. De fato, fico feliz por você ter chegado até aqui. Seis entre dez pessoas leem apenas a manchete antes de escrever um comentário em matérias on-line — imagine como essa estatística despenca quando se trata de ler um livro inteiro. Você é um de muitos milhares de pessoas que compraram este livro, mas apenas um dos poucos leitores que fugiram de uma infinidade de distrações para chegar até aqui. Por que esse é o caso? Porque Jerome Yost não é uma exceção. Nossas telas brilhantes atrapalham tudo, e somos viciados em distrações. Rolar a tela é o novo cigarro.

> **O JULGAMENTO NÃO PASSA DE UM ESPELHO QUE REFLETE AS INSEGURANÇAS DA PESSOA QUE JULGA.**

Imagine que você está jantando com um amigo em seu restaurante favorito. Entre os sons de utensílios e pratos e mastigadas, você escuta o toque abafado do celular no bolso dele. A maioria das pessoas não interromperia a conversa para atender ao telefone na sua frente. Mesmo que fosse uma emergência, a opção mais comum é se levantar e sair da mesa para atender à chamada. Por que, então, não temos o mesmo comportamento quando se trata de mensagens de texto, e-mails e postagens em redes sociais?

Olhe ao redor da próxima vez que estiver na fila em um restaurante de fast-food, no mercado ou em uma loja de conveniência — nossos vícios estão por toda parte. Uma geração atrás, quase todo mundo dava baforadas em seus cigarros como quem não quer nada, o dia todo. Hoje em dia, fumar em ambientes fechados é uma loucura, mas o hábito foi substituído pelo brilho cativante de telas de seis polegadas.

Agora, olhe ao redor de novo.
Observe o ambiente, respire.
Por que ninguém está sorrindo?

Talvez seja porque verificamos nossos smartphones 150 vezes por dia. Ou talvez porque batemos, arrastamos e clicamos em telas 2.617 vezes por dia, resultando em uma média de 12 horas diárias usando aparelhos eletrônicos. Para piorar a situação, 86% dos usuários de smartphones verificam os telefones enquanto conversam com amigos e parentes e 87% dos *millennials* dizem que estão sempre com o telefone por perto.

Se o objetivo da tecnologia é conexão, então por que deixamos nossos aparelhos criarem uma barreira entre nós? Ultimamente, há muita conversa sobre a construção de "muros", mas talvez a gente já tenha erguido um — um obstáculo que suga nossa atenção e nos separa das pessoas em nossa vida diária. Ou, como o comediante Ronny Chieng observou recentemente: "Toda noite nos Estados Unidos é como uma competição para ver quantas telas conseguimos fazer caber entre nossa cara e a parede."

Pessoalmente, para derrubar essa barreira brilhante, estou tentando algo diferente nos últimos tempos: sempre que preciso responder a uma mensagem — em casa, no escritório, no restaurante mexicano local —, apenas digo "Com licença,

256 AME PESSOAS, USE COISAS

preciso ir lá fora responder a essa mensagem", da mesma forma como faria se tivesse de atender a uma ligação.

Parece besteira no começo, mas essa escolha me obriga a determinar o que é urgente e o que é importante. Quando pensamos bem, nossas tarefas urgentes raramente são importantes. Além do mais, meus amigos respeitam minha educação e quase sempre retornam a cortesia. Esse tipo de intencionalidade é um passo valioso para reduzir distrações. Mas, verdade seja dita, talvez não baste. Muitos de nós precisamos dar um passo além para desentulhar a vida digital.

Desapego digital

Quando se trata de eliminar distrações, é mais fácil falar do que fazer. No livro *Minimalismo digital: Para uma vida profunda em um mundo superficial*, Cal Newport, professor de ciência da computação na Universidade Georgetown, pediu a 1.600 pessoas que participassem de um experimento de "desapego digital". "Na minha experiência", escreve Newport, "mudar hábitos gradualmente, fazendo uma coisa de cada vez, não dá certo — a atração proposital da economia da atenção, junto com a fricção da conveniência, diminuirá sua inércia até você ir escorregando de volta para o ponto de onde começou". Em vez disso, ele recomenda uma transformação rápida — "algo que ocorre em um espaço curto de tempo e é executado com convicção suficiente para os resultados terem chance de permanecer". Surge então o desapego digital.

Newport pediu que os participantes dedicassem trinta dias para "dar um tempo de tecnologias opcionais". Apesar de cada pessoa poder criar as próprias regras, tecnologias opcionais podiam incluir "aplicativos, sites e ferramentas digitais relacionadas, acessadas por uma tela de computador ou aparelho celular e que servem para entreter, informar ou conectar". De acordo com Newport, redes sociais, Reddit, jogos, YouTube e até mensagens de texto são exemplos dos tipos de "novas tecnologias" que precisamos avaliar ao nos prepararmos para um desapego digital; micro-ondas, rádios e escovas de dentes elétricas, não. Em resumo, o que distrai você? Remova isso por um mês.

Durante o experimento, sabendo que a remoção da tecnologia poderia ser incômoda, Newport implorou aos participantes para explorar e redescobrir atividades e comportamentos analógicos que achassem satisfatórios e estimulantes. "Para o processo dar certo", escreve ele, "você também precisa passar esse período tentando redescobrir atividades que lhe pareçam importantes e que goste de fazer fora do mundo digital, sempre conectado e brilhante". Ele alega que os participantes tinham mais chance de ter sucesso se "cultivassem alternativas de alta qualidade para as distrações fáceis que [a tecnologia] oferece". Elas podiam incluir ler livros, tomar café com amigos, escrever, pintar, participar de eventos comunitários, planejar saídas com a família, escutar música, ir a shows, participar de esportes e desencavar outros passatempos que foram esquecidos conforme a vida foi inundada por uma enchente de toques, notificações, alertas, atualizações e outras interrupções incessantes.

Depois desse tempo, Newport pediu aos participantes que reintroduzissem tecnologias opcionais, começando do zero: "Para cada tecnologia que você reintroduzir, determine o valor que ela agrega à sua vida e de que forma específica será usada para maximizar esse valor." Para fazer isso de forma eficiente, ele recomendou que os participantes se perguntassem algo

258 AME PESSOAS, USE COISAS

crucial: essa tecnologia permite diretamente algo que valorizo muito? Se a resposta fosse negativa, ela não deveria voltar. "O fato de agregar *algum* valor é irrelevante — o minimalista digital usa a tecnologia para otimizar aquilo que é mais importante na vida e não se importa em perder todo o restante."

A especialista em produtividade Tanya Dalton chama essa remoção de coisas supérfluas de "a alegria de perder momentos". Em seu livro com o mesmo nome, *The Joy of Missing Out*, ela escreve: "Fazer menos pode parecer absurdo, porém é mais produtivo, porque você se concentra no trabalho que realmente quer fazer." Para mim, esse é o melhor argumento a favor do minimalismo digital. Quando paramos de confundir distração e atarefamento com produtividade e eficiência, conseguimos conquistar algo profundo e significativo com nossa criatividade.

A tecnologia nos permite *fazer* tanto que raramente dedicamos tempo para apenas *existir*. Tentamos preencher cada segundo com mais trabalho. Todo centro da cidade é igual: cabeças voltadas para baixo, rostos perdidos em telas brilhantes, a tecnologia transformando pessoas em zumbis. Vivemos em um mundo atarefado, no qual nosso valor costuma ser medido em ritmo de trabalho, entregas, lucros — uma competição insana. Somos inundados de reuniões e planilhas e atualizações de status e trânsito da hora do rush e tuítes e ligações por conferência e tempos de deslocamento e mensagens de texto e relatórios e recados de voz e simultaneidade de tarefas e todas as armadilhas de uma vida ocupada. Faz, faz, faz. Ocupado, ocupado, ocupado. Pro-du-ti-vi-da-de.

Os norte-americanos trabalham mais tempo do que nunca, mas, na verdade, passaram a ganhar menos. *Ocupado* virou a nova regra. Se você não estiver ocupado, especialmente no mercado de trabalho atual, costuma ser visto como preguiçoso, improdutivo, ineficiente — um desperdício de espaço.

Mas, para mim, "ocupado" é um palavrão. Sempre que alguém me acusa de estar ocupado, meu rosto se contrai e me retorço de dor fingida. Toda vez, respondo à acusação da mesma forma: "Não estou ocupado, estou concentrado."

Henry David Thoreau escreveu: "Não basta ser esforçado; as formigas também são. Você se esforça para quê?" Se eu pudesse reescrever esse questionamento, diria: "Não basta ser ocupado; todo mundo é. No que você se concentra?" Existe uma diferença enorme entre estar ocupado e estar concentrado. O primeiro emprega as alegorias típicas da produtividade: qualquer coisa para manter suas mãos em movimento, continuar agindo, manter a esteira correndo. Não é à toa que dizemos que certas pessoas trabalham no "automático". Isso funciona bem para robôs de fábrica e outras máquinas, mas nem tanto para pessoas que tentam fazer algo recompensador nas horas que passam acordadas.

Em compensação, a concentração exige atenção, percepção e intencionalidade. É comum confundirem meu tempo concentrado com trabalho automático, porque os dois tipos de comportamento apresentam muitas características parecidas, isto é, a maior parte do meu tempo é dominada. A diferença, então, é que não me comprometo com muitas coisas, mas as tarefas e as pessoas para quem me dedico recebem minha atenção total. Estar concentrado não me permite fazer tanto quanto se eu estivesse ocupado; assim, o número total de tarefas que completo diminuiu com os anos. Mesmo assim,

> **QUALQUER EMPREITADA CRIATIVA — SEJA ESCREVER UM LIVRO, ABRIR UM ESTÚDIO DE YOGA OU FAZER UM BOLO — NÃO PASSA DE UMA SÉRIE DE PERGUNTAS.**

260 AME PESSOAS, USE COISAS

a importância de cada trabalho aumentou — muito. Este ano, por exemplo, vou concluir apenas dois marcos criativos — publicar este livro e ministrar uma aula de escrita —,* mas são tarefas às quais me dedico por inteiro. E tudo o mais que eu faço apoiará esses empreendimentos, direta ou indiretamente.

Talvez isso não fique bonito em um gráfico avaliador de desempenho — e exige que eu diga "não" para quase todas as outras propostas —, mas causa uma sensação melhor do que estar ocupado simplesmente porque precisa ser assim. Certamente, às vezes, caio na armadilha do excesso de tarefas que domina nossa cultura. Mas, quando isso acontece, me esforço para notar meu lapso e me corrijo, até voltar a me concentrar de novo nos aspectos válidos da vida criativa. É uma batalha constante, mas que vale a pena ser lutada.

REGRA MINIMALISTA PARA VIVER COM MENOS

Regra do não atualize

Quando se trata de consumir produtos eletrônicos — smartphones, laptops, tablets —, nos oferecem a versão mais nova e mais moderna quase todos os dias. Anunciantes gastam bilhões de dólares para fazer você desejar os novos lançamentos. Seu dispositivo atual — aquele que supostamente iria te satisfazer — é agora o objeto do seu desprazer. Mas você não precisa jogar esse jogo — você *não* precisa fazer um *upgrade*. Com certeza, algumas coisas se quebram ou ficam gastas — e, quando isso acontece, temos pelo menos três opções: ficar sem, consertar ou substituir.

---

* Acesse howtowritebetter.org para mais detalhes (site em inglês).

Ficar sem é quase um tabu em nossa cultura, porém, às vezes, é a melhor opção, pois você é forçado a questionar se realmente precisa daquilo, e, às vezes, descobre que a vida fica melhor sem ela. É óbvio que você sempre pode ficar sem algo, mas geralmente pode *consertar* seu item quebrado sem substituí-lo. Você não compraria um carro novo só porque o freio precisa ser trocado, certo? O mesmo vale para muitos itens de casa. Como último recurso, você pode *substituir* as coisas, mas, quando fizer isso, seja responsável comprando produtos usados; você pode, ainda, fazer um *downgrade*, preferir algo menos moderno e ainda ter o necessário para você ter uma vida com propósito. Não apenas essa abordagem é melhor para o meio ambiente, como costuma ser melhor para você também.

Remova as distrações

Apesar de não ser estoico — e com certeza não sou ludita —, gosto de conduzir meus experimentos. A criatividade requer certa quantidade de tempo livre de distrações — ou "trabalho profundo", como chama Cal Newport —, e, para isso, geralmente removo distrações potenciais por um tempo, para determinar se agregam valor real ou imaginário. Então, se decido trazer um antigo obstáculo de volta para minha vida, consigo usá-lo de forma mais proposital. Vamos ver algumas das distrações que removi na última década e cujo desaparecimento ajudou minha criatividade.

Televisão. Pouco depois do meu primeiro casamento acabar, me mudei para um apartamento recém-reformado em

262 AME PESSOAS, USE COISAS

Dayton. Sempre que Ryan me visitava, ele apontava para o espaço vazio na parede e perguntava:

— Você vai comprar uma televisão de que tamanho?

No início, eu respondia:

— Não sei.

Então me perguntava se 55 polegadas seriam suficientes. Mas, conforme os dias se transformaram em semanas, me dei conta de que não sentia falta da televisão e que, na verdade, me sentia melhor sem ela, porque quando chegava do trabalho, à noite, não podia ligar minha maior distração e ficar hipnotizado por seu brilho reluzente. Em vez disso, eu precisava fazer algo mais produtivo — como ler, escrever ou me exercitar — ou me voltar para outros divertimentos. Sabe o que é engraçado sobre distrações? Quando você elimina uma, as outras se tornam mais óbvias. E, no mundo atual, cheio de intrusões, temos inúmeros passatempos para nos entreter.

Internet em casa. Após passar um ano vivendo sem televisão, me mudei para um apartamento menor, em uma tentativa de direcionar qualquer renda extra ao pagamento de dívidas. Ryan me ajudou a levar todos os móveis em uma sexta-feira, e, quando liguei para a empresa de internet a fim de transferir o serviço, me disseram que o técnico demoraria alguns dias para ter disponibilidade.

— Tudo bem — falei. — Ligo de novo quando eu estiver com a minha agenda.

Então, algo inesperado aconteceu: tive o fim de semana mais produtivo da minha vida adulta. Depois de retirar todas as minhas coisas das caixas e limpar o apartamento novo, passei várias horas escrevendo, liguei para alguns parentes para bater papo, até li um livro. Sem a distração da televisão e da internet, eu finalmente fazia as coisas que *queria* — as que exigiam força de vontade e disciplina. Acaba que a disciplina surge quando as distrações somem. Então não liguei de novo para a empresa da internet. Se eu precisasse usar a rede, podia fazer isso no trabalho, em cafeterias ou na biblioteca no fim da rua. Assim, eu precisava planejar minhas atividades virtuais com antecedência, tendo menos tempo para ficar de bobeira. E, até quando queria mudar meu foco — assistindo a um vídeo no YouTube ou dando uma olhada em redes sociais, por exemplo —, precisava me planejar com antecedência também.

Smartphone. Após remover a interferência da televisão e da internet da minha vida caseira, a quantidade de tempo que eu passava criando aumentou muito — tanto que finalmente embarquei na carreira de escritor com a qual tanto sonhava. Depois de começar um blog e terminar o romance a que me dedicava desde os 24 anos, agora eu escrevia todos os dias — assim que acordava, depois do trabalho, até nos fins de semana —, e, eventualmente, ganhei confiança para encarar o maior risco criativo da minha vida: abandonei a carreira corporativa para me tornar escritor em tempo integral.

Em poucos meses, descobri uma distração que me seguia por todo canto — em cafeterias, casas de amigos e até na minha cama à noite: o smartphone. Era como se eu carregasse uma máquina de distração comigo. Sim, eu havia eliminado a televisão e a internet da minha casa, mas tinha feito isso *de verdade*? Ou versões dessas distrações estavam no meu bolso? Então deixei o telefone trancado em uma gaveta por dois meses — e aprendi muito sobre os meus hábitos no processo.

Além de descobrir que orelhões são praticamente inexistentes hoje em dia, me deparei com um tipo especial de solidão.

264 AME PESSOAS, USE COISAS

Depois que você remove a televisão, a internet e o telefone da sua vida, elimina seus principais tranquilizadores e passa a ser forçado a enfrentar a ânsia que impulsiona tantos dos seus impulsos. Sem as telas brilhantes para me entreter e divertir, fui confrontado por um silêncio estrondoso. Ao desligar o som de tudo a seu redor, você descobre quanto seus pensamentos são escandalosos.

"Quando comprou seu primeiro smartphone, imaginou que passaria mais de mil horas por ano olhando para ele?" Seth Godin, autor de 19 livros best-sellers, fez essa pergunta em seu popular blog. "Meses depois, você se lembra de como passou essas horas?" Godin conclui que: "Se desperdiçássemos dinheiro do mesmo jeito que desperdiçamos tempo, todo mundo estaria endividado."

Dois meses sem o zumbido frequente do telefone também me ajudaram a compreender que nós, enquanto sociedade, temos expectativas estranhas. Antes de me livrar do smartphone, eu me sentia pressionado a responder a mensagens, e-mails e redes sociais constantemente ao longo do dia.

Nossas expectativas variam drasticamente de pessoa para pessoa. Você pode esperar uma resposta dentro de uma hora; outra pessoa, em dez minutos; uma terceira, no mesmo dia. Esses prazos são arbitrários, e, quando eliminei minha capacidade de responder de imediato, consegui formar meus prazos, em vez de deixar o mundo mandar no meu tempo de resposta. Logo, sem a banalidade das conversas apressadas por texto, minhas interações cara a cara se tornaram mais significativas. Quando passava tempo com meus amigos próximos e entes queridos, eu tinha mais para falar, e, como essas trocas pareciam mais profundas, eu gostava mais delas do que o normal.

RELACIONAMENTO 6 | CRIATIVIDADE 265

Sem o telefone no bolso, também aprendi que "tempo ocioso" é um termo enganoso. No passado, tínhamos momentos preciosos em que encontrávamos uma folga momentânea: aeroportos, filas de caixa, salas de espera e outros santuários temporários. Esse não é mais o caso. Agora, todo mundo parece usar o telefone durante momentos transitórios: as pessoas tentam ser mais *produtivas* ou *interativas*, porém, talvez, parar e pensar fosse mais *eficaz* do que ficar verificando o e-mail ou as redes sociais de novo — principalmente se você quiser criar algo significativo.

Por fim, com ou sem distrações, percebi que o mundo segue em frente. Sem celular, internet e televisão, a Terra continua girando. Você pode testar qualquer coisa por pouco tempo para ver o que acha. Nesses dois meses, não houve uma única vez em que realmente *precisei* do telefone. De fato, houve momentos em que não o ter foi inconveniente, quando tive de lutar contra a frustração — mas foi um preço pequeno a pagar para desprogramar a ânsia.

Como trazer ferramentas de volta, mas sem as distrações

Já que o minimalismo não se trata de privações, eu trouxe o telefone de volta à minha vida após dois meses. Mas de um jeito diferente. Hoje, o utilizo apenas para o GPS, ligações, aplicativo de dicionário, bloco de notas e alguns aplicativos úteis. E, sim, mando mensagens de texto ocasionais — mas só quando estou sozinho, e com certeza nunca quando estou parado diante de um mictório. (Existe um momento certo para tudo.)

Fora isso, para evitar a maioria das distrações bobas quando estou sozinho, desliguei todas as notificações, apaguei todas as redes sociais e removi aplicativos que me atrapalham, incluindo qualquer um que não tenha usado nos últimos noventa dias. Costumo deixar o aparelho no modo "não perturbe", a menos que precise usá-lo, e sigo os sábados sem tela, durante os quais eu e minha esposa enfiamos os aparelhos em uma gaveta e passamos o dia juntos, sem celulares. Até ajusto a tela para exibir apenas tons de cinza, porque, de acordo com Tristan Harris, ex-analista de ética do design do Google, a mudança tonal faz com que os aplicativos do telefone sejam menos empolgantes, impedindo que você os verifique e mexa na tela o tempo todo. Imagine todas aquelas fotos no Instagram e vídeos no YouTube sem suas cores chamativas.

Você se pergunta se estamos vivendo em um futuro distópico quando Gopi Kallayil, evangelista-chefe do Google, se refere aos smartphones como o "75º órgão"? A situação ficou mais assustadora agora que exames por ressonância magnética revelaram que a massa cinzenta no cérebro de um viciado em telefones fisicamente muda de forma e de tamanho, quase como acontece com a de um viciado em drogas? Pessoalmente, se vou ter um telefone, prefiro encará-lo como uma ferramenta do que como um apêndice que altera meu cérebro.

Mas, é óbvio, nossas ferramentas dependem de nós para serem boas (ou ruins). Uma serra elétrica pode cortar a árvore podre no nosso quintal, prevenindo que ela caia na casa do vizinho. Ou essa mesma serra elétrica pode ser usada para machucar o vizinho e cortá-lo em pedacinhos. Uma lata de tinta pode embelezar a fachada de uma casa. Ou pode ser usada para pichar as paredes de um parque público antes imaculado. O mesmo vale para a tecnologia. Podemos usar o Twitter, o Reddit e o YouTube para enriquecer nossa vida e a dos outros, para nos comunicar e compartilhar de formas que antes eram impossíveis. Ou podemos nos perder no Triângulo das Bermudas das redes sociais, indo do Facebook para o Instagram, para o TikTok, perdidos no brilho sem sentido de nossas telas.

Podemos usar nossos smartphones para tirar fotos de belos cenários, mandar mensagens para entes queridos ou mapear o caminho para um parque nacional distante (ou — *nossa!* — para fazer ligações). Ou podemos usar o mesmo aparelho de forma compulsiva: para verificar e-mails incessantemente, arrastar a tela por um jorro interminável de atualizações de status, postar inúmeras selfies ou participar de uma série de outras atividades que não agregam nada, o tempo inteiro ignorando o lindo mundo em nosso redor.

Resumo: cabe a nós escolher como usamos nossas serras elétricas, latas de tinta e tecnologia. Ferramentas não passam de ferramentas, e é nossa responsabilidade nos fazer perguntas cruciais sobre como e por que as usamos. Porque se tornar ludita significa evitar um mundo inteiro de possibilidades, um mundo melhor que é enriquecido pelas ferramentas da tecnologia. Se nós as usarmos de forma intencional, podemos transformar tudo. Ou podemos causar muito mal. É uma escolha individual, o mundo está ao alcance dos nossos dedos, e cabe a nós agir de acordo.

> **O MINIMALISMO NÃO NECESSARIAMENTE AJUDARÁ VOCÊ A SER MAIS CRIATIVO, PORÉM A REMOÇÃO DOS EXCESSOS DA VIDA COSTUMA AUXILIAR AS PESSOAS A DESVENDAR SEU LADO CRIADOR.**

Ao longo da última década, voltei a usar algumas das minhas distrações anteriores por períodos diferentes, apesar de meu tempo sem elas ter me ajudado a fazer isso de forma mais proposital — não com o objetivo de usá-las para me esquecer da vida, mas como ferramentas. Passei nove anos sem televisão, até que me mudei para Los Angeles e o apartamento vinha com uma embutida na parede. Para ser sincero, eu preferia que ela não estivesse lá. Mas, como está, eu e minha família a usamos de vez em quando. No entanto, tenho três regras para tornar o ato de assistir à televisão mais intencional: programar esse momento com pelo menos 24 horas de antecedência, não a usar por mais de três horas por semana e nunca assistir a nada sozinho.

Tenho um desafio semelhante com a internet em casa. Depois de cinco anos sem, minhas circunstâncias mudaram, e minha esposa e minha filha decidiram que precisavam dela mais do que eu não precisava. Podemos, entretanto, ter as duas coisas: só preciso pedir que elas escondam a senha do Wi-Fi de mim, e *tcharam!*, nada de internet (mas Ella continua assistindo a *Aventuras com os Kratts* no tablet todo fim de semana).

E você? Que distrações lhe previnem de criar o que deseja? Se você não tiver certeza, volte e reveja seus valores imaginários no capítulo "Relacionamento 4 | Valores". Essas costumam ser suas maiores distrações. O que aconteceria se você as removesse da sua vida por um dia, uma semana, um mês? Só existe uma maneira de descobrir.

Criadores, não consumidores

É comum que pensemos em nós mesmos como consumidores, o que é verdade até certo grau, mas somos criadores primeiro. Passamos milênios criando ferramentas e estruturas e obras de arte. Mas nossa sociedade consumista moderna nos condicionou a achar que somos apenas clientes e compradores e fregueses, e, como resultado, muitos deixam seus músculos criativos se atrofiarem.

Nós, humanos, criamos por dois motivos: nos expressar e nos comunicar. O que significa que, quando paramos de criar, perdemos a capacidade de nos expressar de forma eficiente, e somos incapazes de nos comunicar com os outros com sucesso.

Quando executada com ponderação, a criatividade é um ato de amor. Na verdade, há poucos atos tão amorosos quanto criar algo significativo para os outros. De acordo com Ken Coleman, radialista de alcance nacional, coach de carreira e autor de *The Proximity Principle* [O princípio da proximidade, em tradução livre], criações amorosas têm três efeitos: equipar, incentivar e divertir. Coleman diz que esses são os três pilares da criatividade. "Não importa se é uma obra de arte ou um livro de autoajuda, suas criações devem *divertir* o suficiente as pessoas para elas quererem mais", disse Coleman. "E devem também *incentivá-las* a tomar alguma atitude, grande ou pequena. E *equipá-las* com conhecimento ou experiência — fazendo com que tenham mais informações úteis após apreciar uma pintura ou um quadro, ou seja lá qual for a criação, do que quando chegaram."

Pessoalmente, faz dez anos que eu ganho a vida como escritor, mas também me tornei mais multifacetado ao longo da década. Quando comecei a escrever ficção, com um pouco mais de 20 anos, eu só queria me tornar escritor, escrever livros, e só. Então fiz isso e descobri que também gosto de outras empreitadas criativas: escrever no blog, gravar podcasts, falar em público, fazer filmes. Amar escrever não quer dizer que eu *só* amo escrever. Na verdade, muitas habilidades são transferíveis. Com frequência, a escrita é a melhor forma de comunicar ou expressar uma ideia ou sensação — é a melhor forma de equipar, incentivar e divertir os outros. É sempre bom, porém, encontrar o canal ideal para a mensagem. Ainda escrevo na maioria dos dias, mas *crio* diariamente, porque criar faz com que me sinta vivo. Quando as coisas vão bem, consigo sentir a criatividade nas minhas terminações nervosas.

Crie valores, não conteúdo

Hoje em dia, parece que todo mundo é "criador de conteúdo". Mas por quê? Apesar de eu ser defensor da criatividade, não sou fã de criar as coisas por criar — isso não seria muito minimalista da minha parte. *Aquilo* que você cria é tão grandioso quanto o ato de criar em si, e como volume não é indicativo de mérito, eu evito criar "conteúdo". Em vez disso, prefira criar valores, solucionar os problemas das pessoas, divertir, comunicar uma mensagem importante, expressar algo visceral, produzir coisas significativas, para que durem por muito tempo. Assim como é fundamental fazer escolhas conscientes como consumidor, é igualmente importante criar com consciência. Caso contrário, você estará apenas ajudando a criar mais barulho.

Pense nos exemplos mais notórios de coisas barulhentas — anunciantes, canais de notícias 24 horas, "influenciadores" de redes sociais. O que elas têm em comum? Duas características: superficialidade e vontade de lucrar. Bem, como expliquei no capítulo anterior, não sou contra o dinheiro, mas o resultado final não precisa ser renda. Na verdade, forçar a si mesmo a ganhar dinheiro com um hobby é uma ótima forma de acabar com seu amor por essa empreitada criativa. Esse fato ficou óbvio quando conversei com Paul Johnson, um cantor e compositor que atende pelo nome artístico de Canyon City, sobre sua transição entre tocar música por prazer e se profissionalizar.

Johnson tocava violão desde novo, mas, quando se mudou de Fargo para Nashville, aos 18 anos, logo descobriu que estava comprometendo sua integridade criativa para satisfazer os poderosos da indústria musical. "Eu conseguia pagar minhas contas com a música", contou-me ele. "Assinei um contrato e escrevia canções comerciais para empresas, mas não era esse o som que eu queria criar."

Após alguns anos gravando jingles e "conteúdo" pouco inspirado, o trabalho dos sonhos de Johnson havia se transformado em um pesadelo. "Tirou toda a graça da música", disse ele. "Era como se a coisa que eu mais amava tivesse morrido, e eu fosse o responsável pela sua morte." Então, ele fez algo inesperado: abandonou a carreira profissional como músico, arrumou um emprego carregando madeira na Home Depot e voltou a se dedicar à música como hobby. "Quando tirei a pressão de ganhar dinheiro do meu som, o amor foi voltando", explicou ele, "e foi então que Canyon City nasceu". Não é coincidência que, depois de voltar à sua arte pelo amor por criar, em vez de pelo amor por um salário, Johnson tenha voltado a viver da música. A diferença é que, agora, ele faz isso do jeito dele, e dinheiro não é o motivador principal — é a consequência.

Boas empresas rendem lucros; ótimas empresas fazem a diferença. O mesmo vale para pessoas criativas. Apesar de eu não querer ficar rico com minhas empreitadas criativas, o dinheiro tende a aparecer quando usamos a criatividade para divertir ou realmente resolver os problemas dos outros. Com o tempo, quando você se torna hábil o suficiente, as pessoas começam a querer pagar pelo valor que seu trabalho agrega. Talvez o artista Shepard Fairey tenha explicado melhor: "Aceito uma contribuição pela minha contribuição." É lógico,

272 AME PESSOAS, USE COISAS

só podemos fazer isso quando as pessoas acham que nossas criações têm valor.

Prepare-se para as críticas

Quando se trata de compartilhar criações com o mundo, você encontrará pessoas que gostam da sua perspectiva única, mas também aquelas que desgostam. Uma vez pública, sua criação será analisada, julgada e avaliada. Isso é natural. Quando acontecer, por favor, entenda que existe uma diferença entre críticas e feedback: a crítica foca nos problemas e o feedback oferece soluções. Assim, devemos buscar feedback de pessoas em quem confiamos, porque ele melhora nosso trabalho, mas devemos fugir das críticas de pessoas negativas, porque elas atrapalham o caminho para a criatividade.

Quando você cria algo com significado, será criticado. E não importa quão perto da perfeição esteja sua criação, ela será julgada.

"Essa iluminação é assustadora."
"Esse livro é idiota."
"Não largue seu emprego."

O julgamento não passa de um espelho que reflete as inseguranças da pessoa que julga. Boa parte das críticas é apenas um

O MINIMALISMO NÃO SE TRATA DE PRIVAÇÕES. compartilhamento não solicitado de preferências pessoais. E como você não perguntou nada, não precisa responder. Melhor ainda, não revide. Em vez disso, apague, silencie, bloqueie e siga em frente com sua próxima criação. Se você fizer isso com frequência suficiente, os calos que desenvolverá

RELACIONAMENTO 6 | CRIATIVIDADE   **273**

lhe ajudarão a moldar sua próxima obra sem se preocupar com a maneira como ela será recebida. Esse tipo de criatividade sem medo — junto com um feedback rigoroso e confiável — é fundamental para a construção de um trabalho digno de orgulho. Afinal, qual seria a alternativa? Responder a toda objeção, provocação e implicância? Se fizer isso, vai se perder daquilo que queria criar e acabará dando às gaivotas o que elas querem. Gaivotas? Sim. Eu e Ryan chamamos os críticos virtuais de gaivotas, porque eles surgem de repente, cagam em você e no seu trabalho e depois vão embora. E, assim como as gaivotas, costumam ser burros demais para compreender as consequências de suas ações. Verdade seja dita: a maioria dos críticos não acrescenta nada — eles apenas transferem as próprias inseguranças e não agregam valor à conversa. Se os escutarmos, sua toxicidade invade nossos pensamentos, dificultando a criação de qualquer coisa de valor. Então, você tem duas opções: criar e ser criticado ou fugir do trabalho recompensador porque está com medo de ser atingido pelo cocô de um pássaro. Pessoalmente, prefiro cobrir minha cabeça e criar algo digno de críticas.

É importante mencionar, no entanto, que existem críticos profissionais que ajudam. Mas mesmo uma crítica bem-pensada da sua arte geralmente não é para *você*; é para os consumidores da sua criação. Inúmeras publicações já escreveram de forma efusiva sobre minhas criações, e também fui atacado por críticos diversas vezes. Não tem problema: nós não podemos esperar que todo mundo goste de tudo que fazemos. Meu maior aprendizado depois de uma década sob o olhar público foi magistralmente resumido pelo popular radialista Charlamagne tha God: "Você nunca é tão bom quanto dizem; mas também nunca é tão ruim quanto dizem." Tenha isso em

274 AME PESSOAS, USE COISAS

mente quando for criar. Evite críticas, porque elas não são sobre você. Em vez disso, procure feedback de pessoas que querem lhe ajudar a melhorar seu trabalho.

Os instrumentos da criatividade

Às vezes, confundimos os instrumentos da criatividade com a criatividade em si. Tentamos localizar o lápis que Hemingway empunhou para escrever suas histórias, a câmera que Coppola segura para fazer seus filmes, a guitarra que Hendrix dedilhou para gravar suas músicas. Mas ter a guitarra de Jimi Hendrix não transforma você nele. O mesmo vale para os apetrechos de Hemingway e Coppola. Sim, muitas empreitadas criativas exigem ferramentas, mas as ferramentas *específicas* não são tão importantes quanto você imagina, e podem até atrapalhar o trabalho quando colocamos ênfase demais nelas. Essa é uma das áreas em que o minimalismo expande nossa criatividade.

Em vez de buscar por caderno, caneta e teclado perfeitos para escrever meus livros, textos e listas de mercado, simplesmente *escrevo*, independentemente das ferramentas disponíveis. Muitas das minhas melhores frases foram anotadas em um guardanapo com um lápis gasto. Na verdade, eu argumentaria que limitações impulsionam a criatividade. Você já viu casos de diretores que fazem um filme que é uma obra de arte, ou de um músico que grava um álbum clássico, só para sua próxima empreitada ser um fracasso criativo? Por terem poucos recursos durante o primeiro projeto, eles são forçados a contar com talento e habilidades, mas ao receberem um orçamento infinito recorrem a truques elaborados, tentando resolver os problemas com dinheiro em vez de usar a criatividade. Isso acontece com muitas obras. Quando começamos a buscar soluções financeiras para questões criativas, nossa criatividade sofre. Recursos ilimitados podem prejudicar a criatividade. Assim, quando criamos, devemos acessar as ferramentas mais poderosas primeiro — as que estão presentes na caixa de ferramentas de toda pessoa criativa: perguntas. Fazer perguntas é o maior estímulo para a criatividade. Se você quiser incentivá-la, questione-se com frequência.

O que desejo expressar?
O que estou tentando comunicar?
Que problemas quero solucionar?
Que questões espero resolver?
Como isso agregará valor a outras pessoas?
Como isso equipará, incentivará e divertirá os outros?

Sem dúvida, essas perguntas levarão a outras, o que é uma boa notícia, porque sua curiosidade impulsionará a criatividade com mais força do que qualquer objeto novo e brilhante seria capaz.

REGRA MINIMALISTA PARA VIVER COM MENOS

Festa da digitalização de fotos

Como a maioria das pessoas, você provavelmente deixou suas fotos passarem despercebidas ao longo dos anos, e agora aquelas caixas e álbuns lotados estão juntando poeira no seu porão ou armário. Parece que chegou a hora de uma Festa da Digitalização de Fotos! Primeiro, convide alguns amigos, peça comida e sentem juntos à mesa da cozinha. Reveja todas as fotos e converse sobre as memórias que aflorem. Separe suas favoritas. Em segundo lugar, use um scanner de boa qualidade para salvar as imagens favoritas em um cartão de memória. Em terceiro lugar, mande suas fotos para a nuvem. Assim, se algo acontecer com a sua casa — uma inundação, um incêndio, um assalto —, tudo estará são e salvo na internet. Se você for corajoso, pode rasgar as fotos físicas depois de digitalizá-las. Finalmente, em vez de esconder as fotos no seu porão ou na garagem, exiba-as pela casa, usando porta-retratos digitais.

Para uma conversa mais detalhada sobre o escaneamento de fotos, ouça o episódio 272 de *The Minimalists Podcast*, "Hidden Clutter", em inglês.

O nascimento da criatividade

"De onde você tira suas ideias?" é uma pergunta comum entre aspirantes a ser criativos. Mas sempre achei graça nela porque conjura a imagem de lojas, depósitos ou instalações altamente secretas do governo que abrigam conceitos criativos. Ao receber essa pergunta, costumo responder da forma mais sincera possível: "Da vida."

A experiência alimenta a criatividade. Escrevi ficção durante meus 20 anos, provavelmente porque minha vida era tão banal — tão extremamente chata — que não valia a pena escrever sobre ela. Como resultado, boa parte das histórias que escrevi, até as que inventei, não mereciam ser lidas. Com o tempo, no entanto, fiz mudanças que eram dignas de serem compartilhadas — sair de uma carreira corporativa, me divorciar, jogar fora a maioria dos meus pertences, criar outros relacionamentos, explorar novos hobbies —, e observei essas mudanças ao colocar minhas lições de vida no papel. Se eu fosse comediante, provavelmente teria encontrado maneiras de fazer piada sobre minha tristeza e meu sofrimento. Se fosse arquiteto, talvez usasse minhas dificuldades pessoais para moldar o design das minhas casas. O mesmo vale para qualquer profissão criativa: nós usamos os eventos em nossa vida e os acontecimentos no mundo ao redor para moldar nossas criações — tanto de forma direta quanto indireta.

Não, isso não significa que Martin Scorsese foi da máfia nem que Jim Carrey era um detetive de animais. Mas que essas criatividades expressaram profundidades da vida por meio do trabalho, e eles usaram estruturas diferentes para se expressar. A arte e a inspiração se manifestam de forma diferente para cada criador, porém o resultado é o mesmo: as batalhas da vida tendem a dar as caras em todas as criações.

Todos nós desejamos criar — é uma necessidade humana —, mas não é algo que vai acontecer do nada. Em vez disso, precisamos ter uma vida digna de ser compartilhada. Não uma vida perfeita ou impecável, mas uma em que tudo esteja às claras, em que aprendemos para os outros conseguirem adquirir conhecimento a partir das nossas experiências. Em resumo: escrever é ótimo, mas prefira viver suas histórias em vez de apenas escrevê-las.

O perfeccionismo é o vilão perfeito

Voltaire avisou: "Não permita que a perfeição seja inimiga daquilo que é bom." É verdade que, ao criar, todos queremos fazer o melhor possível. Queremos nos olhar no espelho e proclamar,

278 AME PESSOAS, USE COISAS

com sinceridade: "Fiz tudo que podia, com os recursos que estavam ao meu alcance." Mas não devemos esperar perfeição. O melhor possível muda com o tempo. Meus melhores textos há vinte anos seriam medíocres agora, e eu não teria chegado aqui sem anos de mediocridade. A princípio, isso pode parecer desanimador, mas quero propor o oposto: você tem permissão para ser "bom o suficiente" hoje. Ou, como a escritora Becky Beaupre Gillespie diz: "Bom o suficiente é o novo perfeito."

Sob esse aspecto, criar é muito parecido com ir à academia. Você pode desejar estar em forma e ser musculoso, mas isso só vai acontecer se continuar indo à academia, dia após dia, e melhorando a partir do progresso do dia anterior. Talvez você nunca tenha o corpo "perfeito" — assim como talvez nunca pinte o quadro perfeito nem crie o aplicativo de smartphone perfeito —, mas o seu melhor continuará a ser aprimorado conforme você se dedica.

Botar a mão na massa é melhor do que a ideia perfeita que está presa na sua cabeça. "Não importa quantas horas você vai passar tentando produzir algo impecável", escreve Elizabeth Gilbert em seu livro *Grande magia: Vida criativa sem medo*, "alguém sempre encontrará um defeito. (Há pessoas por aí que ainda acham que as sinfonias de Beethoven são um pouco... escandalosas.) Em determinado momento, você só precisa terminar seu trabalho e lançá-lo como está — até para se liberar e fazer outras coisas com o coração feliz e determinado. E esse é o objetivo final".

Comemorar e compartilhar criações

Certo. Digamos que você tenha chegado ao ponto em que está pronto para compartilhar sua música, seus desenhos ou seu

RELACIONAMENTO 6 | CRIATIVIDADE   **279**

software com o mundo. Você se dedicou e se esforçou, pediu feedback de pessoas em quem confia e o usou para melhorar sua criação, se olhou no espelho e reconheceu que, apesar de o trabalho final não ser perfeito, é o melhor que consegue fazer nesse momento. Que maravilha. Parabéns!

Tire um momento para refletir sobre o que isso significa. Olhe ao redor: quantas pessoas você conhece que escreveram um livro, gravaram um álbum ou pintaram um quadro? Cinco? Menos? Se você for como a maioria das pessoas, existem boas chances de ser o único em seu círculo próximo a ter feito o que fez e chegado ao fim. E deveria sentir orgulho disso. Sua nova criação pode lhe ajudar pelo restante da vida. Nada pode tirá-la de você — nem a demissão do seu emprego, nem uma emergência familiar, nem crises econômicas. Aquilo que você criou é seu para sempre, um bem que durará eternamente, mesmo que passe a próxima década esquecido em uma gaveta. Mas isso não vai acontecer. Porque a criatividade merece ser compartilhada.

O vírus da viralização

Então, o que você vai fazer com sua nova criação? O ideal seria compartilhar com alguém que se interessaria por ela, certo? Mas como encontrar essas pessoas? Como se conectar com um público? Como avisar ao mundo sobre a sua criação?

Para responder a essas perguntas, devemos começar discutindo um dos maiores equívocos que nós, enquanto sociedade, temos: para compartilhar um trabalho, precisamos "viralizar". No mundo atual, impulsionado pela internet, a viralização é tão atraente que quase toda pessoa criativa a deseja. O sucesso do dia para a noite. A fórmula secreta. O remédio mágico. O

280 AME PESSOAS, USE COISAS

caminho mais fácil é endêmico em nossa cultura atual. Mas quero incentivar você a buscar algo diferente.

O desejo de viralizar é contraintuitivo. Nós fugimos de vírus em todos os outros aspectos da vida — lavamos as mãos, abafamos tosses e evitamos pessoas doentes —, mas, quando se trata de alcançar um público, buscamos o momento viral, sem nos darmos conta de que esse tipo de atenção também é uma doença. O conteúdo viralizado não passa de um momento de efeito bem produzido, que é, por definição, destituído de conteúdo. Momentos de efeito são imediatamente chamativos, mas não duram.

Pense um pouco.
Que tipo de coisa viraliza?
Fotos de bunda no Instagram.
Vídeos de lutas de rua.
Acidentes de carro no YouTube.
Tuítes polêmicos.
Discussões vazias.
Argumentos bobos.
Manchetes de fofoca.

A maioria dos momentos virais com que nos deparamos some na mesma rapidez com que aparece, e sua marca breve não agrega nada ao bem maior. E, mesmo quando um raro livro bom ou uma palestra do TED viraliza, esse nunca foi seu objetivo principal. Sua popularidade é apenas a consequência de uma criação excepcional.

Você, em algum momento, parou para pensar por que almejamos a viralização? Existe um motivo para tentarmos criar um vídeo viral, a postagem mais compartilhada, o tuíte

RELACIONAMENTO 6 | CRIATIVIDADE 281

retuitado? Ou somos apenas cães pavlovianos, babando ao receber ordens, em busca de uma migalha de atenção?

Talvez eu seja alérgico ao remédio mágico, mas até meu sucesso do dia para a noite não surgiu, digamos, do dia para a noite. Tudo aconteceu devagar quase parando, uma criação por vez. Pelo que sei, nunca viralizei nada. Mesmo assim, não preciso viralizar, nem você. Isso com certeza faria você chamar atenção de muita gente — com cliques, visualizações e comentários —, mas é esse o tipo de atenção desejado? Esse é um público comprometido? Que vai permanecer por perto? É um relacionamento recíproco? Ou viralizar é mais parecido com dar uma festa com bebida liberada? É óbvio que um monte de gente vai querer aparecer, mas elas vão continuar a seu lado quando o álcool grátis acabar?

No entanto, existe uma alternativa. Em vez de viralizar, eu me concentro em uma única coisa: agregar valor. Geralmente, antes de cada tuíte que escrevo, de cada episódio de podcast que gravo, de cada livro que escrevo, eu me pergunto: "Isso vai agregar valor?" Se a resposta for negativa, não vale a pena ser compartilhada, não importa quanta atenção possa receber. Pessoas criativas de verdade não criam para receber atenção; elas criam porque não podem *não* criar.

Quando se trata de alcançar um público, agregar valor é a única forma de fazer isso em longo prazo, e é uma das poucas maneiras de conquistar confiança. Se as pessoas confiam em você, querem compartilhar sua mensagem com aqueles que amam, porque os seres humanos são intrinsecamente programados para compartilhar coisas úteis com os outros. A confiança — não a viralização — é a melhor estratégia para divulgar seu trabalho. Sem ela, a saída está apenas a um clique de distância.

Pessoas criativas sendo empreendedoras

Nunca, na história do mundo, foi tão empolgante ser criativo. Você não precisa mais de portas de entrada; não precisa mais comprometer sua arte. Pela primeira vez, graças ao mundo virtual, *você* está no controle. Eu sei disso por experiência própria. Nos meus 20 anos, insatisfeito com o mercado editorial, tomei as rédeas da situação: me recusei a esperar alguém me dar permissão para publicar meu trabalho.

Quando as portas se *fecharam*, eu *abri* janelas. Na última década, Ryan e eu publicamos quatro livros de forma independente e três viraram best-sellers; fizemos turnês internacionais; e ganhamos um público maior do que a maioria dos autores publicados de forma tradicional. Até recentemente, fazíamos tudo sozinhos. Isso acontece porque não somos *apenas* criativos, e você também não.

Houve um tempo em que uma pessoa criativa era apenas criativa. Durante essa época, um autor como eu se concentrava apenas em escrever o melhor livro possível. Outra pessoa revisaria, prepararia, faria o design, anunciaria, venderia e publicaria o livro, e a maioria dos autores estava satisfeita com isso, pelo menos em parte, porque era a única opção disponível — a única forma de alcançar o público.

> **QUANDO COMEÇAMOS A BUSCAR SOLUÇÕES FINANCEIRAS PARA QUESTÕES CRIATIVAS, NOSSA CRIATIVIDADE SOFRE.**

Hoje, existem outras opções, e até pessoas criativas que operam dentro do sistema tradicional encontrariam benefícios se tomassem controle dos próprios esforços promocionais. É lógico, para aqueles que publicam o próprio trabalho de forma

RELACIONAMENTO 6 | CRIATIVIDADE **283**

independente, isso é duplamente verdadeiro. Para ter sucesso — além da chance de ser "descoberto" e ganhar rios de dinheiro —, é melhor encarar a si mesmo como um empreendedor, um empresário criativo. Essa perspectiva nos permite encarar cada desafio de negócios como uma oportunidade de melhorar nosso trabalho e levá-lo até as pessoas certas. Tarefas administrativas — como atualizar redes sociais e vendas — se tornam mais uma parte do processo criativo, e são mesmo, se você as fizer da maneira correta.

Pode parecer assustador no começo, mas é empoderador. Chega de desculpas, chega de esperar alguém escolher você, chega de colocar a culpa do seu fracasso nos outros. Você tem o controle sobre a qualidade, o design, a distribuição, o destino. É de sua responsabilidade criar, e então encontrar seu público, porque ninguém mais fará isso por você.

——————— Reflexões: Criatividade ———————

Aqui é o Ryan, pronto para acompanhá-lo em outro mergulho profundo. Espero que a explicação de Joshua sobre criatividade tenha sido um incentivo para você descobrir como pode se sentir mais realizado nesse quesito. Vamos ver como nos saímos? Ótimo! Vejamos os exercícios que bolei para ajudá-lo a identificar o que alimenta sua paixão.

PERGUNTAS SOBRE CRIATIVIDADE

1. Como procrastinar afeta sua vida?

2. Como as distrações atrapalham sua criatividade?

284 AME PESSOAS, USE COISAS

3. Você se considera uma pessoa *ocupada* ou *concentrada*? Por quê?

4. No que você deveria se concentrar mais? Por quê?

5. Com que frequência você sai da sua zona de conforto?

O QUE FAZER COM A CRIATIVIDADE

Q que você aprendeu neste capítulo sobre seu relacionamento com tecnologia e criatividade? O que vai permanecer na sua mente? Que lições serão um incentivo para você se livrar das distrações e criar algo significante para o mundo? Aqui estão listadas cinco ações imediatas que podem ser tomadas hoje:

- **Encontre sua criatividade.** É importante ser objetivo sobre o que você quer criar. Escreva cinco coisas que gostaria de fazer. Para ajudar com a lista, faça estas perguntas a si mesmo:
  - Como eu posso servir aos outros?
  - Que problemas você deseja resolver?
  - O que mais precisa de uma solução?

- **Concentre-se na sua criatividade.** Você precisa explorar mais suas ideias para determinar em qual criação se concentrará. Para cada ideia que escreveu, anote as respostas para estas perguntas:
  - O que torna essa criação interessante ou especial?
  - Como isso agregará valor aos outros?
  - Que passos são necessários para implementar minha criação?

- **Cultive sua criatividade.** Agora chegou o momento de escolher uma empreitada criativa para ser cultivada em uma paixão. Se uma das suas cinco ideias não se destacar como a melhor opção, coloque-as em um chapéu e escolha uma aleatoriamente. (Antes de fazer isso, pense em qual você espera escolher — é essa que deve ser seguida.)

- **Remova as distrações.** Depois de escolher uma criação, chegou a hora de se concentrar. Para isso, estabeleça parâmetros entre você e qualquer coisa que atrapalhe sua criatividade. Para ajudar, escreva quais distrações ocupam a maior parte do seu tempo (compromissos, tecnologia, redes sociais, e coisas assim). Seja sincero. Então, para cada distração, escreva as respostas para estas perguntas:
  - Você *precisa* dessa distração na sua vida? Caso a resposta seja afirmativa, por quê?
  - Quanto tempo você dedica a essa distração agora? Qual seria uma quantidade de tempo mais adequada?
  - Se você disser *não* para essa distração, para que atividade realmente importante pode dizer *sim*?

- **Pratique sua criatividade.** Depois que você removeu as distrações do seu ambiente, pode preenchê-lo com criações. Escreva as respostas para as seguintes perguntas, bolando um plano para aumentar sua produtividade:
  - Com que frequência você cria? Pode se comprometer com uma prática diária?
  - Quem acompanharia seu comprometimento?
  - Quando você vai começar?

O QUE NÃO FAZER COM A CRIATIVIDADE

Por fim, vamos refletir sobre o que está atrapalhando. Aqui estão listadas cinco coisas que você deve evitar, a partir de hoje, se quiser melhorar seu relacionamento com a criatividade:

- Não tente cultivar uma paixão que tenha o dinheiro como principal objetivo.

- Não se concentre em viralizar. Em vez disso, se concentre em ganhar a confiança das pessoas e agregar valor.

- Não deixe a perfeição se tornar inimiga da criatividade. Nenhuma criação é perfeita, nem as dos profissionais.

- Não se preocupe com a marca das ferramentas que você usa para criar. O criador é mais importante e criativo do que elas.

- Não se concentre nas críticas. Em vez disso, foque na criação.

RELACIONAMENTO 7 | PESSOAS

Você não é capaz de *mudar* as pessoas, mas pode mudar as *pessoas* a seu redor. Se eu pudesse voltar no tempo e dar um conselho para minha versão mais nova, lhe entregaria um bilhete com essa frase.

Nós entendemos o papel indispensável de outros seres humanos quando somos crianças: nossa mãe nos alimenta, nosso pai cuida de nós, nossos irmãos nos ensinam, nossos amigos interagem com a gente, nossas famílias nos amam. Contudo, cada ano que passa, novos desejos e atividades criam barreiras entre nós e as pessoas em nossa vida. Vamos encarar a verdade: iniciamos o distanciamento social antes da pandemia de 2020. Na puberdade, começamos a desejar carros, roupas e coisas ilícitas, nos afastando aos poucos de nossos companheiros e parentes. Aos 20, embarcamos em carreiras que aumentam ainda mais a distância, trabalhando duro para fugir do trabalho duro de viver bem. E, conforme envelhecemos, acumulamos quinquilharias e artefatos, nos isolando dentro de mais metros quadrados. Enchemos nossa casa de coisas, mas nos sentimos vazios em meio à bagunça.

288 AME PESSOAS, USE COISAS

Para preencher os furos autoimpostos em nosso coração esburacado, desejamos novos relacionamentos empolgantes que talvez não compartilhem nossos valores, nos cercando de gente que desperta o pior em nós. Quando nos damos conta, estamos crescidos, mas não muito maduros. Confusos, olhamos ao redor — aos 30, 40 ou 50 anos, talvez mais — e nos perguntamos por que estamos cercados de posses e pessoas que destacam o vazio em nossa vida. Se quisermos escapar desse brejo, temos de avaliar com sinceridade as relações que estabelecemos, incluindo as tóxicas.

Daí a frase de abertura deste capítulo.

Com frequência, tentamos *mudar* as pessoas — nos esforçando para moldá-las em algo diferente, alguém que não são, que se encaixa na nossa versão ideal de como um amigo, namorado ou parente deveria ser —, em vez de buscar relacionamentos novos, empoderadores, que nos deem apoio e nos permitam crescer, prosperar e nos tornar a melhor versão de nós mesmos. Naturalmente, essa tensão leva a brigas, dificultando demonstrações de compaixão e afeto, que dirá prosperidade. Com o tempo, a toxicidade toma conta do relacionamento todo, e discussões bobas e comportamento passivo-agressivo vão se acumulando, até que, um dia, após muitos acúmulos desnecessários, cansamos da relação tóxica e dizemos — ou fazemos — algo que não podemos consertar. Não é coincidência que muitos relacionamentos amorosos terminem com a intensidade de uma guerra. Palavras raivosas se transformam em gritos, que viram paredes socadas e objetos jogados pela sala.

O leitor atento notará que todos os capítulos deste livro começam com a palavra "eu". Isto é, até este, que começou enfaticamente com "você". Essa decisão foi proposital: eu queria que

RELACIONAMENTO 7 | PESSOAS   **289**

o formato do livro imitasse nossa vida. Meu plano era escrever um livro sobre relacionamentos, mas me dei conta de que as coisas que estragam nossas relações interpessoais costumam ser nossas relações internas. Antes de nos concentrarmos em cultivar relacionamentos com os outros, devemos reconhecer nossas questões.

Isso não é uma desculpa para tratar mal as pessoas até você dominar os seis relacionamentos interiores da sua vida. Pelo contrário. O minimalismo nos permite eliminar o excesso de coisas para conseguirmos avaliar o excesso de peso em nossa cabeça e no coração. Conforme melhoramos nossos relacionamentos com a verdade, com o eu, com nossos valores e dinheiro e criatividade, começamos a formar a melhor versão de nós mesmos, erguendo os alicerces para melhorar nossa relação com os outros. Se não fizermos isso — se não nos esforçarmos para nos entender —, o fato de não alcançarmos nosso potencial acabará punindo as pessoas ao nosso redor, mesmo sem termos essa intenção.

> **A PESSOA TÓXICA NÃO TEM DIREITO A NADA.**

Personalidades diferentes

De acordo com a teoria de Carl Jung sobre diferenças de personalidade, publicadas pela primeira vez em seu livro *Tipos psicológicos*, de 1921, as pessoas podem ser caracterizadas por sua "preferência de atitude geral". Em 1962, Isabel Briggs Myers, fundadora da Myers & Briggs Foundation, publicou a tipologia de Myers-Briggs (MBTI, na sigla em inglês), um teste padronizado para tornar a teoria de Jung "compreensível e útil para as pessoas".

Myers e sua mãe, Katharine Briggs, desenvolveram o teste de personalidade por dois motivos: para identificar e descrever os "16 tipos de personalidade distintos que resultam da interação entre as preferências". Isto é:

Mundo favorito: Você prefere se concentrar no mundo exterior ou no seu mundinho interior? As pessoas podem ser extrovertidas (E) ou introvertidas (I).

Informação: Você prefere se concentrar nas informações básicas que recebe ou interpretar e acrescentar conhecimento? As pessoas podem ser sensoriais (S) ou intuitivas (N).

Decisões: Ao tomar decisões, você prefere analisar a lógica e a consistência primeiro ou olhar para as pessoas e circunstâncias especiais? As pessoas podem ser racionais (T) ou sentimentais (F).

Estrutura: Ao lidar com o mundo exterior, você prefere decidir as coisas ou permanecer aberto a novas informações e opções? As pessoas podem ser julgadoras (J) ou perceptivas (P).

Apenas lendo essas descrições, talvez você consiga identificar seu tipo de personalidade; porém, para ter certeza, pode fazer o teste completo, em inglês, em myersbriggs.org.

Se eu tivesse que simplificar a teoria, eu a apresentaria da seguinte forma:

Algumas pessoas são introvertidas (I); outras, extrovertidas (E).

Algumas pessoas são detalhistas (S); outras enxergam o contexto geral (N).

Algumas pessoas pensam demais (T); outras sentem demais (F).

Algumas pessoas gostam de fazer planos (J); outras são espontâneas (P).

Quando você determinar sua preferência em cada uma das quatro categorias, terá seu tipo de personalidade, que costuma ser expresso como um código de quatro letras.

Pessoalmente, sou um ISTJ (um introvertido detalhista e racional que gosta de fazer planos). Agora, isso significa que só devo socializar com pessoas com traços de personalidade semelhantes? Com certeza não. Ryan, a outra metade do duo The Minimalists, é literalmente meu oposto: ENFP (um extrovertido, que enxerga o contexto geral, sente demais e é espontâneo). Minha esposa, por outro lado, tem uma personalidade mais parecida com a minha: INTJ (uma introvertida que enxerga o contexto geral, racional e gosta de fazer planos).

Nenhum desses traços de personalidade é "certo" ou "errado", mas, independentemente de você dar credibilidade ao MBTI em si nas suas relações, é útil compreender a *sua* predisposição, porque isso vai lhe ajudar a interagir melhor com os outros. Similarmente, reconhecer a personalidade única das pessoas — em vez de tentar configurá-las para se encaixar com a sua — lhe ajudará a apreciar as perspectivas delas e tornar seus relacionamentos mais profundos e fortes. Acho que isso é ainda mais verdadeiro quando se trata de introversão e extroversão.

Introvertidos e extrovertidos

Por anos, não entendi minha preferência por solidão, então permiti que as normas da sociedade ditassem minhas interações. Apesar de eu ser um introvertido *extremo*, meu comportamento durante a adolescência e a juventude era o de um extrovertido. A carreira que escolhi me forçava a "gostar de gente", passando quase todas as minhas horas interagindo com os outros em reuniões, conversas por telefone e em lojas. O único momento em que eu ficava sozinho era no banheiro — com a porta trancada, me escondendo do mundo caótico, mesmo que só por um instante. Para piorar a situação, sou socialmente competente, e as pessoas tendem a confundir isso com extroversão. É algo tão comum que, por um tempo, me convenci de que era, de fato, um extrovertido. Mas era como um salmão acreditar que é um pastor-alemão — mesmo com a coleira mais bonita, o peixe não vai latir. Não faz parte da sua natureza, assim como a extroversão não faz da minha. Como consequência, eu me sentia drenado pelas interações intermináveis.

Tenho certeza de que o oposto valeria para Ryan. Se ele tivesse de viver solitário, ficaria infeliz sem um monte de gente com quem conversar, interagir, fazer amizade. Isso não significa que ele não goste de um momento tranquilo de vez em quando, mas a quietude não é seu comportamento-padrão. Um pastor-alemão pode saber nadar, mas não consegue respirar embaixo da água.

É óbvio que ninguém é 100% introvertido ou extrovertido. Ambos os traços existem em um espectro. Introvertidos são, no geral, tranquilos, reservados, tímidos, passivos, silenciosos, confiáveis, calmos e rígidos, enquanto extrovertidos são falantes, sociáveis, expansivos, animados, encostam demais nos outros, otimistas, ativos e determinados. Mas, verdade seja dita, seria possível me descrever com características de ambos os lados: sou reservado, confiável e rígido como um introvertido típico, mas com certeza não sou tímido nem passivo. E, apesar de não ser falante e nada expansivo, costumo ser otimista e determinado como o extrovertido médio. A questão é que nenhum de nós se encaixa exatamente em um tipo específico de personalidade. Mas, se você se conhecer bem o suficiente, conseguirá ajustar sua vida e suas interações com os outros para se encaixar melhor com a sua personalidade — em vez de tentar se enquadrar nas expectativas dos outros.

Para ser sincero, eu achava que havia algo errado comigo. Ao longo dos meus 20 anos, segui as normas da sociedade, fazendo tudo que eu deveria fazer para ser um membro normal e operante da sociedade: sair com colegas de trabalho depois do expediente, passar todas as noites e fins de semana com amigos, bater papo para passar o tempo. Sempre fazendo alguma coisa. Sempre ligado. Nunca sozinho. Mas, conforme as interações constantes me cansavam, eu não me comportava de um jeito agradável. Era estranhamente solitário nunca estar sozinho.

Então, quando fui me aproximando dos 30, descobri que eu me tornava mais afável quando separava um tempo para mim. Hoje, passo uma quantidade enorme de tempo sozinho. Na verdade, não conheço ninguém que passe mais tempo sozinho do que eu: caminhando, escrevendo, me exercitando, lendo, refletindo. No processo, aprendi a gostar do som do silêncio, a sentar com tranquilidade e escutar o que está acontecendo não apenas a meu redor, mas dentro de mim. Mesmo assim, o maior benefício da solidão prolongada é que, quando decido participar

294 AME PESSOAS, USE COISAS

de encontros sociais — seja jantando com amigos, seja em um encontro com minha esposa ou um evento da turnê do livro com milhares de leitores —, sou mais agradável. O tempo que passo sozinho não beneficia apenas a mim, mas às pessoas a meu redor, porque todos recebemos minha melhor versão.

No entanto, não recomendo que ninguém passe mais tempo sozinho ou sendo sociável. O que dá certo para mim pode não dar certo para você. Sei que Ryan sofreria se fosse obrigado a seguir minha rotina. Ele é a alegria da festa: naturalmente carismático, engraçado e simpático. Como uma pessoa extrovertida, ele se sente mais energizado quando está com pessoas, e o tempo sozinho o exaure. Obviamente, o oposto vale para mim. Então, classificar a abordagem dele, ou a minha, como certa ou errada não é o propósito. Depende da sua personalidade. Além disso, mesmo com traços de personalidade extrema, nada é absoluto. Até eu, um asceta convicto, detestaria viver em confinamento solitário permanente. Assim como Ryan, com toda sua extroversão charmosa, às vezes precisa dar um tempo do seu estilo de vida sociável.

Os três relacionamentos

Às vezes, as pessoas usam a palavra "relacionamento" para se referir a uma relação física, íntima. Contudo, para os propósitos deste capítulo, falaremos sobre relacionamentos com todo mundo com quem você interage — amigos, sócios, cônjuges, namorados, colegas de quarto, colegas de trabalho, conhecidos. Todo esse pessoal tem uma relação com você, e, independentemente de ela ser saudável, neutra ou tóxica, cada uma pode ser classificada em três grupos distintos: principal, secundária e periférica.

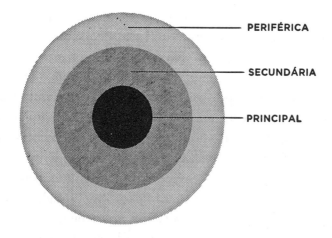

Seus relacionamentos *principais* são os mais próximos. Esse grupo provavelmente inclui seu parceiro romântico, parentes próximos e amigos mais íntimos. Esses são os personagens de maior destaque no filme da sua vida e, de longe, seus relacionamentos mais significantes.

A classificação dos relacionamentos *secundários* consiste em pessoas parecidas com as do grupo anterior, tirando que são menos significativas por uma série de motivos. Relacionamentos secundários podem incluir seus amigos próximos, seu chefe, seus colegas de trabalho preferidos e parentes menos íntimos — o elenco de apoio.

É provável que a grande maioria das pessoas da sua vida entre no terceiro grupo — seus relacionamentos *periféricos* —, que inclui a maioria dos colegas de trabalho, vizinhos, membros da comunidade, conhecidos, parentes distantes, boa parte dos seus amigos no Facebook, entre outros. Eles são personagens menores (e, às vezes, figurantes) no elenco da sua vida.

296 AME PESSOAS, USE COISAS

Um relacionamento, porém, não é saudável só porque se enquadra em um desses grupos. Na verdade, alguns dos maiores obstáculos de ter uma vida com propósito são as pessoas tóxicas que se infiltram em nosso elenco. Assim, é crucial compreender os papéis que cada conhecido tem na sua vida, para conseguir reorganizar seus relacionamentos e se cercar daqueles que apoiam a pessoa que você deseja se tornar — e não transformá-lo na versão ideal *deles*.

> **A COISA MAIS AMOROSA QUE PODEMOS FAZER É SERMOS SINCEROS COM OS OUTROS, MESMO QUE ISSO SIGNIFIQUE AMÁ--LOS DE LONGE.**

Se você fizer uma lista de todas as pessoas na sua vida e classificar cada relação como *saudável, neutra* ou *tóxica*, existe um grande risco de encontrar muita gente nos grupos *principal* e *secundário* que não devia estar lá. Cabe a você decidir qual papel essas pessoas deveriam ter na sua vida (ou até se terão um).

Infelizmente, tendemos a priorizar relacionamentos por proximidade e conveniência. O que significa que passamos boa parte do nosso tempo precioso com pessoas no nosso grupo *periférico*. Elas não são "ruins", necessariamente, mas só temos 24 horas no dia, e, se passamos a maior parte desse tempo com colegas de trabalho e conhecidos, deixamos de lado as pessoas mais importantes para nós, o que não é justo com elas e, no fim das contas, não nos deixa realizados.

É importante lembrar que relacionamentos não permanecem estáticos. As pessoas entram e saem da nossa vida e mudam de grupos enquanto nós evoluímos, e elas também. Muita gente que era bem relevante para você dez anos atrás tem menos relevância hoje, não tem? Da mesma forma, seus futuros relacionamentos continuarão a mudar, se transformar e evoluir. Novas amizades surgirão, relações atuais desaparecerão ou se fortalecerão e algumas acabarão por completo. É crucial que você tenha um papel ativo nesse processo — você quer participar da sua seleção de relacionamentos. Nas seções a seguir, vamos explorar como buscar novas relações empoderadoras, como consertar e fortalecer seus relacionamentos atuais e como se livrar de amizades tóxicas a fim de abrir espaço para pessoas que lhe ajudarão a ter uma vida com propósito.

Como encontrar relações empoderadoras

Vi minha esposa nua pela primeira vez cerca de dois minutos depois do começo do nosso primeiro encontro. Como era meu aniversário, e Rebecca sabia que eu era minimalista, ela achou que uma massagem de casal seria uma experiência apropriada para me dar de presente. (As outras opções eram andar a cavalo e alugar caiaques, que recusei, porque é falsidade fingir que gosto de coisas de que detesto.)

Quando entramos no salão de massagem, fomos recebidos por dois terapeutas, um homem grande e uma mulher pequena, ambos de uniforme branco, parados ao lado de mesas de massagem iguais no centro de um cômodo que, fora isso, estava vazio. Uma playlist zen e o ar-condicionado central preenchiam o espaço com uma serenidade fresca.

— Podem tirar a roupa até o ponto em que se sintam confortáveis — disse a mulher. — Voltaremos em dois minutos.

Assim que eles saíram, olhei para Bex com os olhos arregalados e um sorriso que dizia "Bem, foi você que deu a ideia", e tirei os sapatos.

298 AME PESSOAS, USE COISAS

Ela me lançou um olhar envergonhado e deu de ombros, como se dissesse "Não me dei conta de que a gente precisaria tirar a roupa no mesmo cômodo".

Eu levantei as sobrancelhas para dizer: "Mas você sabia que era uma massagem de *casal*!"

Ela deu de ombros de novo e tirou a blusa. Então, tirei a roupa até o ponto que *me* senti confortável (pelado), tentando não ficar olhando enquanto Bex tirava a roupa até o ponto em que *ela* se sentia confortável (calcinha). Ela era tão linda que, se tivesse visto a expressão contorcida no meu rosto, talvez a confundisse com algo ofensivo.

Esse foi um exemplo bom e ruim sobre como conhecer pessoas novas. Apesar de, no geral, ser uma péssima ideia ficar pelado na primeira vez que você encontra alguém, é importante ser sincero sobre suas experiências desde o começo. Eu podia ter fingido ser um cara que gosta de andar a cavalo ou flutuar em rios, mas isso estabeleceria uma impressão errada de mim, fazendo Bex ter expectativas erradas, o que, no fim das contas, causaria uma conexão falsa. Em vez disso, fui direto sobre minhas preferências, e pedi que ela fizesse o mesmo, que apenas fosse sincera sobre quem era e o que queria. Assim, se fôssemos incompatíveis, não teríamos que passar pelo declínio lento de uma aliança artificial.

> **PODEMOS ESTABE-LECER LIMITES SEM ERGUER UM MURO.**

Hoje em dia, no nosso mundo eternamente conectado, não existe uma "forma perfeita" de conhecer pessoas. Apesar de eu ter feito amizade com Ryan no ensino fundamental e com meu amigo Podcast Shawn na nossa época no mundo corporativo, quase todos os meus relacionamentos principais e secundários se formaram na última década, e até esses se iniciaram de formas muito variadas. Meses antes do encontro no meu aniversário, Rebecca e eu nos conhecemos no mercado em Missoula, Montana, onde morávamos na época. Eu me aproximei do meu amigo e sócio Colin Wright graças ao Twitter. Passei a ter contato com Joshua e Sarah Weaver, o casal com quem Ryan e eu agora compartilhamos uma cafeteria na Flórida, após eles lerem nosso livro *Tudo o que importa*. Descobri o filósofo T.K. Coleman depois de escutá-lo em um podcast obscuro. E comecei dezenas de relacionamentos valiosos em aplicativos de namoro, grupos de encontros, conferências e com amigos de "amigos" no Facebook ou Instagram. O mundo moderno nos oferece mais formas do que nunca de conhecer novas pessoas.

O ponto em comum de todos os meus relacionamentos mais recentes não é *como*, mas *por que* nos conhecemos e *por que* nos aproximamos: temos valores parecidos. Não, não somos cópias uns dos outros — na verdade, a maioria dos meus amigos tem crenças religiosas, políticas e de vida diversas, assim como formação, raça, etnia, gênero, orientação sexual e situação econômica diferentes —, mas ficamos próximos porque temos uma base forte sobre a qual construímos um relacionamento produtivo. Isso acontece mesmo com muitas dessas pessoas morando em outros estados e até continentes. E mesmo sem nos encontrarmos sempre.

Há três segredos para estabelecer e manter novos relacionamentos empoderadores.

Em primeiro lugar, as relações mais enriquecedoras se formam em torno de valores compartilhados, não crenças, ideologias ou interesses. Semelhanças além dos valores podem ajudar, mas nossas diferenças acabam fortalecendo o relacionamento, porque nos incentivam a nos desafiar, com boas intenções, e a solidificar nossos pontos de vista, ou mudá-los completamente.

300 AME PESSOAS, USE COISAS

Em segundo lugar, qualidade sempre é melhor do que quantidade. Por um lado, é possível ter uma conexão forte com alguém que você só encontra uma ou duas vezes por ano, contanto que o tempo que passem juntos seja recompensador. Por outro, é possível estar preso em um relacionamento mediano com alguém que você vê todos os dias. Podemos até argumentar que essas relações sem sal são mais comuns porque tendemos a não valorizar as pessoas quando elas estão sempre por perto. Nem sempre esse é o caso — você pode ser intencional com qualquer relacionamento —, porém, é mais difícil apreciar alguém que nunca se afasta de nós. É por isso que Bex e eu passamos mais da metade do nosso tempo separados. A distância nos aproxima.*

Em terceiro e último lugar, todo relacionamento requer reciprocidade, isto é, se você quiser que a relação com a outra pessoa floresça, é preciso agregar valor — para ambas as partes. Toda ligação — de amizade, romântica, ou de qualquer outro tipo — é uma troca. Contudo, em vez de pensar nisso como uma simples reciprocidade, gosto de imaginar que todo relacionamento tem uma "caixa nossa". Para dar certo, as duas pessoas precisam acrescentar — e receber — algo dessa caixa. Se você acrescentar, mas não receber, vai se sentir explorado. Se apenas receber, mas não acrescentar, estará se aproveitando da situação. Mas, se as duas pessoas dão o que podem, o relacionamento cresce, apesar de a divisão talvez nunca ser igualitária. Relações não são transações, então não precisamos encará-las assim. Em vez disso, contribuímos da maneira que for *possível* para nós, enquanto a outra pessoa pode ter possibilidades diferentes. Às vezes, dependendo das circunstâncias, temos a capacidade de *dar* mais ao

---

* Bex e eu conversamos mais sobre nosso relacionamento não tão convencional no nosso podcast, *How to love*, disponível, em inglês, em howtolove.show.

relacionamento. Em outros momentos, precisamos *receber* mais. A chave é sermos sinceros sobre como podemos contribuir e do que precisamos. Se fizermos isso — se tivermos padrões e agirmos de acordo com eles —, nossas relações irão decolar.

Em muitos momentos da vida, tive a capacidade de ser o principal contribuinte de um relacionamento — ou de uma parte específica do relacionamento. Este livro é um bom exemplo dessa dinâmica. Apesar de Ryan e eu sermos sócios igualitários, sou responsável por 90% do conteúdo do blog e dos nossos livros. Por sua vez, Ryan preenche as lacunas de outras áreas do negócio — áreas que não necessariamente são meus pontos fortes. Apesar de não anotarmos quem tem mais deveres nem contarmos nossas contribuições individuais exatas, tudo acaba dando certo, porque os dois estão dispostos a fazer a sua parte da melhor maneira possível.

No entanto, houve outras situações em que não consegui ser o principal contribuinte. Alguns anos depois que conheci minha esposa, minha saúde passou por momentos complicados. Naquele ponto, eu não conseguia contribuir tanto quanto antes: não podia trabalhar em tempo integral, então ganhava menos; minha capacidade de cuidar da nossa filha diminuiu muito; e eu não conseguia participar de atividades normais, como viajar, ir a eventos e fazer compras no mercado. Como resultado, Bex precisou compensar minha ausência. E foi isso que ela fez. E muito mais. Ela não apenas segurou as pontas durante a minha doença, mas contribuiu bem mais do que era justo, fazendo questão de cuidar de mim, de encontrar médicos e possíveis soluções, e, talvez mais importante, tirando tempo para *compreender* o que estava acontecendo comigo. Ela

> **VOCÊ NÃO É CAPAZ DE MUDAR AS PESSOAS, MAS PODE MUDAR AS PESSOAS AO SEU REDOR.**

entendeu que minha falta não acontecia por escolha própria, que eu não estava negligenciando nosso relacionamento, mas que apenas não era a melhor versão de mim mesmo naquele breve momento no tempo. Com seu apoio, minha saúde melhorou. Desde que cheguei ao fundo do poço, no verão de 2019, parece que me arrastei para fora de uma cratera muito funda no meio do deserto. Agora que voltei à superfície, continuo no meio do nada, com uma grande distância a percorrer, mas pelo menos estou seguindo na direção certa. Passei por maus bocados durante minha doença e, sem o apoio de Rebecca, talvez ainda estivesse me debatendo no fundo daquela cratera. Conforme minha saúde vai melhorando, voltei a contribuir com o relacionamento — talvez não tanto quanto antes, pelo menos não ainda, só que mais e mais cada mês que passa.

Como ser você mesmo

Talvez você esteja pensando: "É lógico que desejo pessoas empoderadoras na minha vida, mas como sei quando um relacionamento é saudável ou tóxico, promissor ou fadado ao fracasso?"

A resposta mais simples é:

Você provavelmente já sabe.

Se você está se perguntando se um relacionamento é tóxico, é provável que seja.

Um relacionamento é tóxico
quando é muito nocivo ou desagradável
de um jeito invasivo ou traiçoeiro.

O relacionamento faz com que você constantemente se sinta triste, nervoso ou chateado,
ansioso, irritado ou com medo,
culpado, recriminado ou arrependido?
Então é bem possível que seja tóxico.

Mas quando um relacionamento é fenomenal,
você não tem dúvidas.
Simplesmente sabe.
Ele é fenomenal.
E se destaca de verdade dos outros.

Mas por quê? O que faz um relacionamento valer a pena, e como você consegue isso? É tentador procurar um atalho. Tomar um remédio mágico. Deixar os algoritmos decidirem. Passar a tela para a direita. É óbvio, porém, que não existem atalhos — apenas rotas diretas.

O caminho mais direto para um relacionamento confiável é conhecido e simples: apenas seja você mesmo. Sim, eu sei, é um conselho clichê. Mas o negócio é o seguinte. Você quer ser amado pelas pessoas por quem *você* é, não pela forma como se apresenta. Relacionamentos não são produtos, e você não é vendedor. Eu, por muito tempo, achei que fosse. Acreditei que precisava convencer os outros a gostar de mim, a me amar, a se importar comigo, fingindo ser uma versão diferente de mim mesmo. Com o tempo, me dei conta de que não apenas isso é falso, mas inútil. Em vez de ficar passando a imagem de um cara sociável, que gosta de passar tempo ao ar livre e ama multidões, eu podia simplesmente ser agradável, afável e carinhoso, como sou.

No fundo, as pessoas sempre vão encarar você da maneira como você encara a si mesmo. Se você não se amar, como os

304 AME PESSOAS, USE COISAS

outros vão fazer isso? De fato, as pessoas podem ser enganadas por um tempo — conseguimos enganar a nós mesmos —, mas, no fim das contas, você vai saber. E vai ficar remoendo isso.

Para sermos nós mesmos, precisamos nos conhecer. Hoje não digo que gosto de acampar (nem de andar a cavalo ou de caiaque). Eu me comporto de forma diferente, sendo sincero, me representando da maneira que sou, não como uma versão idealizada que acho que os outros preferem. Eu jamais pediria para outra pessoa fazer algo de que não gosta, e, se temos um relacionamento de amizade ou amoroso, espero a mesma reciprocidade. Isso só dá certo se formos sinceros uns com os outros.

Se você estiver cansado de ser alguém que não é, aqui vai uma solução: seja a melhor versão de *si mesmo* — sua versão não exagerada — e se cerque de pessoas que o amam assim, na saúde e na doença.

As pessoas ao nosso redor contribuem muito com nossa alegria. Você pode não mudar por causa dos seus relacionamentos, mas eles despertam o melhor — e o pior — dentro de nós. Então, devemos escolher com cuidado. Não é mais prudente passar tempo com certas pessoas só porque "nos conhecemos há uma eternidade" ou porque compartilharam uma série de momentos na infância ou um interesse em comum. Não, os relacionamentos mais sólidos são construídos sobre os alicerces dos valores compartilhados. Para chegar lá, você precisa aprender a estabelecer limites e se comunicar de forma eficaz.

Limites e comunicação

No começo, estabelecer limites pode parecer uma das últimas coisas a serem feitas para incentivar relacionamentos íntimos e sinceros — como se isso significasse que você não está disposto a deixar ninguém se aproximar. Mas podemos estabelecer limites sem erguer um muro.

O Dr. Henry Cloud, coautor do livro *Limites: quando dizer sim, quando dizer não*, diz que "ter limites definidos é essencial para um estilo de vida saudável e equilibrado". De acordo com ele e seu coautor, o Dr. John Townsend, "limites definem quem somos e quem não somos", mostrando aos outros pelo que você se responsabiliza. É meio como ter uma fronteira em torno do seu bem-estar.

Apesar de o mundo físico estar cheio de limites nítidos — as divisórias ao redor de um cubículo ou as paredes do seu apartamento, por exemplo —, é igualmente importante construir barreiras físicas, mentais, emocionais e espirituais em nossos relacionamentos. Como eles explicam no livro:

- **Limites físicos** nos ajudam a determinar quem pode tocar em nós e em que circunstâncias.

- **Limites mentais** nos dão liberdade para ter nossos pensamentos e opiniões.

- **Limites emocionais** nos ajudam a lidar com nossas emoções e nos distanciar das emoções prejudiciais e manipuladoras dos outros.

- **Limites espirituais** nos dão um fascínio renovado pelos mistérios do mundo.

Você pode estabelecer limites sem afastar as pessoas. Na verdade, eles são uma maneira de trazer os outros *para* o seu mundo, mostrando de forma educada o que é ou não aceitável.

306 AME PESSOAS, USE COISAS

Precisamos de barreiras para evitar equívocos, problemas de comunicação e desentendimentos. Limites saudáveis com seus pais, companheiros, filhos, amigos, colegas de trabalho e até consigo mesmo são necessários para proteger relacionamentos de danos desnecessários. Então, da mesma forma como você não se sente culpado por ter uma porta de entrada na sua casa, seus limites não deveriam causar sentimento de culpa. Assim como a porta, limites bem construídos mantêm coisas indesejáveis do lado de fora e você pode permitir a entrada apenas dos relacionamentos convenientes.

Talvez a melhor forma de estabelecer as barreiras apropriadas seja por meio da comunicação constante e eficaz. No entanto, antes de informar seus limites, é preciso estabelecê-los. Se você fosse construir uma casa, precisaria de informações exatas para executar o serviço. Da mesma forma, é preciso identificar os detalhes dos seus limites pessoais para cada relacionamento na sua vida.

Quais são seus limites físicos? Talvez você goste de abraçar todo mundo, talvez deteste até trocar um aperto de mão. Nenhuma escolha é "certa" ou "errada".

Quais são seus limites mentais? Talvez você não goste de compartilhar suas emoções, ou talvez ache interessante declarar suas crenças políticas no YouTube. De novo, um limite não é mais "correto" do que outro.

Quais são seus limites emocionais? Talvez você prefira ser educado e receptivo, ou talvez sinta necessidade de ser direto, mesmo que isso afaste algumas pessoas. Só você sabe como se sente à vontade.

Quais são seus limites espirituais? Talvez sua religião, ou a falta de uma, seja uma experiência particular, ou talvez você goste de pregar por aí. De toda forma, faça o que achar correto.

Quando você conhecer seus limites, terá mais facilidade em identificar o que está disposto a aceitar, assim como o que precisa rejeitar, para ter uma vida harmoniosa.

Agora, vale manter em mente que seus limites mudarão com o tempo. Assim como fronteiras não são sempre iguais, você não vai manter as barreiras existentes conforme seus relacionamentos mudam e se desenvolvem. E elas se tornarão mais específicas conforme você se comunica com os outros.

Marshall Rosenberg, autor de *Comunicação não violenta: Técnicas para aprimorar relacionamentos pessoais e profissionais*, diz que "muito de como nos comunicamos — julgando os outros, praticando bullying, tendo preconceitos, culpando, apontando o dedo, discriminando, falando sem escutar, criticando os outros ou a nós mesmos, xingando, reagindo com raiva, usando retóricas políticas, ficando na defensiva ou julgando quem é 'bom/mau' ou o que é 'certo/errado'" pode ser classificado como "comunicação violenta". Em vez de usarmos esses meios para nos comunicar, Rosenberg recomenda um processo de quatro passos de "comunicação não violenta", que inclui observações, sentimentos, necessidades e pedidos.

> **ACUMULAMOS QUINQUILHARIAS E ARTEFATOS, NOS ISOLANDO DENTRO DE MAIS METROS QUADRADOS. ENCHEMOS NOSSA CASA DE COISAS, MAS NOS SENTIMOS VAZIOS EM MEIO À BAGUNÇA.**

- **Consciência:** um conjunto de princípios que apoia uma vida de compaixão, colaboração, coragem e autenticidade.

- **Linguagem:** compreender como as palavras contribuem para a conexão ou a distância.

308   AME PESSOAS, USE COISAS

- **Comunicação:** saber como pedir pelo que queremos, como escutar os outros até quando discordamos e como buscar soluções que funcionam para todos.

- **Meios de influência:** compartilhar "poder com os outros" em vez de usar seu "poder sobre os outros".

Com o tempo, conforme instauramos esse processo em nossa vida, descobrimos que precisamos abrir mão da necessidade de julgar ou convencer as pessoas, preferindo nos comunicar com o coração. E, conforme nossa comunicação melhora, também aprendemos a fortalecer nossa conexão com os outros.

Consertar e fortalecer relacionamentos

Em quintas-feiras alternadas, minha esposa e eu tiramos folga do trabalho, só nós dois, juntos. Às vezes, temos planos grandiosos que envolvem museus, caminhadas e passeios de carro pela costa, mas, geralmente, não fazemos nada além de levar dois livros para nosso lugar favorito de tomar café da manhã, onde lemos, conversamos e apenas passamos tempo juntos, sem as interrupções da rotina. É meio que uma reinicialização. E fico mais animado com essas quintas do que com qualquer outro dia. A atividade em si é menos importante do que a intenção, não se trata apenas de passarmos tempo juntos (não esqueça: qualidade é melhor do que quantidade), mas um lembrete de que nosso relacionamento é a prioridade. Não *uma* prioridade — *a* prioridade. Com essa lembrança constante e quinzenal, minha conexão com Bex continua a se aprofundar de formas impossíveis para relacionamentos superficiais. Com apenas algumas relações principais profundas em sua vida, junto com a quantidade apropriada de secundárias e periféricas, é quase impossível se sentir sozinho.

Você sabia que existe um curso na Universidade do Sul da Califórnia que ensina como fazer amizades? Dá para imaginar — uma aula que ensina sobre como é ter amigos? Pois é. Para completar, enquanto escrevo isto, ela tem a maior lista de espera entre todos os cursos da instituição. Por quê? Porque uma epidemia de solidão assola o planeta. Nós nos tornamos especialistas em fazer "amizade" pela internet, mas perdemos o contato com as pessoas. O curso está apenas tentando corrigir essa desconexão.

Acaba que a amizade apresenta benefícios evolucionários. "Nossa capacidade de formar relacionamentos com pessoas fora da nossa família [...] é uma habilidade fundamental que nos ajudou a virarmos humanos. É uma parte essencial de quem somos", escreveu Shane Parrish em um artigo recente na *Farnam Street*.

Que ótimo. Então, amigos são importantes. Mas você já sabia disso, não é? Só precisamos determinar como consertar e fortalecer nossas amizades já existentes. Primeiro, nós identificamos as qualidades que definem os relacionamentos mais íntimos. Em nosso primeiro livro, *Minimalism: Live a Meaningful Life*, Ryan e eu apontamos oito elementos de relacionamentos ótimos, e, se eu fosse caracterizá-los hoje, os redefiniria assim:

Amor. Um afeto profundo e uma devoção ilimitada por outra pessoa. Quando você ama alguém, está disposto a deixar os interesses dela passarem por cima dos seus desejos

310   AME PESSOAS, USE COISAS

passageiros. Amor gera amor, afastando o egoísmo em prol de fortalecer o relacionamento.

Confiança. A disposição em contar com outra pessoa sem questionar suas intenções ou pedir provas. Quando você é capaz de estabelecer confiança com alguém, se torna a melhor versão de si mesmo porque confiança gera confiança, incentivando o hábito da sinceridade entre as duas partes.

Sinceridade. A sinceridade é livre de mentiras ou coerção. Quando você se recusa a mentir, está se comprometendo a evitar atalhos e permanecer no mesmo caminho que a outra pessoa, mesmo quando ele se torna complicado. Sinceridade gera sinceridade, estabelecendo uma base sólida para qualquer relacionamento.

Cuidado. Demonstrar bondade, compaixão e preocupação por outra pessoa. Quando você se importa com alguém, se preocupa o suficiente para expressar isso com atos consistentes. Cuidado gera cuidado, alimentando e fortalecendo o relacionamento por meio da conduta, e não apenas de intenções.

Apoio. Uma pessoa que oferece apoio ajuda e incentiva as outras. Quando você encoraja o relacionamento, mostra que é confiável, protetor e dedicado à outra pessoa. Apoio gera apoio, fortalecendo o compromisso de ambas as partes.

Atenção. A capacidade de estar presente e concentrado no relacionamento. Quando você é capaz de se concentrar completamente, seu foco total mostra para a outra pessoa como ela é importante. Atenção gera atenção, intensificando a conexão entre duas pessoas.

Autenticidade. A capacidade de ser verdadeiro. Quando você é autêntico, mostra sua integridade e consistência no relacionamento. Autenticidade gera autenticidade, legitimando a relação.

Compreensão. Uma percepção compassiva e profunda da outra pessoa. Quando você compreende alguém, se esforça para enxergar além do óbvio e entender o outro por completo — seus sentimentos, desejos e atos — sem julgar ou reclamar.

Apesar de termos passado boa parte deste livro focados nas nuances da maioria desses oito elementos — *confiança, sinceridade, atenção* e *autenticidade* foram muito analisados em capítulos anteriores, enquanto *amor, cuidado* e *apoio* são tratados neste —, quero dedicar um tempo, nesta seção, expandindo o meu entendimento sobre *compreensão*.

É difícil compreender os outros de verdade, mas encare isso como um exercício físico para relacionamentos. Quanto mais você malhar na academia, mais em forma ficará; da mesma maneira, quanto mais você tentar compreender os outros, mais em forma ficarão seus relacionamentos. As relações mais fortes se esforçam para evitar mal-entendidos, porque, quando saem de proporção, nossas confusões e nossos enganos levam a desavenças maiores, discussões e brigas. Para evitar essa bola de neve, desejamos nos dedicar às quatro etapas da compreensão: tolerância, aceitação, respeito e apreciação.

312 AME PESSOAS, USE COISAS

Tolere. A tolerância é uma virtude fraca, mas já é um começo sólido. Se o comportamento de alguém parece incômodo, é melhor evitar reações automáticas de lutar ou fugir, e, em vez disso, encontrar formas de tolerar as diferenças. Por exemplo, digamos que você seja um aspirante ao minimalismo, mas seu parceiro seja um colecionador fanático — uma dicotomia de preferências óbvia. Talvez ele encontre satisfação em uma coleção de estátuas de porcelana ou guitarras antigas, enquanto você acredita que aquilo tudo é lixo. Então fica pensando, tentando encontrar uma maneira de convertê-lo para o seu ponto de vista válido, algo que pode ser muito frustrante para ambas as partes. Mas não se preocupe. Vocês não precisam concordar com tudo imediatamente; só devem reconhecer que ambos têm motivos para pensar diferente. Ao tolerar as manias de alguém e permitir que a pessoa viva feliz com sua visão do mundo, você vai estar no caminho para compreendê--la — e esse é um primeiro passo importante, mesmo que você não entenda a obsessão por estátuas inanimadas ou instrumentos musicais que não são tocados.

Aceite. Para realmente viver em harmonia com os outros, devemos sair rápido da tolerância e passar para a aceitação. Depois de fazer um esforço para pelo menos tolerar as manias do outro, essas peculiaridades parecem menos bobas e, com o tempo, mais importantes — não importantes para você, mas para a pessoa com quem se importa. Depois que você perceber que a coleção do seu parceiro tem *propósito*, é mais fácil aceitá-la, porque esse desejo de colecionar faz parte de quem ele é como um ser humano completo, e, apesar de você não gostar de um comportamento específico, ainda ama a pessoa em sua totalidade, com todas as suas diferenças.

Respeite. Aceitar — não apenas tolerar, mas aceitar de verdade — as idiossincrasias de alguém é um desafio, mas não tanto quanto respeitar a pessoa *por causa* de suas peculiaridades. Pense nisso. Você levou tantos anos para chegar à sua mentalidade atual, então não é razoável esperar que alguém alcance as mesmas conclusões do dia para a noite, não importa quanto seus argumentos sejam convincentes. Tudo bem, talvez você nunca acumulasse estátuas ou guitarras, mas muitas das suas crenças, quando analisadas de forma superficial, devem parecer ridículas para outra pessoa. Mesmo quando não concordarem com você, mesmo quando não *compreenderem* a sua posição, você ainda quer que as suas crenças sejam respeitadas, certo? Então por que não fazer o mesmo com as dos outros? Só assim é possível se aproximar da compreensão; só assim você vai começar a entender que a sua visão do mundo não é uma verdade absoluta em que todos precisam acreditar. Certamente, seria bom ter uma casa livre de acúmulos, mas também é legal compartilhar sua vida com pessoas que você respeita.

Aprecie. Depois de passar pelo respeito, a compreensão está ao alcance. Continuando com nosso exemplo, digamos que seu parceiro goste muito da sua coleção. Por que você iria querer mudar isso? Você se importa com o bem-estar dele, certo? Bom, se a coleção traz contentamento para a vida do seu parceiro, e você se importa com ele, então a coleção

314 AME PESSOAS, USE COISAS

pode até trazer alegria para a sua vida também, porque a alegria é contagiante — mas só depois de deixarmos para trás as discussões, os estágios da tolerância, da aceitação e do respeito e você apreciar os desejos da outra pessoa. Muitos de nós seguimos caminhos diferentes rumo à alegria, mas, mesmo caminhando por rotas distintas, é importante apreciarmos a jornada — não apenas a nossa, mas a de todos que amamos. Quando apreciamos os outros por quem eles são, e não por quem desejamos que sejam, então, e apenas então, compreenderemos de verdade.

Assim, da próxima vez que você chegar a uma bifurcação na estrada, lembre-se da sigla TARA: tolere, aceite, respeite e aprecie. Se seguir por esse caminho com frequência, seus relacionamentos se desenvolverão, e você terá uma experiência gratificante que não seria possível sem a profunda compreensão das pessoas na sua vida. A estrada não funciona apenas para relacionamentos amorosos, mas para amigos, colegas de trabalho e todo mundo com quem desejamos fortalecer nossa conexão. É óbvio, nossos valores podem entrar em conflito em alguns momentos, e não seremos capazes de apreciar a pessoa por quem ela é. E surgirão momentos raros em que a TARA será o caminho inadequado: se alguém passar a se comportar de forma autodestrutiva — drogas, crimes, racismo —, então você não precisa tolerar essa situação. Às vezes, está tudo bem em se despedir, se afastar e seguir por um caminho diferente.

No fim das contas, a *compreensão* responde a perguntas satisfatórias sobre relacionamentos. O que motiva a outra pessoa? O que ela quer? Do que precisa? O que a deixa animada e empolgada? Quais são seus desejos? Quais são suas dores? Do que ela gosta? O que a torna feliz? Se você conseguir responder a essas perguntas, a compreensão de que precisa para suprir as necessidades do outro estará ao seu alcance. E se você for capaz de suprir as necessidades da pessoa, e ela suprir as suas, é quase certo que seu relacionamento será vibrante, apaixonado e próspero.

Treze virtudes supervalorizadas

Agora que tratamos das qualidades mais pertinentes de bons relacionamentos, também devemos falar sobre virtudes culturalmente vistas como nobres, mas que são mais valorizadas do que deveriam.

Lealdade. Sim, é importante ser leal com as pessoas que amamos, mas a lealdade por si só costuma ser equivocada e pode até prejudicar relacionamentos, criando uma cortina de fumaça entre a racionalidade e a realidade. Ser leal é ótimo, mas a lealdade à custa da integridade é prejudicial aos relacionamentos.

Honra. Sim, queremos honrar nossos pais, vizinhos, amigos e parentes. Mas até que ponto? Se o seu melhor amigo virar um criminoso violento, você ainda deve ter consideração por ele? Enquanto um nível adequado de honra é fundamental, se ela não tiver limites, pode nos prender a convicções e convenções que nos impedem de viver de acordo com nossos valores.

Certeza. Todo mundo gosta de estar "certo". Mas se você passar o tempo todo afirmando como está correto, acaba transmitindo um ar de superioridade ou de estar se vangloriando, e isso nunca é saudável para relacionamentos. Nos momentos de dúvida, "não sei" são as duas palavras mais libertadoras que podemos dizer.

Transparência. Você quer ser sincero e aberto com os outros, mas não precisa permitir que todo pensamento que surja na sua cabeça saia pela boca, sem filtro. Se não tomar cuidado, pode acabar magoando as pessoas que ama — e prejudicar seus relacionamentos no processo.

Prazer. Prazer não é "bom" nem "ruim"; prazer em excesso é hedonismo. Nossos relacionamentos não deveriam ser vetores de deleites eternos. Apesar de nossas interações poderem ser prazerosas, o prazer não deve ser a estrela pela qual guiamos nossas embarcações interativas. Se fizermos isso, acabaremos abrindo mão de muitos dos elementos que fazem as relações valerem a pena.

Conforto. Amigo próximo do prazer, o conforto é complicado. O filósofo estoico Musônio Rufo argumentava que alguém que tenta evitar qualquer desconforto encontra mais dificuldade em ficar confortável do que alguém que periodicamente o aceita. Assim, se buscarmos o incômodo, teremos a capacidade de expandir nossa zona de conforto.

Desejo. Todos temos impulsos, mas é comum confundir vontades e paixão com desejo. E quando o desejo toma conta, perdemos todos os sentidos. Hoje, mais do que nunca, o desejo vai além do sexual: somos consumidos por uma ânsia por carros e roupas e equipamentos de fotografia, e, por algum motivo estranho, boa parte da nossa cultura puritana concordou que ansiar por coisas é uma alternativa aceitável para a ânsia sexual. Mas ambos os desejos, quando não buscados de forma intencional, levam a consequências deletérias óbvias.

Amabilidade. A maioria de nós quer viver em harmonia com as pessoas que ama. Parece que a rota mais fácil para isso é concordar com os outros sempre que possível. Mas esse impulso é equivocado. Se aplacarmos as pessoas, não apenas seremos desonestos, como fecharemos a porta da individualidade. É possível, no entanto, discordar de alguém com tato, levando em conta seu ponto de vista. Ryan e eu discordamos o tempo todo, mas quase nunca discutimos. Se você for capaz de fazer essa distinção, seu relacionamento será melhor, porque, quando houver um consenso, a outra pessoa saberá que é genuíno e não apenas uma tentativa de deixá-la feliz.

Empatia. Talvez a virtude supervalorizada mais controversa. Hoje em dia, todo mundo, de pastores a estudiosos, prega o poder da empatia. Mas a maioria dessas pessoas está na verdade falando sobre *compaixão*. Se for o caso, não tenho objeções: a compaixão — isto é, a preocupação pela desgraça alheia — é útil e poderíamos nos utilizar mais dela. A empatia, no entanto — isto é, a capacidade de sentir o sofrimento dos outros —, não é um resultado desejado. O pesquisador de Yale e filósofo Paul Bloom apresenta esse argumento em seu livro *Against Empathy: The Case for Rational Compassion* [Contra a empatia: Em defesa da compaixão racional, em tradução livre]: "É comum que pensemos na capacidade de sentir o sofrimento dos outros como o maior sinal de bondade [...]. Isso está muito longe de ser verdade." Bloom segue dizendo que a empatia é "um dos principais motivadores para a desigualdade e imoralidade na sociedade [...]. Longe de nos ajudar a melhorar a vida dos outros, a empatia é uma emoção caprichosa e irracional, que apela para nossos preconceitos. Ela confunde nosso julgamento e, ironicamente, costuma levar à crueldade". De acordo com Bloom, "o melhor que podemos fazer é sermos espertos o suficiente para não contar com ela, mas nos guiarmos por uma compaixão mais distanciada".

Negatividade. Essa pode ser confusa a princípio. Como a negatividade é uma *virtude* valorizada em excesso? Alguém acha que negatividade é algo "positivo"? Se fôssemos avaliar pela opinião popular, quase todo mundo reconheceria a negatividade como algo "ruim". Então por que vivemos brigando, reclamando e fofocando? Porque essas coisas são vistas como atalhos. Se você reclamar sobre a mesma coisa que outra pessoa, ou fizer fofoca, isso aumentará a conexão com seu colega de reclamação. Dizem que "mágoa atrai mágoa", e é isso que acontece sempre que infestamos o mundo de negatividade.

Ciúme. A emoção mais inútil, o ciúme é gerado pela desconfiança — desconfiança de que você não é "bom" o suficiente, que não faz tudo que deveria, que a outra pessoa não é tão merecedora quanto você. O ciúme é uma emoção egoísta, que não serve ao bem maior de forma alguma. Seu antídoto é uma virtude pouco conhecida, chamada *compersão* — a alegria que sentimos ao ver a alegria de outra pessoa, como ao testemunhar o sorriso de um bebê e sentir a mesma coisa em retribuição. Quando você sente alegria pela alegria do outro, não há espaço para o ciúme.

Sentimentalismo. O filósofo grego Zeno acreditava que seres humanos foram projetados para serem razoáveis, mas também reconhecia nossa humanidade, que é impulsionada pela emoção. Assim, não precisamos fugir da razão nem da emoção, mas do sentimentalismo — isto é, excesso de ternura, tristeza ou nostalgia —, porque ele afasta a razão em prol de emoções dominantes. Quando nos sentimos emotivos demais, é bom encontrar outras perspectivas ao envolver o raciocínio de outra pessoa, com os pés no chão.

Seriedade. Sim, queremos ser levados a sério e queremos abordar relacionamentos com dignidade, mas devemos deixar espaço para o humor e a leveza. Senão ficaremos sobrecarregados, e eventualmente soterrados, pelo nosso excesso de seriedade. Então, abra espaço para as piadas, mesmo — principalmente — nos momentos mais difíceis.

Enquanto é melhor evitar muitas dessas supostas virtudes por completo — ciúme, certeza e negatividade são especialmente problemáticas —, a maioria pode ajudar quando encontramos o equilíbrio apropriado.

Sobre sacrifícios e concessões

Existem outras duas virtudes que eu costumava achar que eram valorizadas em excesso, mas mudei de ideia sobre ambas: sacrifício e concessão. Após uma série de relacionamentos tóxicos com chefes, colegas de trabalho, supostos amigos, namoradas e

320 AME PESSOAS, USE COISAS

até parentes, cheguei à conclusão de que sacrifiquei demais e fiz concessões demais, e era isso que tornava esses relacionamentos impossíveis. Apesar de isso talvez ser verdade em parte, o problema não estava nos sacrifícios e nas concessões que fiz por essas pessoas, mas no fato de eu ter feito os sacrifícios e as concessões equivocadas ao longo de cada relacionamento.

Infelizmente, sacrifiquei meus valores em uma tentativa de ajudar relações. Como resultado, fiz concessões bobas para agradar aos outros. Fugi da verdade porque não queria magoar ninguém. Tentei acalmar as pessoas com posses materiais em vez de demonstrar amor de verdade. Abri mão da minha saúde mental, emocional e física para cuidar dos outros.

Mas agradar às pessoas não funciona. Pelo menos não em longo prazo. Pense um pouco. Como você se sentiria se, de repente, descobrisse que todos os seus conhecidos estavam apenas tentando lhe agradar por bondade? Na medicina, os médicos chamam esse tipo de tratamento de "paliativo", que significa amenizar ou tornar menos desagradável uma doença e seus sintomas, sem remover a causa. Nos relacionamentos, chamamos isso de *aplacar* a outra pessoa. Esses tipos de sacrifício e concessão são falsos na melhor das hipóteses e dão fim a relacionamentos nas piores.

Porém, ocasionalmente, você precisa fazer sacrifícios, precisa fazer concessões, porque o mundo não foi criado apenas para conceder seus desejos. A vida não gira em torno de você.

No fim das contas, certo grau de sacrifício — isto é, abrir mão de algo importante ou valorizado por causa de outra pessoa — é necessário para uma relação dar certo. Relacionamentos exigem tempo, energia e atenção, três dos nossos recursos mais preciosos, dos quais devemos estar dispostos a abrir mão em troca da relação em si.

As concessões — isto é, acabar com um desentendimento ao encontrar um meio-termo — também são necessárias dentro de uma relação saudável. Como dois seres humanos não podem ser idênticos em todos os sentidos, você vai acabar tendo de fazer acordos em certos momentos. O segredo, então, é evitar sacrificar seus valores para isso.

Criar um filho é o exemplo perfeito sobre a necessidade de fazer sacrifícios e concessões. Vejo isso na minha vida. Aparentemente, ser pai é fatigante, tedioso e chato. Mas pais atenciosos estão dispostos a sacrificar as próprias ocupações, as diversões e os interesses em nome do filho. É esse tipo de concessão — esse meio-termo — que melhora o bem-estar de todas as partes.

Naturalmente, essa lição vai além da criação de filhos. Pense nos melhores relacionamentos da sua vida. Quando fez sentido abrir mão de algo valioso para melhorar a relação (sacrifício)? Quando você precisou acabar com uma briga encontrando um meio-termo (concessão)? Se você foi capaz de fazer as duas coisas sem afetar seus valores, então há chances reais de ter tomado uma decisão altamente acertada para a relação.

Como se livrar de relacionamentos tóxicos

"Dizem que o amor é cego", afirmou Marta Ortiz, fazendo uma pausa antes de acrescentar: "Com certeza existe alguma verdade nisso aí." Ortiz, a participante do nosso estudo de caso que mora na Cidade do México, já passou por relacionamentos tóxicos. "Nos meus 20 anos, fui muito aventureira, andando com um pessoal meio complicado. Mas, no processo, encontrei um diamante." Ela estava falando de um relacionamento amoroso que deu certo. "No começo, era tudo ótimo. Ele me tratava bem, era muito gentil e bonito."

322 AME PESSOAS, USE COISAS

Ela não sabia que havia um lado sombrio. "Ele soube esconder seus vícios de mim por um tempo." Isto é, até começarem a se manifestar em abusos verbais — e, com o tempo, físicos. "Cega pelo amor, tolerei isso por tempo demais", confessou ela no fim do experimento.

"Pessoas tóxicas desafiam a lógica", de acordo com Travis Bradberry, coautor de *Inteligência emocional 2.0: Você sabe usar a sua?*. "Algumas nem se dão conta do impacto negativo que causam em seu redor, enquanto outras parecem gostar de gerar o caos e incomodar os outros. De toda forma, elas criam uma complexidade desnecessária, rixas e, pior de tudo, estresse."

Assim como Marta Ortiz, todos nós já permanecemos apegados a um relacionamento que não devia estar na nossa vida, e a maioria permanece envolvida com pessoas que nos sugam o tempo todo. Pessoas que não agregam valor. Pessoas que não nos apoiam. Pessoas que nos usam, usam, usam, sem dar nada em troca. Pessoas que contribuem pouco e nos impedem de crescer. Pessoas que vivem bancando a vítima.

Com o tempo, pessoas que bancam a vítima acabam se tornando vitimizadoras. É aí que o relacionamento fica perigoso. Vitimizadores nos impedem de nos sentirmos realizados e nos impedem de buscarmos propósito para nossa vida. Com o tempo, esses relacionamentos tóxicos se tornam parte da nossa identidade.

Nós podemos nos arrastar pela vida com relacionamentos tóxicos, que nos enfraquecem, ou, como Marta Ortiz, podemos escolher deixá-los para trás. Quando dizemos isso em voz alta, a escolha parece óbvia. No entanto, repetidas vezes, preferimos ficar, torcer para as coisas mudarem, adiar o inevitável até amanhã. Mas o amanhã chega e adiamos por mais um dia, mais um mês, até que, quando nos damos conta, vários anos se passaram, e as pessoas com quem nos cercamos não são aquelas que escolheríamos se tivéssemos a oportunidade de recomeçar hoje.

Por que deixamos isso acontecer?

Há dois motivos principais: familiaridade e medo.

Em primeiro lugar, ficamos com o que é familiar, porque mudar é complicado. Um relacionamento bem-sucedido requer dedicação, compaixão, apoio e compreensão; um relacionamento medíocre pede apenas por proximidade e tempo.

Em segundo lugar, não seguimos em frente porque temos medo. Se você fizesse uma lista de todos os seus relacionamentos atuais — com todo mundo, nos três grupos —, quantos escolheria para recomeçar hoje? Se você escolher alguém de novo, que ótimo (falamos sobre como consertar e fortalecer essas relações anteriormente). No entanto, se algum relacionamento não for digno de um recomeço, então é melhor perguntar a si mesmo por que continua apegado a ele. Talvez você tenha um bom motivo, mas, no geral, é por medo. Temos medo de mudar, de magoar a outra pessoa, de perder amor. Mas o meu argumento é que a coisa mais amorosa que podemos fazer é sermos sinceros com os outros, mesmo que isso signifique amá-los de longe.

É óbvio que mudar é difícil. Se fosse fácil, você já teria resolvido o problema. Mas mudanças são necessárias quando queremos aproveitar nossos relacionamentos ao máximo. Aqui vão algumas reflexões para lhe ajudar a lidar com a mudança nas relações:

Você consegue consertar um relacionamento, mas...

Não consegue "consertar" outras pessoas.

Não consegue mudar a natureza delas.

Não consegue forçá-las a serem "melhores".

324 AME PESSOAS, USE COISAS

Não consegue mudar a personalidade delas.

Não consegue determinar as preferências delas.

Não consegue convencê-las a serem mais parecidas com você.

Talvez seja possível convencer alguém a entender seu ponto de vista, mas não dá para obrigar ninguém a mudar. Não importa quanto você quiser transformar alguém, seria perda de tempo. E isso nos deixa com pelo menos duas opções para relacionamentos vacilantes: aceitar ou seguir em frente. Ambas são uma forma de desapego.

Se você estiver disposto a aceitar uma pessoa do jeito que ela é — e não do jeito como quer que ela seja —, então deve estar disposto a abrir mão das suas expectativas anteriores, comunicando novos padrões para o relacionamento ao longo do caminho. Às vezes, isso pode ser feito com apenas uma conversa. Em outros casos, quando uma relação está muito corroída, a aceitação pode exigir uma série de conversas para redefinir e reformular o relacionamento. No linguajar do romance, chamamos isso de DR (discutir a relação). A melhor hora para definir um relacionamento é no começo; a segunda melhor é agora. Conforme ele progride, faz sentido ir atualizando os termos ao longo do caminho, levando em consideração necessidades, desejos e perspectiva das duas partes. Minha esposa e eu, por exemplo, temos pelo menos uma "conversa profunda" por mês para equiparar nossas expectativas e garantir que nossos padrões estejam alinhados. E então, uma vez por ano, revisamos nossos valores juntos para ver se alguma mudança significativa ocorreu.* É quase como uma renovação de votos, só que de um jeito bem mais prático.

---

* Usamos a lista de valores no fim do livro.

Essas medidas podem parecer formais para algumas pessoas, mas não precisam ser. Eu e Rebecca temos conversas divertidas e leves sobre assuntos difíceis, que nunca parecem cerimoniosas ou amarguradas. Até com amigos mais distantes — meus relacionamentos secundários —, me jogo em conversas semirregulares sobre padrões, expectativas, crenças e valores. Essas discussões difíceis me ajudam a entender mais a vida dos meus amigos e me dão uma oportunidade de administrar a vulnerabilidade, outra forma de fortalecer uma relação. No fim das contas, só conseguimos saber se estamos indo juntos na mesma direção quando nos comunicamos.

No entanto, existem relacionamentos que não são merecedores da energia, do tempo ou da atenção que oferecemos. Certas pessoas são completamente tóxicas. Em geral, os sinais são nítidos — elas costumam ser:

Manipuladoras.
Ameaçadoras.
Ofensivas.
Rancorosas.
Maliciosas.
Malévolas.
Cruéis.
Violentas.
Fanáticas.
Dissimuladas.

Outras são sutilmente tóxicas. Pode ser mais difícil identificar essas pessoas, mas também é importante removê-las da sua vida, porque basta um coco em uma jarra para fazer o

326 AME PESSOAS, USE COISAS

suco ter gosto de... bem, você já entendeu. Fique atento com pessoas que são:

Insensatas.
Falsas.
Imprudentes.
Pessimistas.
Esquentadas.
Narcisistas.
Raivosas.

Não importa se alguém é agressivo ou levemente tóxico, é fundamental se distanciar desses relacionamentos, e criar espaço para seguir em frente. Com o tempo, talvez você queira ter uma conversa de despedida com cada pessoa tóxica, mas, com frequência, a melhor abordagem é apenas se distanciar, ainda mais se uma discussão difícil agitaria os ânimos e pioraria as coisas. É possível perdoar sem confrontos. O ideal é pormos um ponto final, mas, pela minha experiência, isso é valorizado demais, porque não é uma solução mágica. Na verdade, geralmente conseguimos o desfecho que pensamos que queríamos, mas nem sempre é algo que faz diferença, e não é a mesma coisa do que seguir em frente. O ponto final é apenas um término bem definido, mas nem tudo acaba de um jeito simples. Às vezes, o fim ocorre com um distanciamento gradual que se transforma em nada. Assim, você não precisa se sentir obrigado a retornar ligações, responder a mensagens de texto nem sair para jantar com uma pessoa tóxica. Não precisa se sentir na obrigação de se explicar. Você não precisa manter uma conexão com ninguém. Amizade, companheirismo e amor são um privilégio, não um direito, e, se alguém perdeu esse privilégio, você não precisa continuar por perto. A pessoa tóxica não tem direito a nada.

Há momentos em que um relacionamento permanece tóxico mesmo depois de acabar. Você pode não saber por que a relação terminou — ou, talvez, a outra pessoa não quer pôr o ponto final pelo qual você anseia —, e a situação se torna tóxica depois de tudo porque, mesmo sem contato, a outra pessoa permanece na sua cabeça. Infelizmente, nem tudo termina do jeito que *você* quer, no *seu* tempo. E há apenas uma forma de remover essas pessoas da sua mente: perdão. Assim como largamos as malas pesadas que não queremos mais carregar, perdoamos os outros para conseguirmos seguir em frente sem o peso do passado.

> **NO FUNDO, AS PESSOAS SEMPRE VÃO ENCARAR VOCÊ DA MANEIRA COMO VOCÊ ENCARA A SI MESMO.**

Abandonar um relacionamento tóxico é como escolher entre a formatura e o divórcio. Com frequência, é melhor ir embora agora, antes de a situação piorar, seguir em frente e sentir gratidão pelos bons momentos e as lições que aprendeu (formatura). Ou você pode ficar esperando, tentando aguentar as picuinhas, desviando de uma série de brigas, até que, inevitavelmente, as coisas se quebram de um jeito impossível de ser consertado (divórcio). O desapego é mais difícil agora, porém mais fácil em longo prazo.

Desapegar-se de alguém não significa que você não ame a pessoa; apenas que o comportamento dela não lhe permite continuar participando da relação. Ir embora não faz de você alguém ruim, mau ou negligente. Você está abrindo espaço para uma vida melhor. Uma vida com conversas, não com discussões. Uma vida com qualidade, não com brigas. Uma vida com carinho, não com desavenças. Quando você aban-

328 AME PESSOAS, USE COISAS

dona um relacionamento tóxico, não está desistindo — está recomeçando.

REGRA MINIMALISTA PARA VIVER COM MENOS

Regra da disposição de largar tudo

Em *Fogo contra fogo*, há uma cena em que o personagem principal diz: "Não se apegue a coisas das quais você não estaria disposto a abrir mão em 30 segundos." Uau, curto e grosso! Mas e se seu estado de preparação para ir embora é na verdade uma expressão de amor, já que, se você pode largar tudo a qualquer momento, você ainda está aqui por uma razão, certo? Pense nisso. Como seria libertador ter a capacidade de largar *tudo* em um piscar de olhos? Você pode fazer isso. Esta é nossa "Regra da disposição de largar tudo". Essa regra destaca a liberdade encontrada no desapego.

Se você comprar novos produtos, não lhes dê nenhum significado, pois se eles se mantiverem sem importância, você poderá largar tudo quando quiser.

Se você desenvolver uma nova ideia ou hábito, não se prenda a isso, pois quando eles não tiverem mais serventia, você poderá se desvencilhar sem muito esforço. Essa lei funciona até com relacionamentos:

Sua disposição de se afastar das pessoas tóxicas acaba fortalecendo a conexão com outras, porque ninguém cresce em um relacionamento nascido da pena.

Mesmo que você não consiga largar tudo em "30 segundos", se você não tem apego, pode ir embora quando essas pessoas, lugares e coisas afetarem seu bem-estar.

Peça desculpa para seguir em frente

No fim das contas, às vezes, a pessoa tóxica no relacionamento é *você*. É preciso autoconhecimento e força para chegar a essa conclusão e admitir quando suas decisões foram inapropriadas, negligentes ou até tóxicas, envenenando o relacionamento com seu comportamento nocivo. Outras vezes, o veneno é sutil, uma microdose de toxicidade: você cometeu erros sem querer, equívocos que deixaram uma marca no relacionamento. De toda forma, a culpa é sua, e existem duas opções: ficar de teimosia ou pedir desculpa.

Pedir desculpa parece ser a opção mais difícil, porque, para isso, precisamos admitir quando nosso comportamento foi inaceitável e daí tomar atitudes para nos redimir. O ego atrapalha nossa redenção. Então, insistimos na nossa posição, descartando a racionalidade em prol da superioridade moral, degradando nossa conexão no processo. No entanto, quando temos a sabedoria de deixar o ego de lado, encontramos uma oportunidade única de reconstruir aquilo que se quebrou, talvez tornando o relacionamento até mais forte.

Coincidentemente, cometi um desses erros de relação na semana em que escrevi isto. Em *The Minimalists Podcast*, sem querer, acabei divulgando informações pessoais sobre um amigo meu, que chamaremos de "Mike". O erro não foi malicioso; no momento, nem me dei conta de que os detalhes eram particulares. Para mim, tudo parecia inocente — até Mike me mandar um e-mail elucidando que não era bem assim. Minha propensão inicial foi rejeitar sua frustração. "Que bobeira", pensei. "Ele está exagerando." Mas só pensei com a minha cabeça. Só porque algo não é importante para mim não significa que não é incômodo para outra pessoa. Se magoei meu amigo, não importa o que *eu* achei ou como *eu* me senti. O que importa é o dano que *eu* causei. Só havia uma atitude certa a tomar.

Liguei para Mike na mesma hora e expliquei que, apesar de a minha intenção não ter sido ruim, eu queria ter pensado antes de falar. Então pedi desculpa e me comprometi a fazer duas coisas: aprender com a burrada, para não repetir a gafe, e tomar todas as atitudes possíveis para solucionar o problema. Apesar de ser tarde demais para consertar todos os danos, conseguimos remover o erro na edição, para futuros ouvintes não tomarem conhecimento das informações pessoais de Mike.

No começo da minha vida no mundo corporativo, um homem alto chamado Jim Harr era um dos meus mentores favoritos. Jim, cuja personalidade conseguia ser maior do que ele mesmo, era tão cheio de máximas práticas que moldou minha versão de jovem adulto; sua sabedoria me ajudou a avaliar meu comportamento de forma sistemática e me questionar. Às vezes, no entanto, seus ditados inspiracionais se transformavam em trapalhadas que acabavam soando mais profundas do que ele pretendia.

> **SE VOCÊ ESTÁ SE PERGUNTANDO SE UM RELACIONAMENTO É TÓXICO, É PROVÁVEL QUE SEJA.**

Minha frase favorita dele foi proclamada depois que fiz besteira em uma de nossas lojas. Ele me encarou com seriedade e disse:

— Quando a gente olha para trás, nossa visão é sempre meio a meio.

Enquanto você e eu sabemos que ele queria dizer que a visão era 20 por 20, a conclusão resultante parece bem mais sábia. Quer dizer que você não vai saber o resultado até que tome alguma atitude. Ao menos foi assim que interpretei. Não tenho certeza do porquê, mas o deslize de Jim ficou na minha cabeça por mais de duas décadas.

Imagino que exista um universo em que meu amigo Mike não se importou com a informação divulgada no podcast, porém, neste universo, ele ficou chateado e eu o magoei, então a única forma certa de responder foi pedir desculpa e seguir em frente.

A simbiose do amor

Tive a oportunidade de sentar com o iconoclasta Erwin Raphael McManus para conversar sobre relacionamentos. Aos 60 anos, McManus venceu um câncer de cólon em estágio avançado e escreveu sobre as lições dessa batalha no livro *The Way of The Warrior: An Ancient Path to Inner Peace* [O caminho do guerreiro: um caminho antigo para a paz interior, em tradução livre]. Uma das lições foi que, quando olhamos para o contexto geral, nossos relacionamentos são uma das poucas coisas que realmente importam.

"Eu costumava buscar relacionamentos que *me* impulsionavam", disse McManus. "Mas, conforme fui envelhecendo, me dei conta de que estava seguindo o narcisismo cultural que diz 'Eu sou a pessoa mais importante da relação'." Ele entendeu que, em vez de apenas buscar por relacionamentos que *o* impulsionassem, precisava ser o tipo de pessoa que ajuda — não que *muda*, mas que *ajuda* — os outros. "Nós nos focamos em como conseguir mais para a gente", continuou ele, "mas essa é a ironia dos relacionamentos. Se você passar o tempo todo

O DESAPEGO É MAIS DIFÍCIL AGORA, PORÉM MAIS FÁCIL EM LONGO PRAZO.

fazendo as perguntas erradas — Como *eu* posso encontrar a pessoa certa para *mim*? Como *eu* posso encontrar aquilo de que *eu* preciso? Como *eu* posso conseguir o que *eu* quero? —, está entendendo tudo errado: o que importa não é *você*; é como se pode investir nos outros, como pode ser um presente para os outros". McManus acredita que os relacionamentos mais saudáveis e profundos são "aqueles nos quais você se importa mais com a outra pessoa do que com si mesmo".

Na superfície, parece que McManus está contradizendo boa parte do que escrevi neste capítulo. Mas ele não sugere que você abra mão dos seus valores. Não, McManus quer que você se conheça tão bem a ponto de impulsionar os outros sem enfraquecer a si mesmo. "Você não foi projetado para 'viver' sozinho", disse ele. "Mesmo se for a pessoa mais talentosa, capaz, inteligente, apaixonada e criativa no planeta — mesmo que tenha total compreensão das suas intenções, do seu propósito, do seu motivo para estar aqui —, você não foi projetado para viver sozinho." Ele continuou dizendo:

> Sei o que você está pensando:
> "E os meus sonhos?"
> Sejam lá quais forem eles,
> você não pode realizá-los sozinho.
> "E o meu propósito?"
> Seja lá qual for ele,
> você não foi projetado para cumpri-lo sozinho.
> Na verdade, se você está perseguindo um propósito
> no qual não precisa de pessoas,
> esse não é o propósito da sua vida.
> Se você tem um sonho

no qual as pessoas são apenas ferramentas
para alcançar esse resultado,
isso é outra coisa. É um pesadelo.

McManus diz que todo mundo precisa de outras pessoas, porque todo mundo precisa de ajuda. Por coincidência, todo mundo também possui a necessidade de ajudar os outros. Não de *usar* os outros nem de ser usado, mas de ser *útil*. Essa é a reciprocidade dos relacionamentos. Essa é a simbiose do amor.

Quando você se cerca de pessoas desmotivadoras, pode preferir ficar sozinho. Entretanto, quando está sozinho de verdade, percebe que precisa de gente. A alternativa é um confinamento solitário, que é o pior tipo de encarceramento. O isolamento é tão ruim que muita gente prefere passar tempo com assassinos perigosos e criminosos violentos do que ficar completamente sozinho.

REGRA MINIMALISTA PARA VIVER COM MENOS

Jogo do minimalismo de 30 dias

A melhor forma de organizar suas coisas é se livrar da maioria delas. Se a *packing party* ou festa do encaixotamento parecer muito extrema, então cogite o Jogo do minimalismo de 30 dias, que já ajudou milhares de pessoas a desentulhar casas, carros e escritórios. Organizar coisas é geralmente chato, mas esse jogo faz com que o desapego seja divertido, acrescentando uma competição amigável na história. Veja como funciona. Encontre um amigo, um parente ou um colega de trabalho disposto a minimizar suas coisas com você no próximo mês. Cada pessoa se livra de uma coisa no primeiro dia do mês. De duas coisas no segundo. De três no terceiro. E assim vai. Vale tudo! Objetos colecionáveis, decorações, itens de cozinha, eletrônicos, móveis, equipamentos, utensílios, suprimentos, lençóis, roupas, toalhas, ferramentas, chapéus, pode escolher! Doe, venda, recicle! Todas as posses materiais devem sair da sua casa — e da sua vida — até a meia-noite de cada dia. A pessoa que continuar por mais tempo vence. Os dois vencem se chegarem ao fim do mês.

Registre seu progresso. Acesse minimalists.com/game para baixar nosso calendário grátis do Jogo do minimalismo em 30 dias [em inglês].

O amor é mais

Nós temos um problema linguístico. Eu amo minha esposa, mas também amo burritos. Eu amo Ryan, mas também amo o novo álbum de Mat Kearney. Eu amo minha filha, mas também amo a variação de cores das flores da minha vizinhança.

Um amor envolve a devoção infinita nascida de um afeto profundo. O outro, uma preferência ou carinho por algo interessante. E então existe a distinção entre "amar" alguém e estar "apaixonado". São significados completamente diferentes.

A língua inuíte falada na região Nunavik, no Canadá, tem pelo menos 53 palavras para descrever neve. Imagine se tivéssemos metade disso para o amor. Em vez disso, na nossa cultura, estendemos a palavra "amor" para aplicá-la a pessoas e picapes, amigos e frango frito, namorados e bolsas da Louis Vuitton. Contudo, quando algo se estende além dos seus limites naturais, perde a força. E isso vale muito para o amor.

O que queremos dizer quando encerramos um telefonema com "te amo"? É só uma forma legal de se despedir? Ou é a maneira preguiçosa de dizer "eu amo você"? E quando removemos o "eu", alteramos ainda mais o significado, nos abdicando das responsabilidades do amor ao nos retirarmos da frase?

Todo mundo precisa de amor. Mas não precisamos só dele. Precisamos ser vistos, ser escutados, precisamos de conexão. Precisamos de sinceridade e generosidade e bondade. Mas essas características são suprimidas sem o amor. Dá para imaginar ter sinceridade sem amor? E generosidade? Bondade? Vamos dar um passo adiante: você consegue imaginar conquistar tudo que sempre quis, realizar seus sonhos, sem amor? Impossível. Como construir uma casa bidimensional ou beber de um copo vazio, uma vida sem amor é vazia e simplória.

Se o amor abre a porta para as melhores partes da vida, então por que não o buscamos com mais frequência? Por que preferimos ser legais, sensuais ou "admirados"? Porque é mais fácil. Podemos manipular nossa superfície para aumentar nosso status, mas, quando você olha para alguém que está se esforçando demais para ser moderno ou glamoroso, o que encontra? Uma pessoa sem muita integridade, tão desconfortável consigo mesma que se esconde do amor ao se adornar com enfeites brilhantes. É por isso que o amor é difícil: ele não pode ser moldado por bugigangas e transações, apenas por fidelidade, apoio e compreensão. Charme e simpatia logo desaparecem diante das incertezas. O amor, no entanto, tem espaço para os riscos, as rejeições e até para o sofrimento. Também há muito espaço para alegria, prazer, tranquilidade. Na verdade, a única coisa que não cabe dentro do amor é o egoísmo. O amor é grande demais para caber apenas você.

336 AME PESSOAS, USE COISAS

Se consultarmos um dicionário, veremos que amor tem muitos significados — uma sensação intensa de afeição profunda, grande interesse e prazer em algo, uma pessoa ou objeto que alguém ama —, mas minha definição favorita é uma na qual nunca pensei muito. A quarta definição de amor no *New Oxford American Dictionary* [dicionário de inglês norte-americano] é um termo de tênis: "placar zero". No contexto de uma partida de tênis, isso significa uma coisa. Como uma metáfora mais ampla, porém, significa *tudo*. O amor verdadeiro, quando removido dos desejos e da comoditização do mundo moderno, não tem placar. Não existe planilha, barômetro, medidas para o amor.

Uma década atrás, eu não conhecia minha esposa, Rebecca. Mas, depois que nos encontramos, conforme cultivamos nosso amor, não precisei remover o sentimento de outro relacionamento para aumentar o nosso. Quando damos amor, não ficamos sem. Se muito, ele se multiplica. O amor é completamente renovável, 100% sustentável.

As pessoas não se deparam com o amor — ele é cultivado. Não pode ser encontrado. Sei disso, porque passei anos procurando por amor depois que meu casamento acabou. Entretanto, quanto mais eu procurava, mais distante ele parecia. Inexplicavelmente, o encontrei quando parei de procurar — quando, em vez de me concentrar em me apaixonar, apenas foquei em ser amoroso.

De um jeito estranho, ser amoroso pode ser o oposto de se apaixonar. Isso faz sentido olhando para trás, já que, quando eu era obcecado por me apaixonar, essa busca era egocêntrica. No entanto, quando minha preocupação maior passou a ser amar os outros, o amor se inflou, porque não era mais uma exclusividade minha.

Parece paradoxal, mas a melhor maneira de manter o amor é se desapegar. O amor se expande se não o segurarmos. Então, se quisermos que ele continue presente, temos de soltá-lo.

Ninguém precisa de permissão para ser amoroso. Em momentos difíceis, você pode querer ajudar, pode querer resolver os problemas, mas nem sempre isso é possível. Não dá para ajudar todo mundo. Não dá para resolver tudo. Mas você pode amar, independentemente da situação.

De fato, em meio a desentendimentos, brigas ou até uma ruptura completa, podemos amar as pessoas. Às vezes, esse amor fica próximo; em outras, devemos amar de longe. Amar alguém não significa concordar com seus atos. Você pode amar um cônjuge infiel, um colega de trabalho fofoqueiro, um amigo mentiroso — amar a pessoa, não os comportamentos. É possível desgostar de certas partes de alguém e ainda amar sua versão completa.

Apesar de o amor ser intenso, exigente e enigmático, nosso maior desafio não é ele em si — é como confundimos emoção, desejo e atração com amor. Isso fica mais evidente no relacionamento que temos com posses materiais. Dizemos que amamos nossas TVs, nossos carros, nossos produtos de beleza, mas estamos confusos, cegos pelas propagandas que nos dizem que as coisas em nossos lares são tão essenciais quanto as pessoas em nossa vida. É fácil enxergar o absurdo desse amor inventado quando o estendemos para itens menos interessantes. Não conheço ninguém que ame de verdade seu suporte de papel higiênico, sua caixa de correio, seu chaveiro. No entanto, usamos essas coisas com a mesma frequência, talvez até mais, do que os objetos que amamos. Quando nos damos conta disso, de que podemos usar as coisas sem amá-las,

338   AME PESSOAS, USE COISAS

de que podemos tratar nosso iPhone como tratamos nosso hidratante labial, como pertences úteis, mas não dignos de amor, então conseguiremos entender melhor o amor de verdade, que é reservado para pessoas, não para os objetos que surgem em nosso caminho. É possível amar as pessoas e usar as coisas, porque o oposto nunca dá certo.

─────────── Reflexões: Pessoas ───────────

Olá, amigo — aqui é o Ryan, chegando para ajudar pela última vez. Joshua nos fez pensar bastante sobre como lidamos com nossos relacionamentos com os outros, e quero tirar um tempo para ver como você está agindo. As pessoas em nosso redor moldam quem somos e quem nos tornamos, então quero que você explore cada exercício abaixo para garantir que está oferecendo seu melhor para as pessoas, e isso as inspirará a fazer o mesmo.

PERGUNTAS SOBRE PESSOAS

1. Qual é a sua tipologia de Myers-Briggs (MBTI) e o que ela lhe diz sobre suas preferências?

2. Como você pode usar a tolerância, a aceitação, o respeito e a apreciação (TARA) para desenvolver uma compreensão mais profunda das pessoas na sua vida?

3. Como você pode ser do jeito que é para conseguir contribuir mais com os outros?

4. Amor, confiança, sinceridade, cuidado, apoio, atenção, autenticidade e compreensão: quais desses elementos

tonarão seus relacionamentos melhores e como você pode incorporá-los à sua vida?

5. Se você fizesse uma lista de todos os seus relacionamentos atuais — parentes, amigos, colegas de trabalho, "amigos" do Facebook e até o pessoal que só vê uma vez por ano —, quantos escolheria de novo para recomeçar um relacionamento hoje, e por quê?

O QUE FAZER COM AS PESSOAS

O que você aprendeu neste capítulo sobre seu relacionamento com as pessoas? O que vai permanecer na sua mente? Que lições serão um incentivo para você dar nova prioridade e melhorar seus relacionamentos? Aqui estão listadas cinco ações imediatas que podem ser tomadas hoje:

- **Define a "caixa nossa".** O primeiro passo para ter um relacionamento recompensador é ser objetivo sobre como você quer contribuir e o que quer receber.
  - Identifique de que maneiras você gosta de ajudar os outros. Escreva como deseja contribuir.
  - Escreva seus limites físicos, mentais, emocionais e espirituais que precisam ser compreendidos e respeitados pelos outros.

- **Defina seus relacionamentos.** Agora é o momento de identificar cada relação pessoal e como ela se encaixa em sua vida. Para isso, siga os seguintes passos:
  - Anote os nomes de todas as pessoas para quem você dedica tempo, energia e atenção com regularidade ou certa frequência.

340 AME PESSOAS, USE COISAS

- Ao lado de cada nome, classifique seu relacionamento em 1 (principal), 2 (secundário) ou 3 (periférico). Não faça isso com base em como você *queria* que elas se classificassem; identifique o tipo de relacionamento de acordo com a forma como você os encara atualmente.
- Por último, seja sincero e identifique as pessoas tóxicas, acrescentando um X ao lado do seu nome.

- **Reformule seus relacionamentos.** Analise as pessoas na sua lista e determine se elas estão no grupo adequado. Isso lhe ajudará a identificar quem são as pessoas mais distantes que você quer trazer para perto. E de quem você prefere se distanciar. Assim, para cada pessoa na lista, acrescente um D para distância e um A de aproximação para marcar como deseja ajustar o relacionamento. Se você estiver feliz com a dinâmica atual, apenas escreva "OK" ao lado do nome da pessoa.

- **Conserte seus relacionamentos.** Agora que ficou nítido qual é o estado das suas relações e como você gostaria que elas fossem, vamos refletir sobre o que é preciso fazer para consertá-las ou mudá-las.
  - Vamos olhar para as pessoas tóxicas. Antes de afastá-las, pergunte a si mesmo se existe alguma forma de consertar o relacionamento. Pergunte a essas pessoas quais são os limites que elas desejam que você compreenda e respeite, e então diga os seus. Se você notar que elas não estão dispostas a lhe respeitar, então é certo expressar que vai se distanciar desse comportamento tóxico.

- Vamos ver as pessoas de quem você deseja se distanciar. Elas não necessariamente são tóxicas. Podem ser um vizinho ou um colega de trabalho irritantes, ou talvez alguém com quem você não compartilhe mais interesses em comum. Se necessário, use a comunicação não violenta para expressar que vão passar menos tempo juntos; explique que não está dizendo *não* para elas — você só está dizendo *sim* para outra coisa.
- Por fim, vamos tratar das pessoas de quem você quer se aproximar. Na próxima vez que tiver uma oportunidade de conversar com elas, expresse que deseja essa proximidade. Diga algo como: "Oi, Stacy, eu gosto de você, quero que a gente passe mais tempo juntos. O que você acha?" Se ela disser *sim* (deve ser consensual), determine como poderá agregar valor à vida dessa pessoa.

- **Contribua para algo além de si mesmo.** Agora, a parte mais recompensadora de todo relacionamento — a doação. Você vai começar dando aos outros a sua atenção — estando presente ao interagirem. Estar presente significa ouvir de verdade, demonstrar compaixão, expressar amor. Por uma semana, toda manhã, olhe para a lista de pessoas de quem você deseja se aproximar e escolha uma para impulsionar. Não precisa ser um gesto grandioso — apenas demonstre amor e apoio: mande uma mensagem com uma imagem engraçada, escreva uma carta, deixe flores em frente à porta da pessoa, corte a grama dela. Existe uma infinidade de coisas que você pode fazer para as pessoas na sua vida com a finalidade de criar relacionamentos significativos e duradouros.

O QUE NÃO FAZER COM AS PESSOAS

Por fim, vamos refletir sobre o que está atrapalhando. Aqui estão listadas cinco coisas que você deve evitar, a partir de hoje, se quiser melhorar seu relacionamento com as pessoas:

- Não apazigue os outros apenas para não magoá-los.

- Não seja amável só por ser nem sacrifique seus valores apenas para se encaixar.

- Não use "virtudes" como lealdade ou empatia como uma desculpa para permanecer em um relacionamento problemático.

- Não use táticas como discurso passivo-agressivo para discutir mudanças em um relacionamento.

- Não abra mão de viver uma vida recompensadora em prol das preferências de outra pessoa.

EPÍLOGO

Nós somos um poço de contradições. Por um lado, sou hipó-crita. Sou minimalista, mas tenho uma casa, um sofá e mais de um par de sapatos. Às vezes, fujo da verdade, preferindo buscar reconhecimentos, elogios ou conforto. Quebro minhas regras para seguir uma vida simples, babando ao ver anúncios brilhantes de Range Rovers em revistas e outdoors enormes de Rolexes. De vez em quando, não medito, não me exercito nem como de forma saudável. Meus atos não combinam com meus valores. Acredito em mudança climática, mas dirijo um carro que consome gasolina e uso eletricidade de uma usina a carvão na minha casa. Acho errado explorar as pessoas, mas digito esta frase em um computador montado por trabalhadores mal pagos na China, e aposto que tenho mais de uma peça de roupa produzida em uma fábrica que explora os funcionários. Gasto dinheiro em coisas de que não preciso (jaquetas são meu ponto fraco especial). Às vezes, assisto à televisão sozinho e uso demais meu smartphone, duas coisas que prejudicam minha criatividade. Amo minha família, mas não sou um pai especialmente habilidoso e não me esforço tanto quanto deveria para ver meu irmão.

344 AME PESSOAS, USE COISAS

Em compensação, sou uma pessoa melhor do que era uma década atrás. Minha vida é mais simples agora, mais focada, sincera e calma. Minha ânsia por coisas não manda em tudo. Tenho mais consciência da minha saúde e do meu bem-estar, sou mais alegre, menos estressado, mais grato, mais tranquilo. E minha saúde, apesar de não ser perfeita nem de longe, melhorou bastante desde a Nova Grande Depressão de 2019. Compreendo meus valores, assim como os obstáculos que atrapalham viver de um jeito recompensador. Adoro e recomendo ser livre de dívidas, e contribuo mais com instituições de caridade do que fazia quando recebia salários de executivo. Sou mais criativo e menos distraído, mesmo quando o mundo tenta me atolar de informações. Sou mais atencioso e paciente do que era, sou um amigo gentil, um sócio competente e um marido carinhoso.

É verdade, sou imperfeito, e não há simplificação no mundo que acabe com meus defeitos. Ainda cometo erros, e o minimalismo não se mostrou uma solução universal para todas as dificuldades. No entanto, ele melhorou minha vida de forma imensurável. E, apesar de eu ainda ter problemas, são eles que tornam minha vida mais rica, mais cheia de nuances, vívida. E, conforme os resolvo, outros sempre surgem. Nossas batalhas só acabam quando o coração para de bater.

Tenho cicatrizes, mas elas são minhas melhores partes. Conforme me aproximo de completar 40 anos este ano, aspiro por minha versão de 50. Eu, só que melhor. Digo isso tudo porque, de muitas formas, eu sou *você*. Seu corpo pode carregar cicatrizes, mas elas lhe transformaram em quem *você* é. Assim como eu, você tem defeitos e problemas e cometeu erros, mas chegou a uma encruzilhada agora. Está parado na beira da próxima decisão terrível. Da próxima mentira. Da próxima compra por impulso. Do próximo hábito prejudicial. Da próxima concessão dos seus valores. Do próximo dinheiro desperdiçado. Da próxima distração tecnológica. Do próximo minuto gasto consumindo, não produzindo. Da próxima vítima do seu julgamento. Essa onda de negatividade é um padrão com que você se acostumou — um barulho de fundo persistente que existe há tanto tempo que você nem o escuta mais.

É importante não viver no passado, mas aprender com ele, para não continuarmos cometendo os mesmos erros. Sua versão anterior é apenas um ancestral que o criou, não quem você é hoje. Os defeitos e as indiscrições dela não são mais seus, a menos que escolha permanecer apegado. Você tem as ferramentas para dar fim ao padrão. Pode começar de novo. Não com uma transformação radical, do dia para a noite, mas com uma leve guinada em uma nova direção, para mudar a trajetória de tudo que está por vir. E, para chegar lá, é preciso abrir mão de algumas das coisas que estão no caminho.

AGRADECIMENTOS

Eu não sabia se escreveríamos outro livro sobre minimalismo. Após terminar o primeiro rascunho de nossas memórias sobre como viver de forma simples, *Tudo o que importa*, em 2012, Ryan e eu achávamos que tínhamos dito tudo que precisava ser dito sobre viver com menos. Obviamente, estávamos enganados. Após seis anos e quatro tentativas abandonadas, chegamos a uma conclusão: a principal mudança desde que adotamos um estilo de vida minimalista aconteceu com nossos relacionamentos íntimos. Com sua esposa, Mariah, Ryan encontrou a relação mais recompensadora e alegre de sua vida. Isso também vale para mim e Bex. Paradoxalmente, esses relacionamentos foram, de muitas formas, os mais difíceis. O que leva à pergunta: por quê? E seria possível escrever um livro sobre relacionamentos minimalistas? E, com esses questionamentos, outros surgiram.

E se algumas das nossas relações mais importantes não forem com outras pessoas? Devemos entender a nós mesmos antes, para nossos relacionamentos prosperarem? De que formas eu e Ryan somos diferentes de nossas versões anteriores?

348 AME PESSOAS, USE COISAS

Que mudanças necessárias fizemos na última década? Nós precisamos abrir mão de alguma coisa — ou de alguém — para seguir em frente? Que histórias são tão pessoais que nunca as compartilhamos em público? Como essas histórias, se contadas de forma honesta, podem servir ao bem maior? O resultado é *Ame pessoas, use coisas*. Este livro é dedicado a Rebecca e Mariah, porque sem o amor delas ele não existiria. (Quer dizer, a gente provavelmente teria escrito outro livro, mas não seria este.) Escrevi o primeiro rascunho durante os dois anos mais difíceis da minha vida. Quando se trata de sofrimento, nada chegou perto nem do segundo lugar. Depois da minha crise de intoxicação com *E. coli* em setembro de 2018, e até o trabalho ser concluído, em 2020, travei batalhas diárias. Nos piores momentos, perdi meu amor pela escrita — e pela vida como um todo. Mas Bex sempre estava lá para me afastar do precipício. Ela apoiou minha cura e cuidou de mim quando eu mal conseguia cuidar de mim mesmo. Ela segurou minha mão durante os piores momentos e continua me inspirando a ser a melhor versão de mim mesmo conforme minha saúde melhora. E apesar de, graças a Deus, Ryan não ter passado pela mesma agonia que eu, sua vida com certeza não foi livre de sofrimento — desde 2013, conforme as coisas davam errado, Mariah está presente para ajudá-lo a se recuperar. Obrigado a vocês duas por existirem.

Para ser sincero, eu tinha medo de escrever outro livro, porque não achava que seria capaz de fazer algo melhor do que *Tudo o que importa*, que, para mim, levou 32 anos para ser escrito e foi, até agora, minha criação favorita. Apenas o tempo dirá se este livro se tornará o meu novo favorito — e, mais importante, se será um dos favoritos dos leitores. Ele foi, de longe, o livro mais desafiador que já escrevi e também o mais recompensador, e isso não deve ser coincidência. Quis desistir no mínimo dez vezes. As primeiras quatro tentativas não vingaram. Mas segui firme, jogando fora milhares de palavras pelo caminho. Recomeçando. Uma vez após outra. O livro só assumiu o formato atual depois que nosso agente, Marc Gerald, me guiou na direção certa. Ele e nossos editores, Ryan Doherty e Cecily van Buren-Freedman, me tiraram da minha zona de conforto, me incentivando a escrever não apenas sobre as dificuldades pessoais do duo The Minimalists, mas a entremear essas passagens com opiniões de especialistas, entrevistas e histórias de pessoas que se beneficiaram ao viver uma vida mais simples. Obrigado, Marc, Ryan e Cecily, pelo incentivo.

Quando minha doença surgiu, fui esvaído de inspiração, motivação, impulso criativo. Não sou de perder prazos, mas não conseguia evitar. Em muitos dias, eu estava doente demais para escrever, e, conforme fui piorando, vários prazos passaram. Felizmente, meu amigo Podcast Shawn estava lá para me impulsionar até a linha de chegada. Suas centenas de sugestões, pesquisas aprofundadas e inúmeras correções tornaram este livro imensamente melhor. Shawn, obrigado por deixar que eu me apoiasse em você sempre que perdi a força. E obrigado por assumir tantos papéis. Você não é apenas um produtor de podcasts, organizador de turnês e diretor de operações genial, mas, a meus olhos, é o melhor revisor do planeta. Eu e Ryan temos sorte por tê-lo com a gente.

Para todo mundo na nossa equipe, Ryan e eu somos gratos por sua contribuição. Jessica Williams, obrigado por comunicar nossa mensagem de forma tão bonita nas redes sociais. Jeff Sarris e Dave LaTulippe, obrigado por serem os Mozarts do design, por aprimorarem os padrões de estética de tudo que criamos. Jordan "Know" Moore, obrigado por fazer dois caras desajeitados do Meio-Oeste ficarem bonitos na câmera. Matt D'Avella, obrigado por lembrar ao mundo que a maioria dos cinegrafistas de casamento é uma porcaria (e por ser o documentarista mais talentoso do planeta). Ao nosso agente, Andrew Russell, obrigado por se arriscar com a gente e melhorar nossas palestras e turnês. Para nossa publicista, Sarah Miniaci, obrigado por nos aceitar como The Minimalists antes de todo mundo e por enlouquecer a mídia com a nossa mensagem. Para nosso empresário, Allan Mesia, e nosso contador, Angel Dryden, obrigado por organizarem os zeros e os uns para eu e Ryan conseguirmos nos focar na produção de criações significativas. Para Shawn Mihalik, obrigado por cuidar dos nossos cursos on-line de escrita e orçamento; o trabalho que você faz melhora a vida das pessoas, inclusive a minha.

Para Colin Wright, obrigado por me apresentar ao minimalismo em 2009. Se não fosse por você, talvez eu ainda estivesse apegado ao mercado corporativo. Acho que a citação de David Foster Wallace, "Tudo de que me desapeguei tem marcas de garras", é uma das minhas favoritas, porque descreve perfeitamente a minha vida antes do minimalismo: a única maneira de eu me livrar de alguma coisa era ela ser arrancada das minhas mãos suadas. Mas, é lógico, isso não é desapego, e foi Colin Wright, depois Leo Babauta, Courtney Carver, Joshua Becker que me mostraram que não apenas eu seria capaz de me desapegar, mas que fazer isso era um tipo de superpoder. Juntos, vocês quatro me apresentaram um livro de receitas sobre como viver com menos, a partir do qual eu e Ryan conseguimos preparar uma vida recompensadora.

AGRADECIMENTOS   351

Obrigado por me ajudar a ajudar a mim mesmo, para que eu conseguisse ajudar os outros.

Para Dave Ramsey e sua equipe — Elizabeth Cole, Rachel Cruze, Chris Hogan, Anthony ONeal, Ken Coleman, John Delony, Christy Wright, Luke LeFevre, Mckenzie Masters, Connor Wangner e todos na Ramsey Solutions —, vocês são um exemplo de integridade, uma inspiração para todos nós.

Para o grupo de médicos e profissionais da saúde que me ajudaram a suportar o peso da minha doença — Christopher Kelly, Ryan Greene, Lucy Mailing, Tommy Wood, Adam Lamb, Payton Berookim, Megan Anderson, Elise Guedea, Sunjya Schweig —, obrigado por me tirarem do buraco quando eu estava preso lá.

Para Zana Lawrence, obrigado por acreditar o suficiente em nossa mensagem para convencer sua equipe da Netflix a compartilhá-la em 190 países. Você é responsável pela proliferação do movimento.

Para nossos sócios — Joshua e Sarah Weaver e a equipe da Bandit; Carl MH Barenbrug, Alberto Negro e a equipe da *Minimalism Life*; e Malcolm Fontier e a equipe da PAKT —, obrigado por nos ajudar a trabalhar em projetos recompensadores fora de nosso meio normal.

Para todas as pessoas mencionadas ao longo do livro, obrigado por seus pensamentos. Há muitos de vocês para nomear de novo, mas, se conversamos pessoalmente, por telefone ou e-mail, ou se o seu trabalho apenas inspirou algumas passagens aqui, sou grato pela sagacidade compartilhada.

Para minha mãe, Chloe Millburn, meu maior arrependimento é não ter passado mais tempo com você durante seu último ano na Terra. Depois de uma vida agitada como freira, comissária de bordo, secretária, esposa, mãe e uma mulher maravilhosa, sua morte não foi em vão: ela me ajudou a questionar tudo, especialmente o foco equivocado da minha rotina. Por fim, sua vida é um lembrete para todos nós: tudo passa. Em vez de se obcecar com riqueza, status e posses materiais, é melhor dedicar nosso tempo a amar, cuidar, contribuir. Sinto falta de sua bondade, dos seus abraços, do seu sorriso carinhoso. Você tinha o coração de alguém que servia aos outros. Lembro quando me disse que eu "entenderia a vida" um dia — talvez quando tivesse uns 35 anos. Bem, já passei dessa idade há uns cinco anos, e ainda não entendo tudo, mas estou chegando lá. Obrigado por me dar vida, por ser minha mãe e por fazer aparições nos meus sonhos. Sou grato. Eu te amo.

Para meu irmão, Jerome, obrigado por ter sido quase uma figura paterna durante minha infância. Você é apenas um ano mais velho do que eu, mas, desde que me entendo por gente, sempre foi um homem. Eu queria ter apenas 10% da sua força inabalável.

Para Adam Dressler, obrigado por ser um amigo afetuoso desde que servíamos às mesas e as limpávamos as mesas no mesmo restaurante na nossa época do ensino médio. Nossas conversas na última década foram os melhores episódios de podcast que *nunca* gravei.

Para Karl Weidner, obrigado por ser um mentor e um amigo. Por mais de metade da minha vida — durante nossos anos corporativos e agora —, você me ensinou muito sobre negócios, vida, o mercado imobiliário e perspectiva pessoal. Sei que nunca serei capaz de recompensá-lo, então continuarei passando sua ajuda adiante.

Para Annie Bower, você se lembra daquela conversa na cafeteria em 2011? A entrevista para o *Dayton City Paper* foi a primeira matéria impressa sobre nosso trabalho como The Minimalists. Quem diria que aquele encontro se transformaria em uma amizade vitalícia? Obrigado por ser como você é. E obrigado pela conversa sobre pontos finais que acabou entrando para o capítulo "Relacionamento 7 | Pessoas".

Para T.K. Coleman, obrigado por todas as conversas recompensadoras, tanto no ar quanto fora. Nós conseguimos discordar e mudar as opiniões um do outro sem brigar nem mudar nossos princípios.

Para Keri, Colleen e Austen, obrigado por me mostrarem o que é o amor. Sinto muito pelos meus erros e decisões imprudentes, e eu faria um milhão de coisas de um jeito diferente, mas sou grato por vocês. O amor de vocês me guiou por minha vida adulta e me fez chegar onde estou.

Para Dayton, Ohio — a cidade que fez Ryan e eu nos tornarmos homens, a personagem principal de nossos primeiros 30 anos —, temos orgulho de sermos seus filhos não pródigos.

Há muitas pessoas a quem Ryan e eu somos gratos: Dan Savage, Jennette McCurdy, Adrian McKinty, Kapil Gupta, Nicole LePera, Anthony de Mello, Annaka Harris, Lewis Howes, Dan Harris, Jamie Kilstein, Jacob Matthew, Chris Newhart, Tim Frazier, Nate Pyfer, Drew Capener, Justin Malik, AJ Leon, Andre Kibb e vários outros. Para as pessoas que esqueci de mencionar, sinto muito. O problema não são vocês, sou eu.

— *JFM*

NOTAS

17   *A casa de um norte-americano médio contém mais de trezentos mil itens*: Mary MacVean, "For many people, gathering possessions is just the stuff of life", *Los Angeles Times*, 21 de março de 2014.

17   *seria de imaginar que estaríamos felizes da vida. Mas uma série de estudos mostra o oposto*: Jamie Ducharme, "A Lot of Americans Are More Anxious Than They Were Last Year, a New Poll Says", *Time*, 8 de maio de 2018.

18   *O norte-americano médio carrega cerca de três cartões de crédito na carteira*: Louis DeNicola, "How many credit cards does the average American have?", *Credit Karma*, 6 de outubro de 2020.

18   *a dívida média passa de US$ 16 mil*: Jessica Dickler, "US households now have over $16,000 in credit-card debt", *CNBC*, 13 de dezembro de 2016.

18   *Mesmo antes da pandemia de 2020, mais de 80% de nós estavam endividados*: Susan K. Urahn et al., "The complex story of American debt", *The Pew Charitable Trusts*, julho de 2015.

18   *com o total da dívida do consumidor nos Estados Unidos ultrapassando US$ 14 trilhões*: Jeff Cox, "Consumer debt hits new record of $14.3 trillion", *CNBC*, 5 de maio de 2020.

18   *os norte-americanos gastam mais com sapatos, joias e relógios do que com educação superior*: Peter G. Stromberg, ph.D., "Do Americans consume too much?", *Psychology Today*, 29 de julho de 2012.

18   *Nossas casas cada vez maiores, que dobraram de tamanho nos últimos cinquenta anos*: Margot Adler, "Behind the ever-expanding American dream house", *NPR*, 4 de julho de 2006.

356   AME PESSOAS, USE COISAS

18   *contêm mais televisores do que pessoas*: Hillary Mayell, "As consumerism spreads, Earth suffers, study says", *National Geographic*, 12 de janeiro de 2004.

18   *apesar de 95% delas poderem ser reutilizadas ou recicladas*: Eleanor Goldberg, "You're probably going to throw away 81 pounds of clothing this year", *HuffPost*, 8 de junho de 2016.

18   *em muitas áreas há mais shoppings do que escolas*: John de Graaf et al., *Affluenza*, 1o de setembro de 2005.

18   *93% dos adolescentes afirmam que fazer compras é seu passatempo preferido*: John de Graaf et al., *Affluenza*, 1o de setembro de 2005.

18   *gastamos US$ 1,2 trilhão por ano em produtos desnecessários*: Mark Whitehouse, "Number of the week: Americans buy more stuff they don't need", *The Wall Street Journal*, 23 de abril de 2011.

19   *mais de 50% de nós não têm dinheiro suficiente na mão para cobrir nem um mês sem renda*: Maurie Backman, "Guess how many Americans struggle to come up with $400", *The Motley Fool*, 5 de junho de 2016.

19   *62% não têm nem mil dólares guardados no banco*: Maurie Backman, "62% of Americans have less than $1,000 in savings", *The Motley Fool*, 28 de março de 2016.

19   *quase metade não conseguiria reunir quatrocentos dólares para uma emergência*: Maurie Backman, "Guess how many Americans struggle to come up with $400", *The Motley Fool*, 5 de junho de 2016.

19   *quase 25% dos lares com renda entre US$ 100 e 150 mil por ano afirmam que teriam dificuldade se precisassem gastar US$ 2 mil extras*: Maurie Backman, "Guess how many Americans struggle to come up with $400", *The Motley Fool*, 5 de junho de 2016.

19   *60% das famílias passarão por um "choque financeiro" nos próximos 12 meses*: Hassan Burke et al., "How do families cope with financial shocks?", *The Pew Charitable Trusts*, outubro de 2015.

19   *A média de tamanho de casas novas está rapidamente alcançando 280 metros quadrados*: Robert Dietz, "Single-family home size increases at the start of 2018", *Eye on Housing*, 21 de maio de 2018.

19   *mais de 52 mil instalações para armazenamento por todo o país*: John Egan, "Guess how many U.S. storage facilities there are versus Subway, McDonald's and Starbucks", *SpareFoot Blog*, 11 de maio de 2015.

19   *nós continuamos sem espaço para estacionar o carro dentro da garagem*: "Almost 1 in 4 Americans say their garage is too cluttered to fit their car" *Cision PR Newswire*, 9 de junho de 2015.

NOTAS **357**

20 *crianças norte-americanas consomem 40% dos brinquedos do mundo*: "University of California TV series looks at clutter epidemic in middle--class American homes", *UCTV*, sem data.

20 *uma criança média possui mais de duzentos brinquedos, mas só brinca com 12 deles por dia*: "Ten-year-olds have £7,000 worth of toys but play with just £330", *The Telegraph*, 20 de outubro de 2010.

20 *crianças que têm brinquedos demais se distraem com maior facilidade e se divertem menos*: University of Toledo, sem data.

20 *precisaríamos de quase cinco planetas Terra para sustentar nosso consumo descontrolado*: Malavika Vyawahare, "If everyone lived like Americans, we would need five Earths", *Hindustan Times*, 2 de agosto de 2017.

22 *Dayton é a capital de overdoses nos Estados Unidos*: Chris Stewart, "Dayton tops lists of drugged-out cities", *Dayton Daily News*, 12 de agosto de 2016.

28 *Menos de 5% dos norte-americanos são diagnosticados como acumuladores compulsivos*: Ferris Jabr, "Step inside the real world of compulsive hoarders", *Scientific American*, 25 de fevereiro de 2013.

29 *"a mente tem uma grande propensão a se espalhar para objetos externos e associar a eles quaisquer impressões internas"*: David Hume, *Tratado da natureza humana*, 1740.

49 *De acordo com a pirâmide de aprendizado do educador norte-americano Edgar Dale*: Heidi Milia Anderson, ph.D., "Dale's cone of experience", *Queen's University Teaching and Learning Modules*, sem data.

53 *impressionar pessoas de quem não gostavam*: Will Rogers, "Too many people", *BrainyQuote*, sem data.

64 *os norte-americanos são expostos a cerca de quatro mil a dez mil propagandas por dia*: Jon Simpson, "Finding brand success in the digital world", *Forbes*, 25 de agosto de 2017.

65 *os gastos mundiais com publicidade ultrapassaram meio trilhão de dólares por ano*: Jasmine Enberg, "Global digital ad spending 2019", *eMarketer*, 28 de março de 2019.

66 *Edward Bernays, que às vezes é citado como criador das relações públicas e do marketing moderno*: "Edward Bernays, 'Father of public relations' and leader in opinion making, dies at 103", *The New York Times*, 10 de março de 1995.

67 *lucra absurdos US$ 3 bilhões por ano*: David Kushner, "How Viagra went from a medical mistake to a $3-billion-dollar-a-year industry", *Esquire*, 21 de agosto de 2018.

358 AME PESSOAS, USE COISAS

67 *é ilegal em todos os países do mundo — menos nos Estados Unidos e na Nova Zelândia*: "Should prescription drugs be advertised directly to consumers?", *ProCon.org*, 23 de outubro de 2018.

67 *Henry Gadsden, na época diretor-geral da Merck & Co., declarou para a revista Fortune que preferia vender medicamentos para pessoas saudáveis, porque elas tinham mais dinheiro*: Emma Lake, "Who was Henry Gadsden?", *The Sun*, 27 de setembro de 2017.

67 *o Viagra parece ser uma droga relativamente benigna*: Akira Tsujimura et al., "The clinical studies of sildenafil for the ageing male", *PubMed.gov*, fevereiro de 2002.

67 *Listerine antes era usado como limpador de piso*: "Listerine", *Smithsonian Museum of Natural History*, sem data.

67 *a Coca-Cola foi inventada como uma alternativa para a morfina*: Tony Long, "May 8, 1886: Looking for pain relief, and finding Coca-Cola instead", *Wired*, 8 de maio de 2012.

67 *o biscoito de maisena foi criado para prevenir meninos de se masturbarem*: Natalie O'Neill, "The graham cracker was invented to stop you from masturbating", *New York Post*, 13 de setembro de 2016.

70 *Quando São Paulo introduziu sua "Lei Cidade Limpa", em 2007, mais de quinze mil outdoors foram removidos*: Kurt Kohlstedt, "Clean city law: Secrets of São Paulo uncovered by outdoor advertising ban", *99% Invisible*, 2 de maio de 2016.

72 *"A principal diretriz da mente é se iludir", argumenta o filósofo analítico Bernardo Kastrup*: Steve Patterson, "Non-rationality and psychedelics", *StevePatterson.com*, 8 de setembro de 2019.

73 *o "sonho americano" está mais fora de alcance do que nunca*: Tami Luhby, "The American Dream is out of reach", *CNN Money*, 4 de junho de 2014.

107 *10% da comunicação entre cônjuges é enganosa*: Bella M. DePaulo e Deborah A. Kashy, "Everyday lies in close and casual relationships", *MIT.edu*, 27 de maio de 1997.

107 *"as pessoas mentem quando seu comportamento viola as expectativas que os outros têm delas"*: Karen U. Millar e Abraham Tesser, "Deceptive behavior in social relationships: A consequence of violated expectations", *APA PsycNet*, 1988.

107 *Por volta dos 4 anos de idade, descobrimos o poder do dolo*: Romeo Vitelli, ph.D., "When does lying begin?", *Psychology Today*, 11 de novembro de 2013.

NOTAS 359

111 *"A vergonha mostra um estado interno de inadequação, desonra ou arrependimento"*: Mary C. Lamia, ph.D., "Shame: A concealed, contagious, and dangerous emotion", *Psychology Today*, 4 de abril de 2011.

137 *Em sua famosa palestra It Is Always Now [Sempre é agora, em tradução livre], Harris trata de mortalidade e prioridades*: Sam Harris, "It is always now", *YouTube*, 28 de junho de 2012.

142 *mediamos uma conversa entre um atleta vegano (...) um médico carnívoro (...) e um médico onívoro*: Joshua Fields Millburn e Ryan Nicodemus, "Minimalist Diets", *The Minimalists Podcast*, 10 de junho de 2019.

144 *isotretinoína, que não é mais comercializada nos Estados Unidos*: Daniel J. DeNoon, "Acne drug Accutane no longer sold", *WebMD*, 8 de julho de 2009.

144 *uma bactéria que mata mais de 15 mil norte-americanos por ano*: "Nearly half a million Americans suffered from Clostridium difficile infections in a single year", *CDC*, 25 de fevereiro de 2015.

145 *Também há extensas evidências de que a disbiose intestinal é responsável pelo aumento de inflamação no corpo humano*: Asa Hakansson e Goran Molin, "Gut microbiota and inflammation", *National Center for Biotechnology Information*, 3 de junho de 2011.

154 *"o sistema circadiano (...) deve ser reiniciado diariamente"*: Jeanne F. Duffy, MBA, ph.D., e Charles A. Czeisler, ph.D., M.D., "Effect of light on human circadian physiology", *Sleep Medicine Clinics*, 1o de junho de 2009.

154 *"a quantidade de luz solar a que somos expostos (...) afetam nosso sono"*: Kristen Stewart, "How to Fix Your Sleep Schedule", *Everyday Health*, 6 de fevereiro de 2018.

154 *estima-se que os norte-americanos passem 93% do tempo em lugares fechados*: N.E. Klepeis et al., "The National Human Activity Pattern Survey (NHAPS): a resource for assessing exposure to environmental pollutants", *PubMed.gov*, maio-junho de 2001.

155 *Pessoas expostas à luz solar cedo (...) dormem melhor à noite (...) tendem a se sentir menos deprimidas*: Mariana G. Figueiro, ph.D. et al., "The impact of daytime light exposures on sleep and mood in office workers", *Sleep Health Journal*, 1o de junho de 2017.

155 *Simon Marshall (...) se refere aos "remédios" gratuitos citados neste capítulo pela sigla SEEDS, que significa sono, exercício, comidas, bebidas e gerenciamento de estresse, em inglês*: "The pillars of good health", *SEEDS Journal*, sem data.

162 *14 furacões arrasaram minha cidade natal, Dayton, em Ohio*: "Daylight revealed widespread damage from 2019 Memorial Day storms", *Dayton Daily News*, sem data.

360 AME PESSOAS, USE COISAS

162 *As fotos dos resultados do desastre eram pós-apocalípticas*: Bonnie Meibers, "Oregon District mass shooting: What you need to know", *Dayton Daily News*, 10 de agosto de 2019.

164 *Fico intrigado com a palavra* kenosis, *que é uma palavra grega que significa "esvaziar"*: "Kenosis", *Merriam-Webster.com*, sem data.

179 *Apesar de a expressão em si ter sido criada em 1971, o conceito da adaptação hedônica é discutido por filósofos há séculos*: Kimberly E. Kleinman et al., "Positive consequences: The impact of an undergraduate course on positive psychology", *ScientificResearch.com*, 25 de novembro de 2014.

185 *Uma pesquisa recente descobriu que o "comércio para clientes alcoolizados" é uma indústria com valor estimado de US$ 45 bilhões por ano*: Zachary Crockett, "The 2019 drunk shopping census", *The Hustle*, 24 de março de 2019.

196 *"o altruísmo eficaz se resume a responder a uma simples pergunta: como podemos usar nossos recursos para ajudar os outros da melhor forma?"*: William MacAskill, "Effective altruism is changing the way we do good", *EffectiveAltruism.org*, sem data.

198 *zona oeste de Dayton, um dos maiores desertos alimentares nos Estados Unidos*: Cornelius Frolik, "Grocery targets Dayton food desert: 'We've got to do something about it'", *Dayton Daily News*, 16 de maio de 2018.

209 *Milhões de norte-americanos vivem na ponta do lápis*: Zack Friedman, "78% of workers live paycheck to paycheck", *Forbes*, 11 de janeiro de 2019.

209 *72% deles têm práticas financeiras insalubres*: Kari Paul, "The 'true state' of Americans' financial lives: Only 3 in 10 are 'financially healthy'", *MarketWatch.com*, 16 de novembro de 2018.

209 *apesar de ganhar quase US$ 200 mil por ano (...) fazia parte dos 44% cujas despesas ultrapassavam a renda*: Kari Paul, "The 'true state' of Americans' financial lives: Only 3 in 10 are 'financially healthy'", *MarketWatch.com*, 16 de novembro de 2018.

209 *Neal Gabler usar essa expressão pela primeira vez na revista* The Atlantic: Neil Gabler, "The secret shame of middle-class Americans", *The Atlantic*, maio de 2016.

211 *mais ou menos o mesmo percentual de adultos norte-americanos que não têm nenhuma economia para a aposentadoria*: "Report on the economic well-being of U.S. households in 2018", *FederalReserve.gov*, maio de 2019.

212 *os preços das casas subiram 26%, despesas médicas aumentaram em 33% e custos de faculdade estão 45% mais altos*: Christopher Maloney e Adam Tempkin, "America's middle class is addicted to a new kind of credit", *Bloomberg*, 29 de outubro de 2019.

NOTAS **361**

218 *16% de todos os pedidos de falência são de casos reincidentes:* "Bankruptcy Statistics", *Debt.org*, sem data.

218 *70% dos adultos norte-americanos estão endividados, incluídos 78% da geração X, 74% dos* baby boomers, *70% dos* millennials *e 44% da geração Z*: Barri Segal, "Poll: Only 7% of U.S. debtors expect to die in debt", *CreditCards.com*, 8 de janeiro de 2020.

227 *é possível economizar US$ 66 mil, em média, ao frequentar uma faculdade comunitária estadual pelos primeiros dois anos*: Anthony ONeal, *Debt-Free Degree*, 7 de outubro de 2019.

230 *60% dos norte-americanos têm menos de US$ 25 mil guardados para a aposentadoria*: Nanci Hellmich, "Retirement: A third have less than $1,000 put away", *USA Today*, 18 de março de 2014.

237 *Nas últimas três décadas (...) o mercado teve uma rentabilidade média de 11%: Morningstar.com*, sem data.

239 *as diferenças entre nossos ancestrais primatas mais próximos — bonobos e chimpanzés*: "Some primates share, others (hint, hint) are stingy", *LiveScience.com*, 2 de fevereiro de 2010.

254 *Seis entre dez pessoas leem apenas a manchete antes de escrever um comentário em matérias on-line*: Caitlin Dewey, "6 in 10 of you will share this link without reading it, a new, depressing study says", *The Washington Post*, 16 de junho de 2016.

255 *verificamos nossos smartphones 150 vezes por dia*: "Smartphone users check mobiles 150 times a day: study", *The Economic Times*, 11 de fevereiro de 2013.

255 *batemos, arrastamos e clicamos em telas 2.617 vezes por dia*: "Cell phone addiction: The statistics of gadget dependency", *King University Online*, 27 de julho de 2017.

255 *uma média de 12 horas diárias usando aparelhos eletrônicos*: Nicole F. Roberts, "How Much Time Americans Spend In Front Of Screens Will Terrify You", *Forbes*, 24 de janeiro de 2019.

255 *86% dos usuários de smartphones verificam os telefones enquanto conversam com amigos e parentes*: "Smartphone addiction facts & phone usage statistics: The definitive guide", *Bankmycell.com*, 2020.

255 *87% dos* millennials *dizem que estão sempre com o telefone por perto*: "Z-file: Executive insights", *Zogby Analytics*, sem data.

255 *como o comediante Ronny Chieng observou recentemente*: Scott Simon, "Ronny Chieng on 'Asian comedian destroys America!'", *NPR*, 14 de dezembro de 2019.

362 AME PESSOAS, USE COISAS

258 *Os norte-americanos trabalham mais tempo do que nunca, mas, na verdade, passaram a ganhar menos*: Alan Pearcy, "Most employed Americans work more than 40 hours per week", *Ragan's PR Daily*, 12 de julho de 2012.

264 *"Quando comprou seu primeiro smartphone, imaginou que passaria mais de mil horas por ano olhando para ele?"*: Seth Godin, "Wasting it", *Seth's Blog*, 23 de fevereiro de 2020.

266 *ajusto a tela para exibir apenas tons de cinza*: Shifrah Combiths, "Your Smartest Friends Are Using Their Phone's Black-and-White Setting, Here's Why", *Apartment Therapy*, 8 de abril de 2019.

266 *exames por ressonância magnética revelaram que a massa cinzenta no cérebro de um viciado em telefones fisicamente muda de forma e de tamanho*: Joe Pinkstone, "How smartphone addiction changes your brain: Scans reveal how grey matter of tech addicts physically changes shape and size in a similar way to drug users", *Daily Mail*, 18 de fevereiro de 2020.

289 *De acordo com a teoria de Carl Jung sobre diferenças de personalidade (...) as pessoas podem ser caracterizadas por sua "preferência de atitude geral"*: Carl Jung, *Tipos psicológicos*, 1o de outubro de 1976.

290 *Myers e (...) Briggs, desenvolveram o teste de personalidade por dois motivos*: "MBTI Basics", *The Meyers & Briggs Foundation*, sem data.

309 *existe um curso na Universidade do Sul da Califórnia que ensina como fazer amizades*: "Rainn Wilson and Reza Aslan on loneliness, forgiveness, and 'Metaphysical Milkshake'", *Press Play with Madeleine Brand*, KCRW, 25 de setembro de 2019.

309 *"É uma parte essencial de quem somos"*: Shane Parrish, "The evolutionary benefit of friendship", *Farnam Street*, setembro de 2019.

322 *"De toda forma, elas criam uma complexidade desnecessária, rixas e, pior de tudo, estresse"*: Travis Bradberry, "How successful people handle toxic people", *Forbes*, 21 de outubro de 2014.

327 *Abandonar um relacionamento tóxico é como escolher entre a formatura e o divórcio*: Viva Rob Bell por este insight.

334 *A língua inuíte (...) tem pelo menos 53 palavras para descrever neve*: David Robson, "There really are 50 Eskimo words for 'snow'", *The Washington Post*, 14 de janeiro de 2013.

LISTA DE VALORES

Existem dois motivos para as pessoas não compreenderem seus valores: em primeiro lugar, não questionamos quais são, permitindo que sejam moldados por nossa cultura, pela mídia e pela influência dos outros. Em segundo, não entendemos que alguns valores são mais relevantes que outros — muitos deles não chegam nem a ser valores de verdade —, o que significa entrarem no caminho das coisas que realmente fazem a diferença para nós. Nós, The Minimalists, acreditamos que alinhar ações em curto prazo com valores em longo prazo é a melhor maneira de ter uma vida com propósito, isto é, dar motivos para o seu eu futuro se orgulhar do seu eu presente. Foi por isso que criamos esta lista — porque, quando você compreender melhor seus valores, vai entender melhor o caminho para viver de forma intencional. Para uma explicação mais detalhada sobre cada tipo de valor, consulte o Capítulo 4 sobre seu relacionamento com valores. E para fazer o download de uma versão da lista em inglês para impressão, acesse minimalists.com.

364 AME PESSOAS, USE COISAS

VALORES BÁSICOS
Meus princípios inabaláveis

_____

_____

_____

VALORES ESTRUTURAIS
Meus princípios pessoais

_____

_____

_____

VALORES SUPERFICIAIS
Meus valores menos importantes que melhoram a vida

_____

_____

_____

VALORES IMAGINÁRIOS
Os obstáculos no caminho

_____

_____

_____

Depois de terminar a lista, revise-a com seu parceiro ou alguém em quem você confie. E se essa pessoa quiser, revisem a lista dela também. Assim que você compreender seus valores — e os de entes queridos —, entenderá como interagir melhor com eles. Isso aprofundará o relacionamento e ajudará os dois a crescer de maneiras empolgantes e inesperadas.

GUIA DO CLUBE DO LIVRO

As perguntas a seguir sobre *Ame pessoas, use coisas* têm o objetivo de oferecer pontos de vista e assuntos novos e interessantes para debates com seu grupo de leitura.

1. Qual dos sete relacionamentos essenciais é mais difícil para você e por quê?

2. O que você achava que era minimalismo antes de ler este livro? E depois?

3. Como você definia *amor* antes de ler este livro? E agora?

4. Quando se trata de posses materiais, do que você tem medo de abrir mão? Por quê? Como remover o excesso de coisas abrirá espaço para uma vida com mais propósito e agradável?

5. De que formas esconder a verdade fez você sofrer ou prejudicou seus relacionamentos? De que formas contar a verdade ajudará o seu crescimento pessoal a partir de hoje?

6. Em que momentos você sentiu ser sua melhor versão mais viva? Em que momentos se sentiu morto por dentro? Que fatores contribuíram para esses sentimentos?

7. Qual é o seu Objeto A? Por que você o deseja? Como é possível viver de acordo com seus valores se você nunca adquirir o objeto que deseja?

8. Quais problemas financeiros você encara atualmente? Que mudanças de vida podem melhorar seus gastos e seu relacionamento com o dinheiro?

9. Como as distrações atrapalham sua capacidade de criar algo significativo? Liste, no mínimo, três distrações que você gostaria de eliminar.

10. Pense em todos os seus relacionamentos atuais. Quantos deles você escolheria de novo para recomeçar hoje, e por quê? Quantos evitaria?

Este livro foi composto na tipografia Minion Pro,
em corpo 11/15, e impresso em
papel off-white no Sistema Cameron da
Divisão Gráfica da Distribuidora Record.